KB130265

사람 공부

한 그루의 나무가 모여 푸른 숲을 이루듯이
청림의 책들은 삶을 풍요롭게 합니다.

논어에서 찾은 인간관계의 처음과 끝

사람 공부

조윤제 지음

청림출판

이 광활한 세상에서
어떻게 홀로 내던져진 삶을
감당할 것인가?

지금껏 내 삶은
내가 원하는 것을 이루기 위한
다툼과 버팀,
치열함의 연속이었다.

하지만 내 뜻대로
삶을 움켜쥔 것은 한순간일 뿐,
인생에서 마주해야 할 절망은
끝도 없이 깊어질 뿐이었다.

'하늘마저 나를 버린 것일까?'

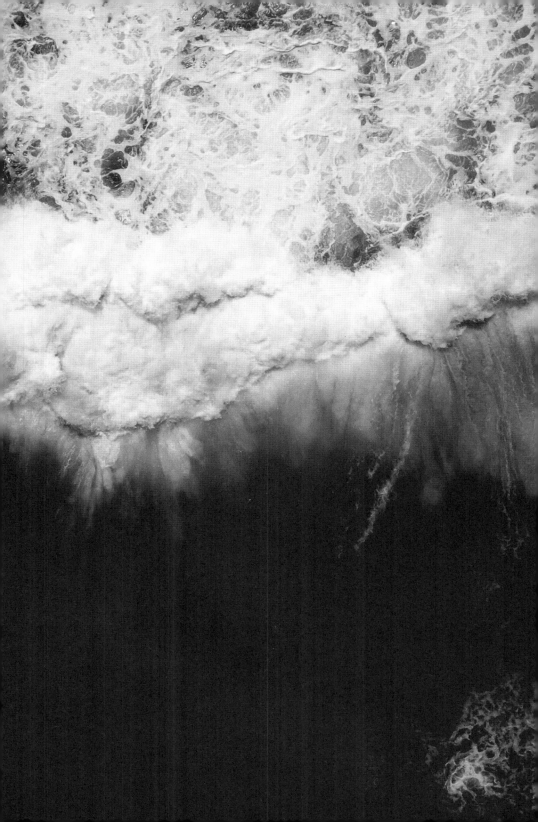

사랑하는 제자 안연을 잃었던
공자도 같은 질문을 되뇌었다.
그리고 인생의 모든 문제를 관통할
하나의 주제에 천착하기 시작했다.

"아무리 막강한 힘과
권력이 있어도
사람의 신뢰가 없이는
나라가 이루어질 수 없다."

"사람과 세상은
내 마음대로 부릴 수 없으니,
이는 나와 네가
관계 속에 있기 때문이다."

"사람은 모든 문제의
원인이자 해결책이다.
그러므로 사람을 아는 것이
지혜의 근본이다."

길을 잃은 절체절명의 순간에도,
인간 공자가 마지막까지 탐구했던 삶의 주제.

바로 사람이다.

어떻게 사람답게
살 것인가

"《논어》를 읽은 후에도 읽기 전과 같은 사람이라면 그는 《논어》를 읽지 않
은 것이다."

"《논어》의 절반으로 나라를 세우고, 나머지 절반으로 나라를 다스린다."

첫 번째 글은 성리학의 학문적 근거를 세웠던 이정 형제(정호, 정이)가 했
던 말로 《논어》를 통해 얻을 수 있는 삶의 변화를 말한다. 이전에는 하루
하루를 그저 흘려보내는 무의미한 삶이었다면, 변화된 후에는 목적의식
이 있고 의미가 충만한 삶일 것이다. 두 번째 글은 송나라의 개국 공신이
자 명재상인 조보趙普가 했던 말이다. 특별한 지식이나 학식이 없었던 그
는 오직 《논어》만으로 나라를 세우고 운영하는 힘을 얻었다. 《논어》가
단순한 지침이나 이론이 아닌, 삶의 모든 방면에서 통찰을 주고 길을 제
시하는 실천적인 공부라는 것이다.

　삶의 변화와 실천적 지식, 이 둘은 힘겨운 삶을 살아가는 모두에게 절
실한 것이다. 책 한 권이 이토록 엄청난 이점을 준다면 그 책을 읽지 않
는 사람은 없을 것이다. 하지만 안타깝게도 책을 읽는 사람 모두가 그러

한 이점을 누리지는 못했다. 책을 통해 자신의 삶을 바꾸고 놀라운 일을 이룬 소수의 사람이 그 말을 증명하고 있지만, 대부분의 사람은 그 효과를 실감하지 못하고 지나쳐버렸다. 그 차이는 무엇일까?《논어》에는 그 해답이 실려 있다. 공자가 직접 전하는 해답은 바로 '사람'이다.《논어》를 통해 사람을 알고, 나아갈 바른길을 알고, 그것을 자신의 삶에 적용한 사람은 자기 인생을 완성해갈 수 있다.

충忠, 흔들리지 않는 중심을 세우다

> 공자가 말했다. "삼아! 내 도는 하나로 꿰뚫고 있다."
>
> 증자가 "예" 하고 대답했다.
>
> 공자가 나가자, 후배 문인들이 물었다. "무엇을 말하는 것입니까?"
>
> 증자가 대답했다. "스승의 도는 충忠과 서恕일 따름이다."

공자가 말했던 "하나로 꿰뚫고 있다"는 원문으로 '일이관지一以貫之'다. 하나의 원칙으로 모든 이론과 지식, 깊은 수양에 통달한다는 의미다. 한 줄의 실로 많은 진주를 꿰어 목걸이로 만든 것과 같다. 영롱한 진주가 뿔뿔

어떻게 사람답게 살 것인가

이 흩어져 있으면 하나로 모으기 힘들다. 하지만 하나의 실에 꿰면 어렵지 않게 모을 수 있고, 가지고 다닐 수 있다. 아름다운 목걸이로 만들어 나를 빛낼 수도 있다.

일이관지를 삶에 적용하면 지·정·의, 지성과 감성과 이성을 하나로 집중하는 것이다. 삶의 목표는 물론, 삶을 살아가는 원칙, 그리고 삶의 태도 등 모든 것이 하나로 집약된다. 그것을 증자는 '충忠'과 '서恕'라고 말했지만 실상은 하나다. 충이란 나를 바로 세우는 것이고, 서란 다른 사람을 바르게 대하는 것이다. 나를 바로 세우지 않고는 다른 사람을 바르게 대할 수 없다. 다른 사람을 바르게 대하는 사람은 나의 중심이 바로 선 사람이다. 동전의 양면처럼 서로 어긋날 수 없기에 둘은 하나다. 굳이 둘의 우열을 가리자면 서가 더 중요하다고 공자는 말한다. 그러나 그 실행의 순서를 정하면 충이 먼저다. 충은 바로 나 자신이 주체가 되는 것이기 때문이다. 나에게서 비롯된 충이 발현되어 다른 사람과의 관계를 서로 완성한다.

충이란 중심을 뜻하는 중中과 마음을 뜻하는 심心이 합쳐진 글자다. 공자는 "삼십이 되어 나를 바로 세웠다(삼십이립三十而立)"라고 말했다. 어떤 상황에서도 흔들리지 않고, 세상에 나가 뜻을 이루는 것은 중심이 흔들리지 않는 사람만이 가능하다. 충이란 세상에 나가 뜻을 이루어가기 위한 준비다.

서恕, 더불어 사는 세상은
나로부터 시작된다

"사야, 너는 내가 많은 공부를 해서 그것들을 아는 사람으로 생각하느냐?"
공자가 자공에게 묻자, 자공이 대답했다. "그렇습니다. 아닙니까?"
공자가 대답했다. "아니다. 나는 그것들을 하나로 꿰뚫어 아는 것이다."

공자는 자공에게 자신의 폭넓은 지식과 높은 수양, 그리고 그것을 세상
에서 실천하는 능력은 하나로 꿰뚫는 '도', 즉 일이관지에서 비롯되었다
고 가르쳤다. 그것이 무엇인지는 여기서 말해주지 않는다. 〈위령공衛靈公〉
에서 자공이 그것을 물어 해답을 찾는다.

"평생토록 실천할 한마디 말이 있습니까?"
자공이 묻자, 공자가 대답했다. "그것은 서恕다. 자기가 원하지 않는 것을 남에
게 베풀지 않는 것이다."

공자에게 평생을 실천할 한마디 말은 '서'이고, 그 실천 방법은 "자기
가 원하지 않는 것을 남에게 베풀지 않는 것"이다. 서를 한자로 풀어보
면 같을 여如와 마음 심心으로 구성된다. 내 마음을 다른 사람의 마음과

어떻게 사람답게 살 것인가

같이하는 것이다. 그것을 사람과의 관계로 한정하면 "자기가 원하지 않는 것을 남에게 베풀지 않는 것"이고, 좀 더 폭넓게 해석하면 '사랑'이다. 다른 사람의 아픔과 기쁨에 공감하는 사람은 남을 해치지 않는다. 그리고 자신이 가진 것을 기쁘게 나눈다. 힘든 사람을 도와주고, 고통받는 사람을 지나치지 않는다. 좋은 세상을 만드는 한마디 말이라고 할 수 있다.

《성경》에서는 "무엇이든지 남에게 대접을 받고자 하는 대로 남을 대접하라. 이것이 율법이요, 선지자니라"라고 말한다. 로마의 부흥기를 마련한 3세기경 황제 세베루스 알렉산데르의 액자에는 "남에게 대접받고 싶지 않은 방식대로 남을 대접하지 말라"라고 쓰여 있다. 서양에서도 이 정신을 황금률로 지켜나가고 있는 것이다.

동서양을 통틀어 인간관계의 바탕이자, 좋은 세상을 만드는 기본은 '사랑'이다. 공자는 이러한 정신이 있었기에 일흔에 이르러 "마음 가는 대로 행동해도 도리에 어긋나는 일이 없는(종심소욕불유구從心所欲不踰矩)" 경지에 이를 수 있었다. 우리는 누구나 "내 마음대로 자유롭게 살아도 도리에 어긋나지 않는 삶을 살고 싶다"는 소망이 있다. 그 소망을 이루는 길은 한 글자 '서'의 정신이다.

성誠, 세상에서 뜻을 이루는 하나의 비결

'성誠'은 뜻을 이루는 데 필요한 덕목이다. 충과 서를 통해 학문과 수양의 완성을 도모하기 위해서는 성을 다해야 하고, 세상에 유익하도록 실천하는 데에도 성의 덕목을 기반으로 해야 한다.《중용》에는 이렇게 실려 있다.

"성은 스스로 이루는 것이요, 도는 스스로 행하는 것이다. 성은 사물의 시작과 끝이니, 성하지 못하면 사물이 없게 된다. 그러므로 군자는 성을 귀하게 여긴다. 성이란 스스로를 완성하는 것만을 의미하지 않는다. 그것은 외물을 완성하는 것이기도 하다. 자기를 완성하는 것은 인仁이고, 외물을 완성하는 것은 지智이니, 그것은 본성의 덕이고, 안과 밖이 하나가 되는 방법이다."

성은 정성이나 성실함으로 해석된다. 하지만 그보다 더 큰 의미가 있음을 여기서는 말한다. 성이란 자기를 완성하고, 외물外物(모든 사물)의 완성도 도와준다. 그리고 나 자신과 다른 사람, 나아가 바깥세상을 연결하는 통로와도 같다. 나를 완성하고 다른 사람의 완성을 도와주는 것, 그것은 충과 서의 정신이 뜻하는 바와 같다.《중용》에서는 사람이 성을 다하는 방법을 이렇게 말한다.

어떻게 사람답게 살 것인가

"배우지 않은 것이 있으면 그것을 배우되, 다 배우지 못했으면 그만두지 않는다. 묻지 않는 것이 있으면 그것을 묻되, 알지 못했으면 그만두지 않는다. 생각하지 못한 것이 있으면 그것을 생각하되, 얻지 못했으면 그만두지 않는다. 변별하지 못한 것이 있으면 그것을 변별하되, 밝히지 못했으면 그만두지 않는다. 행하지 않은 것이 있으면 그것을 행하되, 독실하지 않으면 그것을 그만두지 않는다."

배움과 수양, 그리고 삶의 모든 순간 성을 다할 때 자신이 바라는 바를 이룰 수 있다. 자신이 그에 미치지 못했다고 느낀다면 좌절하거나 포기하지 말고, 다음과 같이 행해야 한다.

다른 사람이 한 번에 할 수 있었다면 나는 백 번을 하고, 다른 사람이 열 번에 할 수 있었다면 나는 천 번을 한다(인일능지 기백지 인십능지 기천지人一能之 己百之 人十 能之 己千之).

사람이 이런 정성만 가질 수 있다면 그 어떤 것도 이룰 수 있다. 비록 늦을지는 모르나 그것은 큰 문제가 아니다. 내가 땀 흘려, 정성을 다해 얻은 것이 가장 가치 있는 것이기 때문이다.

공자는 가르침, 공부와 수양, 그리고 그 뜻을 세상에 펼치는 모든 일에 반드시 정성을 다해야 한다고 가르쳤다. 그리고 그 모든 노력의 주체는 나 자신이 되어야 한다고 말했다. 대표적인 문장이 〈자한子罕〉에 실려 있다.

"산을 쌓다가 한 삼태기의 흙을 더 붓지 않아 산을 이루지 못하고 그만두는 것도 내가 그만둔 것이다. 산을 만들기 위해 평탄한 땅에 한 삼태기의 흙을 쏟아부었어도 일이 진전되었다면 내가 나아간 것이다."

일의 시작과 끝은 모두 나에게 달려 있다. 일을 시작할 때도, 일을 마무리 지을 때도 정성으로 해야 한다는 것을 공자는 역설적으로 말한다. 공자의 가르침은 매사에 주어진 모든 일들을 생각을 통해 진정한 나의 것으로 삼으라는 뜻이다.

인仁, 나를 알고
나를 사랑하라

공자가 일이관지로 삼았던 충과 서는 공자의 핵심 철학인 '인'을 달리 말한 것이다. 인을 이루기 위한 실천 원칙이기도 하다. 공자는 인에 도달하기 위해 평생 충과 서를 다했고, 그것을 제자들에게 가르쳤다. 인이란 '사랑'이다. 〈안연顏淵〉에 실린 말을 살펴보자.

어떻게 사람답게 살 것인가

제자 번지가 인을 묻자, 공자가 대답했다. "사람을 사랑하는 것이다(애인愛人)."

지知를 묻자, 공자가 말했다. "사람을 아는 것이다(지인知人)."

짧고 간결하지만 핵심을 찌르는 대화다. 공자가 평생을 두고 추구했던 학문과 수양의 목적은 바로 '사람'이다. 공자는 또 다른 제자들과의 대화에서 그 원칙을 말한다. 《순자》와 《공자가어》에 실려 있다.

공자가 자로에게 "지혜로운 자는 어떠하며, 인한 자는 어떠하냐?"라고 묻자, 자로가 대답했다. "지혜로운 자는 남들이 나를 알게 하는 것이고, 인한 자는 남들이 나를 사랑하게 하는 것입니다." 공자가 "군자로구나"라고 말했다.

자로가 물러나고 자공이 들어오자, 공자가 같은 질문을 했다. 자공은 "지혜로운 자는 사람을 알고, 인자는 사람을 사랑합니다"라고 대답했다. "선비다운 군자(사군자士君子)라 할 수 있겠구나"라고 공자가 말했다.

자공이 나가고 안연에게 또 같은 질문을 하자, 안연이 다음과 같이 말하고 공자가 화답했다.

"지혜로운 자는 자신을 알고, 인한 자는 자신을 사랑합니다."

"명철한 군자(명군자明君子)로구나!"

여기서 사군자는 군자보다 높은 차원이다. 그리고 명군자가 가장 높은 차원이다. 학문과 수양의 정점은 바로 내가 나 자신을 바로 알고 나를 사랑하는 것이다.

사람을 알고 공부하는 일은 오늘을 살아가는 누구에게나 필요하다. 오스트리아의 심리학자 알프레트 아들러는 "인간의 고민은 죄다 인간관계에서 비롯된 일이다"라고 말했다. 하버드대학의 정신건강의학과 교수 조지 베일런트는 사람의 행복을 좌우하는 것은 '인간관계'에 달려 있다고 한다. 관계를 어떻게 맺느냐에 따라 사람이 행복할 수도, 불행할 수도 있다는 것이다. 이같은 관계에 대한 이론은 우리 주변에 넘쳐나지만 삶에 바로 적용하기는 어렵다. 큰 결심을 하고 시작하지만 곧 흐트러지고 만다. 감정이나 욕망, 그리고 상황에 따라 우리 마음은 쉽게 허물어지기 때문이다. 그것은 그 근본, "나를 알고 나를 사랑하라"를 잊었기 때문이다. 나를 알고 나를 사랑하는 것을 근본에 두지 않으면 그 어떤 인간관계도 바르게 될 수 없다.

〈안연〉에서 수제자 안연이 공자에게 인을 묻자, 공자는 "극기복례하라"고 말해준다. 극기克己는 자신을 이겨내는 것으로 모든 감정과 욕심, 그리고 상황에 좌우되지 않는 것을 말한다. 바로 '자신을 사랑하는 사람'의 모습이다. 복례復禮는 말 그대로 "예를 회복하라"는 것인데, 사람과의 관계를 배려와 사랑으로 하라는 가르침이다. "나를 알고 나를 사랑하

어떻게 사람답게 살 것인가

라"는 핵심이다. 그리고 그 실천 방법도 알려주는데, 우리에게 큰 도움이 된다.

"하루만이라도 자기를 이겨내고 예로 돌아가면 천하가 인에 귀의할 것이다. 인을 실천하는 것이 자신에게 달려 있는 것이지 다른 사람에게 달린 것이겠는가?"

모든 인간관계의 근본은 우리 자신에게 달려 있다. 먼저 자신을 바로잡고 다른 사람을 대할 때 아름다운 관계가 이루어질 수 있다. 그리고 그 실천의 시간은 바로 오늘이다. 오늘 노력하고 좋은 관계를 만들 수 있다는 결단과 실천이 내일도, 모레도 그 삶을 이어나갈 수 있게 하는 힘이 된다. 그리고 나의 실천은 자신에게서 그치지 않고 다른 사람에게로 확장되며 큰 결과를 만든다. 천하가 사랑으로 충만한 좋은 세상이 될 수 있다.

오늘날은 지독한 경쟁과 허물어진 가치관, 오도된 물질주의와 지극한 이기주의의 시대다. 우리는 운명적으로 이런 시대를 헤쳐나가야 한다. 하지만 아무런 준비 없이 맞선다면 거대한 물줄기에 어느 순간 휩쓸려 갈지도 모른다. 공자는 "장인이 자기 일을 잘하려면 연장을 날카롭게 갈아놓아야 한다"고 말했다. 《중용》에도 "모든 일은 준비하면 성공하고 준비하지 않으면 실패한다"라고 실려 있다. '사람을 아는 것'이 그 준비다. '사람을 사랑하는 것'은 그 해답이다. 그리고 정성誠은 '해답으로 가는 지름길'이다.

혹시 그 실천이 막연하다고 여겨진다면《논어》를 펼쳐보기를 권한다. 나를 변화시키고, 사람의 마음을 붙잡고, 세상에서 굳건히 설 수 있는 길을 찾을 수 있을 것이다. 미력하나마 이 책이 그 동기이자 시작점이 되기를 기대한다.

조윤제

어떻게 사람답게 살 것인가

차례

忠厚之風 충후지풍
중심이 있는 사람은 인정을 베풀 줄 안다

2부 恕서 모든 인간관계는 나로부터 시작된다

恕己恕人 서기서인
자신을 바르게 대하는 마음으로 남을 대하라

恕而行之 서이행지
동정하는 마음에 그치지 말고 사랑을 실천하라

3부 誠성 꾸준한 사람은 결코 실패하지 않는다

正心誠意 정심성의
마음을 가다듬는 사람에게는 어떠한 허식도 없다

至誠感天 지성감천
작은 일에도 정성을 다하면 반드시 일이 풀린다

1부
—

忠 ^충

흔들리지 않는 중심을 세우다

忠肝義膽

충간의담

진실한 사람은 의롭게 살 준비가 되어 있다

격이 있는 사람은
일상의 배움을 즐거워한다

學而時習之 不亦說乎 有朋自遠方來 不亦樂乎 人不知而不慍 不亦君子乎
학이시습지 불역열호 유붕자원방래 불역락호 인부지이불온 불역군자호

배우고 때때로 익히면 또한 기쁘지 않은가? 벗이 먼 곳에서 찾아오면
또한 즐겁지 않은가? 남이 알아주지 않아도 성내지 않는다면 또한 군자답지 않은가?
_〈학이學而〉

《논어》의 첫 번째 구절이다. 너무나 유명해서 한두 번씩은 들어봤을 것
이다. 심지어 그 원문까지도 익숙해서 설사 고전과 친하지 않더라도 외
워서 말하는 사람도 많다. 맨 앞에 실린 글인 만큼 책의 주제를 잘 말해
준다. 학문과 그 실천 방법, 같은 뜻을 가진 벗과의 교류, 그리고 상황과
사람에 의해 좌우되지 않는 자족하는 삶의 자세다.

　'학이시습지學而時習之'에서 학學은 가르침을 받는 것이고, 습習은 학업을
익히는 것이다. 시습時習이란 수시로 익히는 것이며, 열說이란 마음이 즐
겁고 통쾌한 것이다. 공부를 통해 몰랐던 것을 알게 되고, 삶을 가로막고
있던 장애물이 사라질 때 그 통쾌함은 누구나 절감할 것이다. 그리고 여

기서 새겨야 할 배움의 요체가 있다. 배움은 단순히 아는 지식의 단계에 그쳐서는 안 되며 삶에서 실천할 수 있어야 한다. 지식을 머리에 집어넣은 데 그치면 그 배움은 기쁠 수가 없다. 지식을 꾸역꾸역 머리에 밀어넣는 공부는 우리 뇌가 반기지 않는다.

"벗이 멀리서 찾아온다"에서 벗은 뜻이 같고 마음이 하나가 되는 사람이다. 단순히 같은 장소, 같은 스승에게 배우는 사람이 아니라 함께 길을 가는 사람이라야 진정한 벗이 된다. 잘 알려진 '관포지교管鮑之交', 관중과 포숙아의 우정에서 관중은 포숙아에 대해 '지기知己'라고 표현했다. '나를 알아주는 존재'가 친구라는 것이다. 물론 가끔 만나 회포를 푸는 친구도 필요하다. 하지만 진정으로 나를 알아주는 친구, 또 하나의 내가 되어 함께 인생길을 가는 친구도 있어야 한다.

마지막으로 "남이 알아주지 않아도 성내지 않는다"는 구절은 세상에서의 성공과 출세와 연관이 있다. 학문과 수양을 통해 스스로를 완성해 가는 것은 군자로서 당연히 해야 할 일이다. 그리고 적절한 때가 되면 세상에서 뜻을 펼쳐야 한다. 하지만 일이 뜻대로 되지 않을 때도 있다. 물론 남들이 나를 알아주고 존경받는 것은 좋은 일이지만, 설사 그렇지 않더라도 남들에게 강요해서는 안 되며 강요할 수도 없다. 높은 뜻을 품고 열심히 공부하고 실력을 쌓았다고 해서, 반드시 세상이 알아주는 것은 아니기 때문이다.

아무리 높은 수준에 올랐다고 해도 반드시 다른 사람들의 인정을 받는다는 보장은 없다. 뛰어난 능력을 갖추었다고 해도 세상에 큰 뜻을 펼치지 못할 수도 있다. 때와 상황이 변할 수도 있고, 공정한 평가와 인정

진실한 사람은 의롭게 살 준비가 되어 있다

을 받지 못하는 경우도 많다. 바로 이때를 우리는 '고난'이라고 부른다. 이러한 고난이 닥쳤을 때 세상을 원망하거나 스스로 포기해서는 안 된다. 잠잠히 때를 기다리고 실력을 쌓아나가면 얼마든지 또 다른 기회가 온다. 또한 고난은 내가 생각하는 나의 길이 아니라 하늘의 소명을 이룰 기회가 되기도 한다. 내가 가졌던 뜻보다 훨씬 더 크고 위대한 소명을 이룰 기회가 바로 지금 겪고 있는 고난일 수도 있다.

그 어떤 좋은 것도
우리의 선택에 달려 있다

우리는 이 구절에서 또 하나 얻어야 할 통찰이 있다. 오히려 우리 삶에 더욱 필요한 것일지도 모른다. 두 번 거듭되는 "즐겁지 않은가?" 그리고 "군자답지 않은가?"이다. 의문사로 우리의 의사를 묻는 것처럼 되어 있는 것은, 받아들이고 받아들이지 않는 것이 우리에게 달렸음을 뜻한다. 그 어떤 좋은 것도 우리의 선택에 달려 있다. 우리가 마음을 열고 받아들이면 모두 우리 것이 된다.

공자의 철학을 이은 맹자 역시 자신의 책《맹자》에서 '군자삼락君子三樂', 즉 군자의 세 가지 즐거움을 말했다.

군자에게는 세 가지 즐거움이 있으니 천하의 왕 노릇은 포함되지 않는다. 부모 형제가 모두 살아계시고 무탈한 것이 첫 번째 즐거움이고, 하늘을 우러러

충간의담

부끄럽지 않고 사람들에게 부끄럽지 않은 것이 두 번째 즐거움이다. 그리고 천하의 영재를 얻어 이들을 교육하는 것이 세 번째 즐거움이다. 천하의 왕 노릇은 그 안에 포함되지 않는다.

맹자는 천하의 왕 노릇, 즉 세상의 성공과 권세를 쥐는 것은 즐거움이 아니라는 것을 글의 앞과 뒤에 거듭 말함으로써 강조했다. 이처럼 옛 군자들의 즐거움이란 뜬구름과 같은 세상의 성공이 아니라, 일상에서의 평안함이다. 그리고 하루하루 충실한 삶에서 비롯된 행복이다. 자신에게도, 하늘을 우러러도 부끄럽지 않은 삶의 모습이다.

배움을 통해 자기 성장을 도모하고, 마음 맞는 벗과 교류하며, 설사 당장 기회를 잡지 못한다고 해도 잠잠히 자기 실력을 키워나가는 사람. 바로 품격 있는 사람의 모습이다. 그리고 자기 삶을 소중히 하는 사람이다. 큰일을 이루지 않아도 좋다. 하루하루 충실히 살며 성장을 멈추지 않는 삶을 살아가면 된다. 행복한 삶을 사는 지혜다.

군자는 세상의 성공보다
일상의 평안함을 추구한다.

재주로는 꾸준히 쌓은 실력을 넘어설 수 없다

吾日 三省吾身 爲人謀而不忠乎 與朋友交而不信乎 傳不習乎
오일 삼성오신 위인모이불충호 여붕우교이불신호 전불습호

날마다 세 가지 점에서 나를 반성한다. 사람들을 위해 일을 도모하면서
충실하지 못한 점이 없는가? 벗과 사귀면서 신의를 저버리는 일이 없는가?
배움을 제대로 익히지 못한 것은 없는가?
_〈학이〉

《논어》〈선진先進〉에는 공자가 제자들을 평가했던 말이 나온다.

"시柴는 어리석고 삼參은 우둔하고 사師는 치우친 데가 있고 유由는 거칠다."

시는 자고를 말하고, 삼은 증자, 사는 자장, 유는 자로를 말한다. 한결같이 부정적인 평가인데, 실제로 이들 중에 공자의 뛰어난 제자 열 명을 일컫는 '공문십철孔門十哲'에는 자로만이 들어 있다. 자로는 거칠어도 정치에 뛰어난 것으로 인정을 받은 것이다.

유교의 계승자로 꼽히는 증자는 공문십철에도 속하지 않았고, 오히려 초기에는 '우둔하다'라는 평가를 받았다. 어떻게 그런 제자가 유교의

계승자가 되었을까? 많은 이유가 있겠지만 핵심적인 요인 하나로 예문을 들 수 있다. 학문의 초기에는 많이 부족했지만, 예문에서 보듯이 증자는 날마다 자신을 돌아보았다는 점에서 남달랐다. 날마다 자신을 돌이켜보았다는 것은 날마다 성장을 멈추지 않았다는 것이다. 범인凡人인 우리에게는 좋은 본보기가 된다.

증자가 날마다 반성했다는 세 가지는 충실함(충忠), 신실함(신信), 그리고 학문(습習)이다. 유교의 핵심적인 가치이자 공자가 제자들에게 항상 강조했던 바이다. 자신이 맡은 일에 최선을 다하고, 벗과의 교제에서 신의를 지켜나가고, 배운 것을 익히는 것을 게을리하지 않으면 반드시 이루고자 하는 바를 이룰 수 있다. 하루하루 쌓아간 실력은 결코 배신하지 않는다.

증자가 큰일을 이룰 수 있었던 또 하나의 이유는 〈이인〉에 실려 있는 고사에서 알 수 있다.

> 공자가 말했다. "삼아 나의 도는 하나로 관통한다."
> 증자는 주저 없이 "예" 하고 대답했다.
> 공자가 나가자, 후배 문인들이 물었다. "무슨 말씀입니까?"
> 증자가 말했다. "선생님의 도는 충忠과 서恕일 뿐입니다."

충과 서는 공자의 핵심 철학인 인仁을 풀어서 말한 것이다. 충은 마음의 중심(중中)을 바로 세우는 것으로 자신을 충실하게, 올바르게 한다는 것이다. 서는 상대방과 마음을 같이한다는 것이다. 이처럼 스승의 가르

진실한 사람은 의롭게 살 준비가 되어 있다

침의 핵심을 바로 알고, 배우고 실천해나가면 그 학문을 완성해나갈 수 있다. 스승의 계승자가 되기에 충분한 것이다.

가르침은 머리가 아닌 몸으로 새기는 것이다

증자의 남다른 점 또 한 가지는《설원說苑》〈반질反質〉에 나오는 고사로 알 수 있다.

공명선이 증자에게 배웠는데, 3년 동안 글을 읽지 않자 증자가 물었다. "선아, 네가 나의 문하에 있은 지 3년인데 배우지 않음은 어째서인가?"

공명선이 대답했다. "어찌 감히 배우지 않았겠습니까? 스승께서 뜰에 계시는 모습을 보니, 부모님이 집에 계시면 꾸짖는 소리가 개와 말에게 조차 이르지 않았습니다. 제가 이것을 기뻐하여 배웠으나 능하지 못합니다. 스승께서 손님을 응대하실 때 공손하고 검소하여 태만하지 않으시므로, 저는 이것을 기뻐하여 배웠으나 능하지 못합니다. 스승께서 조정에 계실 때를 보니 아랫사람에게 엄격하면서도 상처를 주지 않으시니 저는 이것을 기뻐하여 배웠으나 능하지 못합니다. 제가 이 세 가지를 기뻐하여 배웠으나 능하지 못하오니 어찌 제가 배우지 않으면서도 스승의 문하에 있었겠습니까?"

글을 가르치는 것은 지식을 머릿속에 심는 것이다. 몸소 삶에서 실천하는 가르침은 제자의 몸과 마음에 새겨 넣는 것이다. 이는 지식보다 강력한 덕목이다. 제자는 스승의 모습에서 진정한 배움을 얻었고, 삶이 곧 배움이며 배움이 기쁨이라는 사실도 깨달았다.

배움이란 단순히 지식을 전달받는 것이 아니라 몸으로 쌓아나가는 것이다. 핵심을 정확히 배워 알고, 배운 것을 삶에서 실천하는 것이 배움의 요체다. 지금 어떤 상태인지는 중요하지 않다. 타고난 재능은 더더욱 그렇다. 쌓아 올림의 힘은 우둔하든 미련하든 누구에게나 예외 없이 적용된다. 그리고 그 과정은 즐겁고 기쁘다. 내가 이뤄가는 것을 상상이 아니라 몸으로 직접 느낄 수 있기 때문이다.

제아무리 재능이 뛰어난 사람도 날마다 꾸준하게 쌓아가는 사람은 당할 수 없다. 처음에는 앞서가는 것 같지만 어느 순간 따라잡히고 만다. 당장 무언가를 보여주기 위해 조급해할 필요는 없다. 단기적인 실적에 집착해서 초조해할 것도 없다. 사회생활 초기에 반짝반짝 빛나던 인물들이 사라지는 것은 빨리 이루려는 초조함과 조급함 때문이다. 사회생활은 한두 해 하고 말 것이 아니라 장기전이다. 아니, 인생의 모든 국면이 그렇다. 우리는 시간의 힘을 믿고, 시간을 쓸 줄 알아야 한다. 시간을 두고 차근차근 쌓아온 실력은 언젠가는 폭발하듯이 진가를 발하기 마련이다.

"주저하는 준마보다 꾸준히 가는 둔마가 낫다(기기지국촉 불여노마지안보 騏驥之跼躅 不如駑馬之安步)."《사기》에 실려 있는 글이다.

섣불리 타오른 횃불보다
길게 오래가는 촛불이
어두운 방을 더 촘촘히 밝힌다.

배움이란 장애물을
즐거이 깨뜨리는 일이다

君子食無求飽 居無求安 敏於事而愼於言 就有道而正焉 可謂好學也已
군자식무구포 거무구안 민어사이신어언 취유도이정언 가위호학야이

군자는 먹는 것에서 배부름을 추구하지 않고, 거처하는 데 편안함을 추구하지 않는다.
일에 성실하고 말에 신중하며 도의를 아는 사람에게 나아가
자신의 잘못을 바로잡으려 한다면 배움을 좋아한다고 칭할 수 있다.

_〈학이〉

공자는 열다섯의 나이에 학문에 뜻을 두었다. 인생의 소명을 배움에 두었기에 평생을 두고 공부를 그치지 않았다. 따라서 그가 이끄는 유가의 선비들이라면 공부를 최고의 가치로 삼아 열심히 노력했다. 그 바탕이 되는 것이 "배움을 좋아하는 것", 즉 '호학好學'이다. 하지만 호학이란 쉬운 일이 아니다. 단순히 열심히 공부해서 지식의 수준이 높은 것이 아니라 높은 도덕적 경지에 이른 것을 진정한 배움이라고 생각했기 때문이다. 고전에서는 '배움'에 대해 많은 정의를 하고 있는데 역시 우리가 알고 있는 것과는 다르다. 먼저 《논어》 〈옹야雍也〉에 실린 고사다.

노나라 임금 애공이 공자에게 물었다. "제자 중에 누가 배움을 좋아합

니까?"

공자가 대답했다. "안회(안연)라는 사람이 배움을 좋아해서 노여움을 옮기지 않고, 허물을 고치는 데 망설이지 않았으나, 불행히도 단명하여 죽었습니다. 이제는 그런 사람이 없으니, 그 후로는 아직 배움을 좋아한다는 사람을 들어보지 못했습니다."

공자의 제자는 약 3천 명에 달한다. 그중에서 고대 학문인 육예六藝에 통달한 제자가 70명, 각 분야의 가장 탁월한 제자는 '공문십철'이라 불리는 열 명이 있었다. 이들은 모두 춘추시대 말기 혼란한 시대에 각 나라에서 중요한 역할을 맡아 세상을 바르게 하는 데 능력을 발휘했다. 하지만 공자는 이들 중에서 유일하게 안회만이 배움을 좋아한다고, 그 이후로는 배움을 좋아하는 제자를 보지 못했다고 잘라 말했다. 파격적이다. 학문을 잘하는 것을 떠나 단순히 좋아하는 것은 누구나 할 수 있는 일이라고 여겨진다. 어떤 목적에서든 열심히 공부해서 자기가 원하는 바를 이룬 사람이라면 배움을 좋아하는 사람이 아닌가? 하지만 공자의 기준은 달랐다. 공자가 그 이유를 말해주는데, 바로 '불천노 불이과不遷怒 不貳過'이다.

"노여움을 남에게 옮기지 않고, 한 번 한 잘못을 두 번 행하지 않는다." 노여움을 남에게 옮기지 않는다는 것은 감정을 다스리는 것으로 중용中庸의 덕목이다. 노여움이란 감정은 스스로에게서 비롯되는 것이 아니라 사람과의 관계나 상황에 의해서 주로 생겨난다. 다른 사람의 무례, 잘못, 부정, 더 나아가 사회의 불의, 불공정을 보면 당연히 화가 나게 마련이다. 만약 그 분노를 타산지석으로 삼지 않고 엉뚱한 곳에 풀게 되면

진실한 사람은 의롭게 살 준비가 되어 있다

자신 역시 똑같은 불의를 행한 것이 된다. 자신에 대한 분노 역시 마찬가지다. 자신의 부족함과 실수, 잘못에 대해 화가 난다면 스스로 고쳐나감으로써 해소하는 방법 외에는 없다. 그 유일한 방법은 자기 성찰省察이다. 잘못을 깨달았을 때 치열한 자기 반성과 성찰을 하는 사람은 그 잘못을 고칠 수 있다. 공자는 수많은 제자 중에 이런 수양이 되어 있는 사람은 오직 안연밖에 없다고 했다. 그래서 공자는 안연을 두고 '나보다 더 나은 제자'라고까지 평가했던 것이다.

잃어버린 마음을 찾으면 어떤 상황에서든 행복할 수 있다

유학의 계승자 맹자도 배움을 정의했는데, 《맹자》 〈고자장구상告子章句上〉에서 이렇게 말했다.

> 인은 사람의 마음이요, 의는 사람이 걸어가야 할 길이다. 그 길을 버리고 따라갈 생각도 않고, 그 마음을 놓아버리고 찾을 줄 모르니 슬프다! 사람들은 자신이 기르던 닭이나 개를 잃어버리면 그것을 찾으러 온 마을을 돌아다니지만 잃어버린 마음은 찾을 줄 모른다. 배움의 길은 다른 데 있는 것이 아니라 잃어버린 마음을 찾는 데 있다(학문지도무타 구기방심이이의學問之道無他 求其放心而已矣).

여기서 닭이나 개는 세상의 재물과 권세를 말한다. 사람들은 재물과 권세를 향한 욕심을 채우려고 바쁘게 살아간다. 오늘을 살아가는 우리의 모습도 마찬가지다. 탐욕에 빠져 정신없이 그것을 좇다 보면 정작 자신을 잃어버리게 된다. 무엇을 위해 살아야 하는지, 어린 시절 꿈꾸던 이상이 무언지, 진정으로 소중히 여겨야 할 것이 무언지, 심지어 내가 지금 무엇을 하고 있는지조차 까마득히 잊어버리는 것이다. 흔히 가볍게 하는 말로는 "지금 여기는 어디? 나는 누구?"가 되는 것이다. 맹자가 말하는 진정한 공부란 욕심과 감정에 휩쓸려 잃어버린 자신을 찾는 것을 말한다.

예문에서 공자는 호학의 조건 세 가지를 말하고 있다. 먼저 "먹는 데 욕심을 부리지 않고, 사는 곳의 평안함을 추구하지 않는다"는 말은 반드시 가난하게 살아야 한다는 것이 아니다. 지금 처해 있는 상황에 좌우되지 않는 삶을 말한다. 부유하든, 가난하든 자기 몸의 안락함만을 추구하는 것이 아니라 절제하는 삶을 살아가는 것이다. 이렇게 할 때 상황에 따라 휘둘리는 것이 아니라 어떤 삶에서든 평안함과 안락함을 누리는, 안빈낙도의 삶을 살 수 있다. 두 번째 "일하는 데 성실한 것"은 일에 충실한 것이다. 일에서 그동안 자신이 배운 바를 실천하고 능력을 발휘하는 것을 말한다. 또한 "말에 신중한 것"은 신의를 지켜나가는 삶이다. 자신의 말을 지키는 사람은 다른 사람의 믿음을 얻을 수 있다. 마지막은 "자신의 잘못을 바로잡는 성찰"의 삶이다. 하지만 단순히 성찰에 그치지 않고 배움을 얻을 만한 사람을 찾아가서 고치는 실천이 따라야 한다.

배움이란 우리가 흔히 알듯 지식을 머리에 채우는 일이 아니다. 그것을 목적으로 할 때 배움은 힘겨운 일이 된다. 이런 배움을 추구하는 사

진실한 사람은 의롭게 살 준비가 되어 있다

람은 배움을 좋아할 수 없다. 힘들고 괴롭기 때문이다. 노력으로, 인내로 그것을 이겨내려고 하지만 배움의 즐거움은 모르게 된다. 진정한 배움이란 지식을 채우는 것이 아니라 그 지식을 삶에서 실천하는 것이다.

인생이란 언제나 처음 겪는 일을 헤쳐나가는 모험과도 같다. 물론 좋은 일도 있지만, 그에 못지않게 어려운 상황에도 처하게 된다. 때로는 높은 담에 가로막혀 좌절하기도 한다. 배움이란 삶의 장애물을 헤쳐나가는 도구를 얻는 것이다. 그리고 사람들은 그 장애물을 깨뜨리고 나아갈 때 쾌감을 얻는다. 따라서 호학하는 사람은 상황에 연연하지 않는다. 부귀할 때는 절제와 겸손을, 고난에는 도전과 열정을 새긴다. 어떤 상황에서든 당연히 행복한 삶을 누릴 수 있다.

군자는 풍부함에도 비천함에도
처할 줄 알며 중심을 잃지 않는다.

마흔은 흔들리지 않는
어른의 시간이다

四十而不惑
사십이불혹

마흔에는 사리를 알아 마음에 혼란스러움이 없었다.
_〈위정爲政〉

《논어》〈위정〉에는 공자가 자신의 삶에 대해 말했던 것이 나온다. 나이에 따라 어떤 경지에 이르렀는지를 말해주는 것인데, 예문은 나이 사십이 되었을 때 자신의 삶을 말했던 것이다. 그 전문은 이렇다.

나는 열다섯에는 학문에 뜻을 두었고, 서른 살에 주관을 바로 세웠으며, 마흔에는 미혹되지 않았다. 쉰에는 하늘의 뜻을 알게 되었고, 예순에는 말을 듣는 법을 터득했고, 일흔에는 마음 가는 대로 해도 법도에 어긋나지 않았다.

잘 알려진 공자의 삶에 미루어보면 이 구절의 의미를 명확히 알 수 있

진실한 사람은 의롭게 살 준비가 되어 있다

다. 공자는 어린 시절 지독한 가난에 시달렸지만, 열심히 학문을 닦아 열다섯에는 자신의 소명이 공부에 있다는 것을 알았다. 그리고 운명을 달리할 때까지 평생 학문을 쉬지 않았다. 이것이 학문에 뜻을 둔 삶이다. 서른이 되면서 학문이 어떤 경지에 이르렀을 때 인仁, 즉 사랑으로 세상을 다스려야 한다는 주관을 확실히 세웠다. 많은 제자가 모여들었고, 그때부터 배움과 가르침을 병행하는 삶을 살았다.

"마흔에 미혹되지 않았다"는 것은 상황에 흔들리지 않고, 세상의 유혹에 넘어가지 않는 경지를 말한다. 그리고 쉰에는 '천명天命', 즉 하늘의 뜻에 대해 알게 되었다. 세상의 부귀와 곤궁은 모두 하늘에 달려 있기에 최선을 다해 삶을 살아낼 뿐이다. 예순에는 사람의 말과 그들과의 관계에 마음을 어지럽히지 않게 되었고, 일흔이 되자 욕심과 감정에 마음이 흔들리지 않는 경지에 이를 수 있었다.

이를 보면 우리 평범한 사람들이 따르기 힘든 수준이라는 것을 알 수 있다. 자신의 모습을 돌아보면서 한탄하는 사람도 있을지 모르겠다. 하지만 성인으로 추앙받는 공자와 자신을 비교하며 자책할 필요는 없다. 다행히도 공자는 삶의 경지에 이르기 위해 어떤 노력이 필요한지 말해 주었다. 비록 그 수준에 이르기는 어려울지라도 그것을 위해 하루하루 노력하면 될 일이다. 설사 단숨에 이르지는 못해도, 아니 평생 이루지 못할지라도 하루하루 성장하는 삶을 사는 것만으로 충분하다. 그중에서도 우리가 가장 많이 고민하는 삶은 마흔일 것이다.

늦은 만큼 노력한다면
이후의 삶에서 만회할 수 있다

마흔에 미혹되지 않기 위해서는 공자의 삶을 생각해보면 된다. 공자는 열다섯에 공부에 뜻을 둔 이후 배움의 길을 쉬지 않았다. 그리고 서른이 되면서 흔들리지 않는 주관을 세웠다. 배움을 통해 얻는 지식으로 삶의 지혜를 얻고, 뚜렷한 주관으로 지향점을 분명히 할 때 미혹되지 않는 마흔을 맞을 수 있다. 공자의 학문을 이어받은 맹자는 '인의예지仁義禮智'의 네 가지 덕목이 사람의 본성, 즉 마음에서 비롯된다고 하며 다음과 같이 설명했다.

"인은 측은히 여기는 사랑의 마음(측은지심惻隱之心), 의는 불의를 미워하는 정의로운 마음(수오지심羞惡之心), 예는 다른 사람을 대하는 배려하는 마음(사양지심辭讓之心), 그리고 지는 옳고 그름을 아는 분별하는 마음(시비지심是非之心)이다. 이들 네 가지 마음이 없으면 사람이라고 할 수 없다."

이 네 가지 마음을 사람의 본성이자 사람답게 살 수 있는 기본 요건으로 본 것이다. 이중 지식은 옳고 그름을 아는 지혜의 단서(시비지심 지지단야是非之心 智之端也)가 된다고 했다. 지식이란 우리가 아는 것처럼 머릿속에 채워 넣는 데 그치지 않고, 반드시 옳고 그름을 아는 분별력의 기반이 되어야 한다. 사람이 옳고 그름을 알면 해야 할 일과 하지 않아야 할 일을 알게 된다. 바르게 살아갈 수 있는 기반이 되는 것이다. 만약 그르다는 것을 알면서도 그 일을 행한다면 맹자가 말했던 대로 사람의 근본을 해치는 것이 된다.

진실한 사람은 의롭게 살 준비가 되어 있다

"나는 마흔에 마음이 동요되지 않았다(아사십부동심我四十不動心)." 맹자가 제자 공손추와의 대화에서 했던 말이다. 공자가 말했던 '사십이불혹四十而不惑'과 같은 뜻이다. 이처럼 고대의 철학자들은 사십을 흔들리지 않는 경지에 이르는 '어른의 시간'이라고 말한다. 하지만 우리 평범한 사람들이 공자와 맹자와 같은 경지에 이르기는 어렵다. 그들이 살았던 시대와 오늘날은 '마흔'이라는 의미도 다르다. 우리 시대에 마흔 살은 중년의 시작인 동시에 급격한 변화를 겪는 시점이며, 직장과 가정에서도 불확실성이 가장 커지는 시점이다. 이러한 현실에서 공자와 맹자가 말한 것처럼, 미혹되지 않는다거나 부동심을 갖는다는 것은 사치라고 생각하는 사람도 있을 것이다. 하지만 그렇기에 우리는 더더욱 마흔이라는 나이에 대해 생각하고 용기를 가질 수 있어야 한다.

특히 마흔이 되면 배우고 따르는 위치에서 사람들을 이끄는 위치로 이동하게 된다. 리더가 되는 것인데, 그때는 쉽게 흔들려서도 미혹되어서도 안 된다. "후배는 두려워해야 할 만한 존재다(후생가외後生可畏)"의 뒷부분에 실려 있는, "사십, 오십이 되어서도 이름이 알려지지 않으면 그 또한 두려워할 만한 사람이 못 된다"가 말해주는 바다. 그동안은 후생의 위치에서 그 가능성으로 기대를 모았다면 이제는 가능성을 실현해야 한다. 그리고 후진들이 가능성을 키우도록 이끌어야 한다. 마흔이 되어서도 그 가능성이 실현되지 못한다면 더 이상 인정받기 어렵다. 안타깝지만 직장은 물론 사회에서도, 특히 자신의 삶에 대해서도 책임을 질 수 없는 사람이 되고 만다.

누구나 마흔을 맞으면 공자가 말했던 불혹, 맹자가 말했던 부동심이 더욱 절실하게 다가온다. 단순히 고전에서 읽는 명구절이 아니라 우리 삶에서 보여주어야 할 의무, 그리고 실현해야 할 현실이 되는 것이다. 이처럼 마흔이라는 삶의 무게는 그리 가볍지 않다. 물론 내 삶의 평가가 마흔이라는 한 시점에 결정되지는 않는다. 하지만 마흔이라는 나이가 인생에서 가장 중요한 시점이라는 것을 부인할 수는 없다.

무조건 두려워할 것이 아니라 마흔을 맞이할 준비와 노력이 필요하다. 든든한 지식으로 머리를 채우고, 세상의 많은 유혹에 흔들리지 않는 강인함과 옳고 그름을 아는 분별력, 그리고 어떤 상황에도 쉽게 휩쓸리지 않는 단련이 필요하다. 물론 마흔 이전에 이런 준비를 마치면 가장 좋겠지만, 설사 이러한 준비가 부족하더라도 괜찮다. 마흔이 훌쩍 넘어 쉰을 바라본다고 해도 늦은 것은 아니다. 자신의 현실을 정확하게 자각하고, 늦은 만큼 더 열심히 노력해나간다면 이후의 삶에서 얼마든지 만회할 수 있지 않을까?

늦었음을 자각하는 순간이 가장 빠른 순간이다.

배움을 통한 지식으로 삶의 지혜를 얻고
뚜렷한 주관으로 삶의 지향점을 분명히 할 때,
미혹되지 않는다.

뜻하지 않은 고난이
더 나은 나를 만든다

五十而知天命
오십이지천명

오십에는 하늘의 뜻을 알았다.
―〈위정〉

"공자는 이익이나 천명, 그리고 인에 대해서는 좀처럼 말하지 않았다(자한언리여명여인子罕言利與命與仁)"라고 〈자한〉에 실려 있다. 한문 여덟 자로 이루어진 이 짧은 문장에 대해서는 학자들의 의견이 분분하다. 심지어《논어》에서 언급된 단어를 세며 이익과 천명은 드물게 말했지만, 인은 언급된 경우가 많으니 "드물게 말했던 것이 아니라 자주 말했다"라고 반대로 해석하는 학자도 있다. 이 경우에는 '여인與仁'의 앞에 쉼표가 생략되었다는 것이다.

하지만 가감 없이 원문 그대로 "이익과 천명, 그리고 인은 드물게 말했다"라고 해석하는 것이 바람직한 듯하다. 그 이유는 이렇다. 공자가 이익을 '드물게' 말했던 것은 이익보다 수양과 도리를 중요하게 여겼던 공자의 학문에 미루어 이견이 없다. 하지만 공자는 이익을 무조건 배척해야 한다고 말하지 않았다. 단지 이익보다는 사람의 도리와 '의義'를 먼저 생각하고 행동해야 한다고 했다. 사람들이 이익을 추구하는 것은 본성에 가깝다. 쉽게 이끌리고, 가능하면 취하려고 하는 것이 이익이다. 그래서 공자는 이익에 대해 완전히 배척하기보다는 '견리사의見利思義', 즉 "이익을 취하기 전에 먼저 그것이 의에 어긋나지는 않은지 생각하라"고 한마디로 집약해서 말했다. 이익에 마음이 가는 것을 무조건 탓하기보다, 그에 앞서 의로운지 생각하는 단계를 거치라는 것이다.

그다음 '인仁'은 공자의 핵심 철학이자 올바른 사람과 좋은 세상을 만들기 위해 가장 중요한 덕목이다. 따라서 《논어》에서 가장 많이 언급되는 단어라는 데 이견이 있을 수 없다. 하지만 유심히 보면 대부분 제자들의 질문에 공자가 대답해주었던 것으로, 공자가 먼저 인에 대해 말했던 적은 드물다. 이는 인이 이론적으로, 혹은 체계적으로 정의해서 말할 수 있는 것이 아니라, 생활에서 실천해야 할 덕목이기 때문이다. 공자가 자신의 학문의 방법이라고 말했던 '하학이상달下學而上達', "아래에서 배워서 높은 이치에 도달한다"가 가르치는 바가 바로 인이다. 따라서 공자는 제자들의 물음에 일률적으로 답하지 않고 제자들의 성향에 따라 다르게 말해준다. 제자들의 학문의 정도, 고쳐야 할 단점, 추구해야 할 방향에 따라 인의 개념과 실천 방법이 달라진다. 이것이 공자가 인을 드물게 말했다는 단서가 될 수 있을 것이다.

천명은
모두에게 주어진다

천명은 공자 역시 오십이 되어서야 깨달았던 이치다. 열다섯의 학문, 서른의 주관, 마흔의 불혹을 거치며 학문과 수양의 경지를 굳건히 한 다음 비로소 천명을 알게 되었다. 또한 오십은 공자가 가장 큰 고난을 겪었던 나이다. 뜻을 이룰 나라를 찾기 위해 천하를 방랑하며 수많은 고초의 경험을 쌓고 난 다음에 이르는 경지라고 할 수 있다. 공자 스스로도 어렵게 도달했던 경지인 만큼 제자들에게도 쉽게 말할 수는 없었을 것이다.

천명은 공자뿐 아니라 평범한 우리들에게도 가장 중요한 개념이다. 살아가면서 천명을 생각해야 할 순간이 오기 때문이다. 천명이란 직접적으로 해석하면 '하늘의 명'으로 모든 사람에게 어김없이 주어진다. 따라서 천명은 좋든 나쁘든 순종하고 받아들여야 한다. 다산 정약용의 통찰이 알기 쉽게 핵심을 찔러준다.

"화와 복의 이치에 대해서는 옛날 사람들도 의심해온 지 오래되었다. 충효를 행한 사람이라고 해서 반드시 화를 면하는 것도 아니고, 음란하고 방탕한 자라고 하여 반드시 박복한 것도 아니다. 그러나 선을 행하는 것이 복을 받는 도가 되므로 군자는 부지런히 선을 행할 뿐이다."

그러면 우리는 어떻게 천명의 순간을 대해야 할까? 이에 대해서는 다산도 힌트를 준 바 있지만 먼저는 고전에서 길을 찾아야 한다. 먼저《장자》에 실려 있는 공자의 고사다.

공자가 광나라 땅에서 곤궁에 처했다. 송나라 사람이 그가 머문 집을 여러 겹으로 포위했는데도, 공자는 거문고 타며 노래하기를 멈추지 않았다. 그러자 다혈질인 제자 자로가 따졌다. "어찌 선생님께서는 이 상황에서 즐길 수 있습니까?" 공자가 대답했다. "곤궁에는 운명이 있다는 것을 알고, 형통에는 때가 있음을 알며, 큰 어려움에 처해도 두려워하지 않는 것은 성인의 용기다." 그리고 자로를 다독거렸다. "유(자로의 이름)야, 가만히 있어라. 내 운명에는 다스림이 있다."

실제로 얼마 후 군중의 지휘자가 와서 말했다. "당신을 양호로 알고 포위했습니다. 지금 아닌 것을 알았으니 사죄를 청합니다."

예상치 못했던 고난이 닥치면 사람들은 당황하게 된다. 바로 자로의 모습이다. 이런 사람의 곁에 있으면 덩달아 불안하고 어쩔 줄 모르게 된다. 하지만 공자는 자로를 다독이면서 불안해하지도, 조급해하지도 말고 잠잠히 때를 기다리라고 말한다. 그러면 조만간 해결 방법이 생겨난다는 것이다.

그다음은 다산 정약용이 인생의 최전성기를 구가하다가 집안이 멸족하고, 전라도 오지에 귀양을 갔을 때 취했던 자세다. 다산은 오랜 귀양 생활 후 회갑을 맞아 스스로 쓴 《자찬묘지명》에서 그때의 심경을 이렇게 말했다. "어릴 때는 학문에 뜻을 두었으나, 20년 동안 세속의 길에 빠져 다시 선왕의 훌륭한 정치가 있는 줄 알지 못했는데 이제야 여가를 얻게 되었다."

다산은 뜻하지 않았던 고난을 천명으로 받아들였고, 학자로서의 정체성을 찾고 하늘로부터 받은 소명을 완성하는 시간으로 삼았다. 고난은 이처럼 우리에게 하늘의 뜻을 이루게 하는 기회로 주어지기도 한다.

진실한 사람은 의롭게 살 준비가 되어 있다

그것을 내 인생의 소명을 이루는 기회로 삼을지, 실망하고 좌절해서 인생을 포기하는 계기로 삼을지는 모두 우리에게 달렸다. 맹자의 말이 천명의 의미를 잘 말해준다.

> 하늘이 장차 그 사람에게 큰 사명을 내리려 할 때는, 먼저 그의 심지를 괴롭게 하고, 뼈와 힘줄을 힘들게 하며, 육체를 굶주리게 하고, 그에게 아무것도 없게 하여 그가 행하고자 하는 바와 어긋나게 한다. 마음을 격동시켜 성질을 참게 함으로써 그가 할 수 없었던 일을 더 많이 할 수 있게 하기 위함이다.

뜻하지 않게 다가오는 인생의 고난을 즐겁게 맞이할 일이다. 우리가 많이 들어왔지만 쉽게 경험해보지 못했던 '진인사대천명盡人事待天命'을 직접 증명할 기회다. 고난에 닥쳤을 때 우리가 최선을 다해도 하늘이 우리를 돕지 않을 수도 있다. 하지만 그 고난은 우리를 단련하고, 더 큰 일을 이루는 밑바탕이 된다.

노력한 대로 거두지 못할 때
나를 향한 더 큰 뜻을 알게 된다.

옛것은 창의적인 배움을
얻는 기회다

溫故而知新 可以爲師矣
온고이지신 가이위사의

옛것을 익히고 새것을 알면 스승이 될 만하다.
_〈위정〉

공자가 활동했던 춘추전국시대는 '백가쟁명百家爭鳴'의 시대라고 부른다. 개인의 수양은 물론 나라를 잘 다스리고 천하를 평안하게 하기 위해 많은 학자가 학문을 연구하고 자신의 주장을 펼쳤다. 공자로 대표되는 유가가 가장 잘 알려졌지만, 공자와 비슷한 시기에 활동했던 묵자墨子도 있었다. 묵가와 유가는 전국시대 가장 주도적인 학파였는데, 경쟁 관계였던 만큼 서로의 학문과 사상을 치열하게 비판하기도 했다. 맹자는 묵자를 이단이라고 하며 묵가를 비현실적인 주장을 펼치는 근본이 없는 학문이라고 비판했다. 보편적인 사랑, 즉 '겸애兼愛'를 주창했던 묵가의 대표인 묵자는 유교에 대해 "옛것을 따르기만 하지 새롭게 만들지는 않는다"라고 비판했다. 인, 즉 사랑을 주창하지만 실천하지도, 창의적인 발전도 없는 학문을 위한 학문에 그친다는 것이다. 시대가 달랐기에, 공자는 묵자에 대해 직접적으로 대응하지는 않았다. 하지만 예문을 통해 묵자의 주장이 틀렸다는 것을 말해준다.

"옛것을 익히고 새것을 알면 스승이 될 만하다." 자신은 옛것을 소중히 여겨 열심히 배우지만, 단지 아는 것에 그치지 않고 연마하면서 새로운 것을 알기 위해 노력한다는 것이다. 그 당시 스승이란 가장 존경받던 위치의 인물이라 할 수 있다. 공자는 스승이 되려면 배워서 아는 정도에 그쳐서는 안 되며, 창의적인 결과를 만들 수 있어야 한다고 주장했다.

하지만 "옛것을 배워서 새것을 안다"는 것이 어떤 의미인지 우리가 명확히 알기는 어렵다. 개혁 군주인 정조의 고사를 참고해보자.

정조가 "온고이지신溫故而知新이란 무슨 말인가?"라고 물으니, 신하 이유경은 "옛글을 익혀 새 글을 아는 것을 말합니다"라고 대답했다. 정조가 다시 말했다.

> "그렇지 않다. 초학자初學者는 이렇게 보는 수가 많은데, 대개 옛글을 익히면 그 가운데서 새로운 의미를 알게 되어 자기가 몰랐던 새로운 것을 더 잘 알게 된다는 것을 말한다."

정조가 시독관 이재학과 선전관 이유경과 경연을 하다가 나눈 대화이다. 경연은 임금이 학식이 높은 신하와 함께 경서를 강독하는 행사이다. 당시 정조가 즉위한 지 1년이 되지 않았을 때이니 어린 시절부터 책과 더불어 살아왔던 정조의 학문이 얼마나 깊은지 알 수 있다.

창의적인 배움은
즐거움을 준다

그렇다면 옛글을 통해 새로운 것을 알려면 어떻게 글을 읽어야 할까? 글을 읽다가 새로운 것을 안다는 것은 단순히 그 글을 익히는 것을 넘어서야 가능하다. 글을 읽을 때 그냥 외워서 아는 것으로는 새로운 것을 얻을 수 없다. 생각을 하면서 글을 읽어야 새로운 것을 얻을 수 있다. 특히 고전은 오늘날에는 쉽게 교감하기 어렵다. 따라서 고전을 읽을 때는 그 뜻을 음미하면서 읽을 수 있어야 한다. 영적인 교감이 필요한 것이다. 다음은 《장자》에 실려 있는 고사다.

제환공이 대청 위에서 글을 읽는데, 윤편이 대청 아래에서 수레바퀴를 깎다가 도구를 내려놓고 환공에게 여쭈었다. "감히 여쭙겠습니다. 왕께서 읽고 계신 것은 어떤 말씀입니까?" 환공이 답했다. "성인의 말씀이다." 이에 윤편이 "그 성인이 살아계십니까?" 하고 묻자, 환공이 "이미 돌아가셨다"고 답했다. 그러자 윤편이 말했다. "그렇다면 왕께서 읽고 계시는 것은 옛사람의 찌꺼기일 뿐입니다." 환공이 노해서 말했다. "과인이 글을 읽고 있는데 감히 바퀴 만드는 자가 참견하는가? 네가 바르게 설명하면 모르겠으나 그러지 못하면 너는 죽은 목숨이다."

윤편이 답했다. "신의 일로 설명을 드리면 수레바퀴를 헐겁게 깎으면

진실한 사람은 의롭게 살 준비가 되어 있다

헐렁해지고, 빠듯하게 깎으면 들어가지 않습니다. 헐겁지도 빡빡하지도 않게 적절하게 깎는 것은 손에서 터득하여 마음에서 반응하는 것이어서 입으로는 말할 수 없지만, 그 속에 수법이 들어 있습니다. 따라서 신은 자식에게도 깨우쳐주지 못해 전수할 수 없으니 이 때문에 이 나이가 되도록 수레바퀴를 깎고 있습니다. 왕께서 읽는 것도 마찬가지입니다. 옛사람도 역시 이미 죽어 깨우쳐줄 수 없으니, 왕께서 읽는 것은 옛사람의 찌꺼기일 뿐이겠지요."

고전을 읽으며 그 깊은 뜻을 생각하지 못하고 단지 "마음을 감동시키는 좋은 말씀이다"에 그치면 그 고전은 옛사람의 찌꺼기에 불과할 수도 있다. 무엇보다도 목수 윤편이 말했던 것처럼 자기의 일에 적용할 수 있어야 한다. 고전에는 마음의 평안, 삶의 지혜, 대인관계, 삶의 태도와 같이 내 일에 적용하고 탁월한 결과를 얻을 수 있는 실용적인 지혜가 담겨 있다. 고전이란 오늘을 살아가는 데 큰 도움을 주는 최고의 자기계발서이다. 고전을 고리타분하다고 멀리한다면 탁월한 삶, 성공하는 삶, 무엇보다도 품격 있는 삶을 살아가는 기회를 놓치는 것일지도 모른다.

예문에서는 창의적인 배움을 스승에게 필요한 조건이라 말하고 있다. 하지만 창의적인 배움이란 모든 배움이 필요한 사람, 한창 배우고 있는 학생에게도 필요하다. 오히려 더욱 절실하다.

"배우려는 열의가 없으면 이끌어주지 않고, 표현하려고 애쓰지 않으면 일깨워주지 않으며, 한 모퉁이를 들어보았을 때 나머지 세 모퉁이를 미루어 알지 못하면 반복해서 가르쳐주지 않는다." 〈술이述而〉에 실린 이 말은 배움에서의 창의성을 강조한다. 심지어 공자는 창의적인 배움이 없으면 더 이상 제자로 인정하지 않겠다고까지 말하고 있다. 아울러 창의적인 배움이 주는 이점은 배움에 즐거움을 준다는 것이다. 공자가 평생을 즐겁게 공부할 수 있었던 것은 바로 이것을 알았기 때문이다.

"공부는 엉덩이로 한다"는 말이 있다. 흔히들 인내가 공부에 있어 가장 중요한 요소라고 말하는 것이라 생각하지만, 그 속에는 다른 의미가 있다. 아무리 힘들고 지루해도 책상에 앉아서 억지로 공부해야 한다는 뜻이 아니라, 공부가 즐거워서 책상을 떠나지 못한다는 뜻이다.

하나를 배워 셋을 아는 공부, 책상을 쉽게 떠나지 못하는 공부, 그 해답은 바로 '창의성'이다.

고전을 고리타분하다고 멀리한다면,
품격 있는 삶을 살 기회를 놓치게 된다.

나를 바로세우는 것이
공정의 첫 걸음이다

君子無所爭 必也射乎
군자무소쟁 필야사호

군자는 다투는 일이 없으나 꼭 하나 있다면 활쏘기다.
_〈팔일八佾〉

유교에서 '군자'란 학식이 높고 행실이 바른 사람을 뜻한다. 지위가 낮고 인간됨이 부족한 사람을 뜻하는 '소인'과 대비해 바람직한 인물, 되고 싶은 인물을 상징한다. 따라서 군자의 자격과 자세를 많은 고전에서 묘사하고 있는데, 예문은 〈팔일〉에 실려 있다.

"군자는 다투는 일이 없으나, 꼭 하나 있다면 활쏘기다. 절하고 서로 양보하며 사대에 오르고, 내려와서는 벌주를 마시니 그 다투는 모습도 군자답다."

경쟁이란 상대를 이기기 위해 하는 일이니 사익을 추구하지 않는 군자와 어울리지 않는다. 하지만 활쏘기는 반드시 예를 따라서 하고, 서로 양보하는 미덕을 보일 수 있으므로 일반적인 다툼과는 차원이 다르다는 이야기다.

군자와 활쏘기에 대해서는 《예기禮記》〈사의射義〉에도 나오는데 그 이유가 훨씬 구체적이다.

> 활을 쏘는 것은 인仁의 길이다. 먼저 자신을 바르게 하는 것을 구한다. 몸을 바르게 한 후에야 화살을 쏘며, 맞추지 못했으면 나를 이긴 자를 원망하지 않는다. 돌이켜 나 자신에게서 잘못을 구할 따름이다(반구저기이이의反求諸己而已矣).

활을 쏘려면 먼저 자세를 바르게 해야 한다. 그래야 올바른 방향으로 활을 쏠 수 있고, 명중률이 높아진다. 따라서 활을 쏘는 것은 자기 자신을 바르게 수양하는 인의 철학과 같다. 또 한 가지, 활쏘기는 이기든 지든 승복하는 자세를 가져야 한다. 특히 졌을 때 이긴 자를 원망하지 않고 먼저 나 자신의 부족함을 돌아보고 반성하는 자세를 가진다. 이런 뜻을 가진 성어 '반구저기反求諸己'는 올바른 삶을 추구하는 데 필요한 기본적이고 중요한 덕목이다. 많은 고전에서 권면하고 있는데, 그만큼 지키기 어렵다는 반증이라고 할 수 있을 것이다.

〈위령공〉에 실려 있는 '군자구저기 소인구저인君子求諸己 小人求諸人'도 같은 의미다. 직역하면 "군자는 자기에게서 구하고 소인은 다른 사람에게서 구한다"인데, 문제가 생겼을 때 그 책임이나 해결책을 군자는 스스로에게서 찾지만, 소인은 다른 사람의 탓을 한다는 뜻이다. 우리 속담 "잘되면 제 탓, 못되면 조상 탓"이 소인의 행태를 잘 말해주고 있다.

진실한 사람은 의롭게 살 준비가 되어 있다

"남을 사랑하는데 친해지지 않을 때는 자신의 인자함을 돌아보라. 남을 다스리는데 다스려지지 않을 때는 자신의 지혜를 돌이켜보라. 남을 예로써 대하는데 화답하지 않으면 자신의 공경하는 태도를 돌이켜보라. 행했는데 얻지 못하는 것이 있으면 모두 자기에게 돌이켜 그 원인을 보라. 자신이 바르면 천하가 자기에게 돌아온다."

《맹자》〈이루상離婁上〉에 실려 있는 이 문장도 같은 의미다. 다른 사람과의 관계에 문제가 생겼을 때는 어떤 상황이든 남을 탓하기 전에 자신을 먼저 돌아보라는 말이다. 그럴 때 온 천하가 따를 정도로 존경을 받을 수 있다. 맹자는 이 문장에 이어서 《시경》의 한 구절을 인용하고 있다.

길이길이 천명에 부합하면 스스로 많은 복을 얻게 될 것이다(영언배명 자구다복
永言配命 自求多福).

이 구절에는 특별히 관심을 끄는 말이 있다. 바로 복을 받는 비결이다. 천명에 부합한다는 것은 하늘의 뜻에 맞게 사는 것으로, 남을 탓하기 전에 먼저 자신을 돌아보는 반구저기의 삶을 사는 것을 의미한다. '자구다복自求多福'은 복을 받는 비결이 모두 자신에게 달려 있다는 말이다. 많은 복을 얻기 위해 점을 치고 미신에 의지하는 사람이 있는데, 그럴 필요가 없다. 스스로 자신을 돌아보며 잘못된 점을 고치고, 하루하루 성장해 간다면 복을 누릴 수 있다.

나를 돌아봄으로써
세간의 때를 씻는다

반구저기를 위해 기본이 되어야 하는 것이 바로 '성찰省察'이다. 성찰은 과거 뛰어난 성현들이 스스로 수양하고 정진하기 위해 취했던 기본적인 삶의 자세를 뜻하는 말이다. 한자를 보면 성省은 적을 소少와 눈 목目으로 구성된다. "눈을 가늘게 뜨고 자세히 살핀다"는 의미다. 사람들이 집중해서 무언가를 자세히 볼 때 나오는 모습이다. 찰察은 집의 머리를 뜻하는 갓머리宀와 제사 제祭로 구성된다. 제사를 지내는 장소와 그 자세는 경건하고 정성스러워야 하는 만큼 조심스럽게 잘 살펴서 행해야 한다. 이로써 보면 성찰에는 먼저 자신을 객관적으로 볼 수 있는 솔직함과 자신의 부족함을 인정할 수 있는 겸손, 그리고 자신의 잘못을 즉각 고칠 수 있는 실천 정신이 있어야 한다. 이러한 자세가 바탕이 될 때 진정한 성찰이 있을 수 있고, 자신의 삶을 더욱 가치 있게 만들어갈 수 있다.

또 한 가지 반구저기를 위해서는 '신독愼獨'의 시간을 가져야 한다. 신독이란 "혼자 있을 때도 도리에 어긋남이 없도록 언행을 삼간다"라는 뜻이다. 그런데 여기에는 또 다른 의미가 있다. 바로 혼자만의 시간이 자신을 돌아보는 데 가장 좋은 시간이라는 것이다. 하루의 분주함을 지내고, 많은 사람과의 관계에서 알게 모르게 묻은 때를 씻어내는 시간은 바로 신독의 시간이다.

사람들은 누구나 자신의 모습을 객관적으로 보기 어렵다. 평생을 자기 위주로 살아왔기 때문에 나를 있는 모습 그대로, 특히 나의 잘못을 정

진실한 사람은 의롭게 살 준비가 되어 있다

직하게 들여다보기 어렵다. 그래서 더욱 필요한 것이 신독의 시간이다. 혼자만의 공간에서 오직 자신만을 바라보고 대면할 때 부끄러운 모습까지 모두 드러낼 수 있다. 있는 그대로의 모습과 대면하며, 좋든 나쁘든 가장 솔직한 자신의 모습을 만날 수 있는 것이 혼자만의 시간이다. 그 시간을 통해 솔직하게 자신을 돌아볼 수 있을 때 진정한 '반구저기'를 할 수 있다.

반구저기는 개인의 성장과 발전, 그리고 인격을 갖추기 위해 필요한 일상의 도리다. 그리고 수없이 겪어야 하는 경쟁에서 이기는 방법이기도 하다. 하지만 반드시 공정과 정의에 기반을 둔 승리를 추구해야 한다. 옛날 선비들이 활쏘기를 통해 반구저기를 하며 배웠던 것이 바로 '공정'이라는 덕목이다. 공정이 바탕이 되지 못하면 그 어떤 경쟁도 의미가 없다. 특권층이 불법과 편법을 동원해 자신은 물론 자녀들까지 부당하게 경쟁에서 승리하고, 그것을 당연시하며 부끄러움을 모른다면 그 사회에서 진정한 반구저기는 없다. 이는 반구저기를 통해 경쟁에서 정의롭게 승리하고자 하는 모든 개인의 노력과 희망을 짓밟는 것이기도 하다. 그러한 사회에는 미래가 없다.

활을 쏘려면
먼저 자세를 바르게 해야 한다.

일상의 만족은
겸손한 배움에서 나온다

子謂子賤 君子哉 若人 魯無君子者 斯焉取斯
자위자천 군자재 약인 노무군자자 사언취사

공자가 자천을 일러 말했다. "군자로다, 이런 사람은. 노나라에 군자가 없었다면
이 사람이 어디서 이런 덕德을 가지게 되었겠는가?"

_〈공야장公冶長〉

군자는 학문적·도덕적으로 높은 수준을 갖춘 사람을 뜻하는데, 공자가
추구하는 인물상이었다. 성인聖人이나 인인仁人에는 미치지 못하지만, 수
양과 공부로 완성할 수 있는 품격 있는 사람의 높은 경지라고 할 수 있
다. 그런 만큼 공자는 누구든 쉽게 군자로 인정하지는 않았다. 공자에게
수학하는 제자 중에서도 군자로 인정받은 사람은 드물었다.

자천은 잘 알려지지 않은 제자로 《논어》에도 거의 등장하지 않는다.
그런데 약관의 나이에 어떻게 공자의 인정을 받고 군자로 칭함을 받았
을까? 그 이유는 두 번째 문장에 있다. "노나라에 군자가 없었다면 이 사
람이 어디서 이런 덕을 가지게 되었겠는가?" 노나라에는 덕을 중시하는

진실한 사람은 의롭게 살 준비가 되어 있다

좋은 전통과 젊은 자천을 이끌어줄 어른이 있었고, 자천은 그들로부터 배움을 얻을 만한 소양을 갖추고 있었다. 다음은 《설원》에 실려 있는 고사다.

공자가 자천에게 말했다. "네가 선보 땅을 다스릴 때 많은 사람이 기뻐하였는데, 너는 어떻게 그 마음을 얻었는가? 말해보라." 자천이 답했다. "저는 남의 아버지를 제 아버지처럼 섬기고, 남의 자식을 제 자식처럼 여기고, 홀아비와 과부를 구휼하고, 상사喪事(초상)를 당하면 제 일처럼 슬퍼했습니다." 이 말을 들은 공자가 다시 묻자, 자천이 답했다. "착한 일이기는 하지만 그것은 작은 뜻이다. 그것으로는 부족하다." "제가 아버지처럼 섬겼던 이가 세 명, 형처럼 섬겼던 이가 다섯 명, 벗처럼 지낸 이가 열한 명이 있었습니다."

이에 공자가 다시 말했다. "아버지처럼 섬겼던 이는 백성의 효행을 교화했을 것이고, 형처럼 섬겼던 이는 공경을, 벗은 선행을 가르쳤을 것이다. 그것은 중간 정도의 뜻이므로 부족하다."

이에 자천이 다음과 같이 말하자 공자는 비로소 만족스러워했다.

"그곳에는 저보다 현명한 백성이 다섯이 있어 저는 그분들을 섬기면서 도량을 길렀는데, 모두가 저에게 큰 도리를 깨우쳐주었습니다."

"바로 그것이다. 옛날 요와 순임금도 천하에 덕을 베풀면서 힘써 현인을 찾아 단점을 보완했다. 현명한 사람은 백 가지 복의 으뜸이며, 신명神明(하늘과 땅의 신령)의 주인이다. 네가 다스린 곳이 작아서 안타깝구나."

충간의담

복자천은 특별히 대단한 스승을 찾아서 배운 것이 아니라, 주변 사람들에게서 배웠다. 곁에 있어 가까이 접하는 모든 사람이 그에게는 스승이었다. 그들은 아버지나 형과 같은 어른, 서로 교유하며 사귀는 벗, 아낌없이 가르침을 주는 지혜로운 사람들이다.

가까이 있는 좋은 사람을 찾아서 사귀고, 그들과 함께 생활하며 배울수 있으면 훌륭한 사람으로 성장할 준비가 된 것이다. 그리고 곁에 있는 현명한 사람들에게 겸손한 자세로 배운다면 마을을 잘 다스릴 수 있는 기반을 갖추게 되고, 군자로 인정받을 정도로 도량을 키울 수 있다. 이렇게 보면 내 곁에 있는 사람들이 모두 나에게 배움을 주는 사람들이다. 특별한 사람을 찾아 여기저기 다니지 않아도 된다. 현명한 사람의 곁에 머물면서 그에게 배움을 얻는 것이 진정한 배움의 방법이며 성장의 비결이다.

일에서 만족과 즐거움을 얻으면
삶도 행복하다

복자천이 군자로 인정을 받은 데는 또 하나의 이유가 있다. 역시 선보의 읍재를 하며 가졌던 자세다. 이번에는 공자의 조카 공멸孔蔑이 함께 등장한다. 《공자가어》에는 다음의 일화가 실려 있다.

공멸이 자천과 함께 벼슬길에 나섰다. 공자가 공멸에게 들러 묻자, 공멸이 답했다. "너는 무엇을 얻고 무엇을 잃었느냐?" "얻은 것은 없고, 잃

진실한 사람은 의롭게 살 준비가 되어 있다

은 것이 세 가지입니다. 공사가 너무 바빠 배운 것을 익힐 시간이 없어서 점차 잊어갑니다. 봉록이 너무 적어서 친척을 돌볼 수 없어서 멀어졌습니다. 공사가 너무 바빠 조문을 할 시간이 없어서 친구 간의 정도 많이 멀어졌으니, 이 셋을 잃었습니다."

공자가 같은 질문을 자천에게 하자, 자천이 이렇게 대답했다. "제가 출사한 후에 잃은 것은 없고 얻은 것이 세 가지입니다. 전에 배웠던 것을 이제 찾아서 실행하니 배운 것이 더욱 명확해졌습니다. 봉록을 받아 적으나마 친척에게 나눠주니 더욱 친밀해졌습니다. 비록 공사가 많으나 조문과 위문을 빠뜨리지 않으니 친구의 정이 더욱 돈독해졌습니다."

공자가 크게 감탄하여 말했다. "군자는 진정 이와 같은 사람이다. 노나라에 군자가 없었다면 이 사람이 이를 어디서 배웠겠는가?"

같은 동네에서 자라서, 같은 학교를 나오고, 같은 직장에 들어가도 사람의 앞날은 크게 달라진다. 어떤 사람은 크게 성장하고 어떤 사람은 도태하고 만다. 그 확실한 차이를 공멸과 자천 두 사람이 보여준다. 공멸은 공자의 조카로 대단한 가문 출신이라고 할 수 있다. 시대의 스승이자 가장 존경받는 인물인 공자의 조카라고 하면 요즘 말로 대단한 '금수저'이다. 아무런 배경이 없는 '흙수저'인 자천과는 비교할 수 없는 조건이다. 하지만 관직에 있으면서 그 생각과 관점의 차이로 서로 멀어지고 말았다. 자천은 공자는 물론 임금에게도 크게 인정을 받는 인물이 되었고, 많은 고전에서 극찬을 받고 그 이름을 남겼다. 공멸은 그저 자천의 탁월함에 대한 비교 대상으로만 남았으니 안타까운 일이다.

무엇보다도 이 둘의 큰 차이는 바로 삶의 만족도이다. 공멸은 똑같은 일을 하면서도 항상 불행했다. 당연히 일도 제대로 하지 못했다. 일에서 보람을 얻지 못하니 악순환처럼 삶이 불행할 수밖에 없었다. 당연히 사람답게 살지도 못했다. 그리고 그 이유를 자신이 아닌 주위 환경 탓으로 돌렸다. "내가 사람답게 살지 못하는 것은 나의 잘못이나 부족함이 아니라, 내 일과 환경 때문이다!" 하지만 자천은 똑같은 일을 하면서도 거기서 보람과 성취감을 찾았다. 당연히 그 일이 즐거울 수밖에 없었다. 삶의 행복이란 이런 사람의 것이다. 일에서 만족과 즐거움을 얻는 사람은 그 삶이 행복하다. 선순환이다.

지금 하는 일과 삶이 고단하다고 느껴진다면, 지금 자신이 누리고 있는 것을 발견하지 못했을지도 모른다. 행복한 삶이란 얼마나 많은 부를 가졌는지, 어떤 지위에 올랐는지에 따라 결정되는 것이 아니다. 주어진 위치에서 소명과 의미를 찾는 것이 진정한 행복이다. 그럴 때 맡은 일도 잘 해낼 수 있다.

자신의 처지를 제대로 아는 사람이
현명한 행복을 누릴 수 있다.

배움이 없는 생각은
잡념과 과장을 낳는다

季文子 三思而後行 子聞之曰 再斯可矣
계문자 삼사이후행 자문지왈 재사가의

계문자는 세 번 생각한 뒤에야 행동했다. 공자가 이 말을 듣고 말했다.
"두 번이면 된다."
_〈공야장〉

고전에서 '생각思'은 몇 가지 쓰임이 있다. 먼저 학문의 완성을 위해 깊이 생각하는 것이다. 《중용》에서 말하는 학문의 다섯 가지 핵심인 '박학博學·심문審問·신사愼思·명변明辨·독행篤行'에서 깊은 생각(신사愼思)은 특히 중요한 요소로 자리하고 있다. 널리 배우고, 살펴 묻고, 신중히 생각하고, 명쾌히 판단하고, 독실하게 실천할 때 학문이 완성될 수 있다는 것이다.

따라서 공자는 학문에 있어 배움과 생각의 균형을 가장 중요하게 여겼다. 배움만 있고 생각하지 않는 것과 생각만 하고 배움을 채우지 않는 것 모두 심각한 학문적 오류에 빠질 수 있다고 본 것이다. 하지만 굳이 순서를 정한다면 공자는 배움에 우선을 두었다. "내가 일찍이 종일토록 먹지 않고 밤새도록 자지 않고 생각해보았으나 유익함이 없었다. 배우는 것만 못하다."《논어》〈위령공〉에 실린 구절이다. 공자는 생각하되 유익함이 없으면 이를 그만두어야 한다고 말했다. 생각은 공상이나 망상이 아니다. 든든한 지식의 기반이 없으면 그 생각은 공상이나 망상이 될 수도 있다. 이럴 때 공자는 지식을 채우는 배움을 먼저 하라고 말한 것이다.

또 한 가지, 생각은 스스로를 돌아보는 성찰의 의미를 가지고 있다. 이는 자신이 올바른 길을 가고 있는지 아닌지에 대해 깊이 생각하는 것이다. 자신이 가는 길이 나쁜 길이라고 생각되면 즉시 돌이켜 되돌아오기 위함이다.

예문은 얼핏 보아서는 그 의미를 잘 알 수 없다. 계문자가 세 번을 생각한다는 것은 매사에 신중한 그의 성향을 말해주는 것으로 사람들에게 좋게 받아들여졌다. 하지만 공자는 오히려 "두 번이면 족하다"라고 폄하했다. 생각을 중시했던 공자가 왜 그랬는지는 밝혀져 있지 않다. 단지 굉장히 복잡했던 그때의 상황과 미묘한 계문자의 행적을 생각해보면 어느 정도는 짐작할 수 있다. 다음은《춘추좌전》에 실려 있는 고사다.

계문자가 진나라에 사신을 가면서 그곳에서 상을 맞을 예를 갖추어 떠났다. 그러자 함께 가는 사람이 "장차 이것을 어디에 쓰려고 하는가?" 라고 물었다. 계문자는 "미처 생각하지 못했던 만일의 일에 대비하는 것은 예로부터의 교훈이다. 뜻밖의 경우를 맞았을 때 필요한 것을 찾기란 실로 어려운 일이다. 미리 준비하는 것이 무슨 해가 있겠는가?" 하고 답했다.

그 당시 진나라의 임금이 병중이라는 말을 듣고 계문자가 대비하여

진실한 사람은 의롭게 살 준비가 되어 있다

행한 것이다. 그 결과 노나라는 '예의의 나라'로 인식되어 국가의 위신을 드높이게 되었다. 사람들은 이것을 두고 "계문자는 세 번 생각한다"라고 하며, 그를 명철한 사람으로 인정했다. 그 외에도 "계문자가 죽었을 때 집에 비단옷을 입은 첩이 없고, 말이 사람이 먹는 곡식을 먹지 않았으며, 창고에는 금과 옥이 없었다"고 《사기》에 실려 있다. 계문자는 노나라의 실권자였던 계씨 가문의 한 사람이었지만, 횡포가 심하지 않고 행동이 올발라서 더욱 사람들의 청송을 받았던 것이다.

세 번 생각하면
사사로운 잡념이 일어나 현혹된다

하지만 공자의 생각은 달랐다. 공자가 직접적으로 밝힌 것은 아니지만 그의 의중을 정자程子(송나라의 유학자 이정 형제 중 동생 정이천)의 말로 알 수 있다.

> 악한 짓을 하는 사람은 애당초 생각함이 있음을 알지 못한다. 만약 한 번이라 도 생각한다면 선을 행할 것이다. 두 번 생각함에 이르면 이미 자신의 행실을 살핀 것이다. 만약 세 번 생각하면 반드시 사사로운 생각(사의私意)이 일어나 도 리어 현혹된다. 그러므로 공자께서 비판한 것이다.

계문자는 사람들에게 알려진 것과 달리 그 근본은 악했다. 제나라에 반란이 일어났을 때 계문자는 그 불의를 꾸짖지 않고 도리어 두 차례나 사신으로 가서 뇌물을 받쳤다. 또 군사를 거느리고 가서 변방 거^莒나라 땅에 성을 쌓고 재물을 함부로 거두어들였다. 따라서 실제로는 많은 부를 누렸을 것이다. 그가 죽었을 때 재물이 없었다고 전해졌다면 주위의 사람이 꾸며서 기만했던 것이라 짐작할 수 있다.

공자는 계문자의 이러한 행태를 마땅히 여기지 않았다. 선한 사람이라면 한 번만 생각해도 자신의 잘못을 깨닫고 당연히 선한 길로 갈 것이다. 선한 사람이 잠깐 잘못 생각하거나, 악한 사람이라도 스스로 돌이켜 바른길로 가려고 한다면 두 번의 생각으로 충분하다. 두 번이면 충분한 것을 세 번 생각했다고 한 것으로 보아 여기에는 가식이나 과장이 있었다고 공자는 여긴 듯하다. 공자는 잘못 자체보다 잘못을 꾸며 내세우는 것을 싫어했다. 거짓에 거짓을 더하는 것이기 때문이다.

복잡한 세상에서 번잡한 삶을 살다 보면 누구나 자신을 잃게 된다. 그때 자신을 찾기 위해서는 잠깐 멈춤의 시간이 필요하다. 아무도 없는 공간에서 자신의 솔직한 모습을 대면할 때 사람들은 나의 본 모습을 본다. 그리고 앞으로 나아갈 길을 생각한다. 사람에게 생각이 필요한 이유다. 《대학》〈경1장〉에는 이렇게 실려 있다.

멈출 것을 안 다음에야 정해지는 것이 있고, 정해진 후에야 마음이 고요해질 수 있고, 고요해진 후에야 편안해질 수 있고, 편안해진 후에야 생각할 수 있으며, 생각한 후에야 얻을 수 있다(지지이후 유정 정이후 능정 정이후 능안 안이후 능려 려이후 능득 知止而后 有定 定而后 能靜 靜而后 能安 安而后 能慮 慮而后 能得).

진실한 사람은 의롭게 살 준비가 되어 있다

생각을 하면 무엇을 원하든 얻을 수 있다. 선하고 착한 것도 얻을 수 있지만 악하고 나쁜 것 역시 얻을 수 있다. 무엇을 선택하는지는 자신에게 달려 있다. 바르고 선한 것을 위해 깊은 생각을 거듭할 때 삶의 의미가 높아지고, 그 가치가 커진다.

우리는 종일 생각하며 살아간다. 생각 없이 사는 사람은 아무도 없을 것이다. 중요한 것은 무엇을 생각하느냐이다. 그리고 그 생각을 통해 무엇을 선택하는가이다. 악함을 버리고 선함을 선택할 때 사람은 바른길을 갈 수 있다. 이익 앞에서 의로움을 선택할 때 탐욕에 빠져 불법과 불의를 저지르는 일을 하지 않을 수 있다. 그리고 잘못된 길에서 돌이켜 다시 선한 본성을 회복하려는 것 역시 생각이다.

바른길을 선택하는 것은 첫 번째 생각이고, 순간의 실수로 잘못된 길을 다시 회복하는 것은 두 번째 생각이다. 만약 한 번 더 망설여 세 번째 생각을 통해 선에서 악으로 돌이킨다면 사사로운 생각에서 벗어날 수 없다. 신중하되 두 번만 생각할 일이다.

**한 번 생각하면 선을 행할 것이고
두 번 생각하면 자신의 행실을 살필 것이다.**

사람됨을 포기하면
어떤 배움도 쓸모가 없다

始吾於人也 聽其言而信其行 今吾於人也 聽其言而觀其行
시오어인야 청기언이신기행 금오어인야 청기언이관기행

예전에 나는 다른 사람을 대할 때 그의 말을 듣고 그의 행동을 믿었다.
하지만 지금은 다른 사람을 대할 때 그의 말을 듣고 그의 행동을 다시 살핀다.
_〈공야장〉

공자가 제자 재여를 보고 했던 말이다. 재여는 뛰어난 말재주와 능력으로 공자의 촉망을 받던 제자였다. 공자가 직접 그의 능력을 보고 공문십철로 꼽았을 정도이니, 많이 아꼈던 제자임에는 틀림없을 것이다. 하지만 공자는 재여로 인해 말로 사람을 평가하는 데는 위험이 따른다는 것을 알고 한탄했다. 그 이유가 예문의 앞에 실린 글이다.

　재여가 낮잠을 자고 있자, 공자가 말했다.

"썩은 나무에는 조각을 할 수 없고, 더러운 흙으로는 담장에 흙손질을 할 수 없다. 재여에 대해 무엇을 꾸짖겠는가?"

진실한 사람은 의롭게 살 준비가 되어 있다

공자의 실망감을 여실히 알 수 있는 말이다. 그의 재능을 믿고 아꼈기에 더욱 실망이 컸을지도 모른다. 썩은 나무로 조각을 하면 망가지기 쉽다. 설사 어렵게 조각을 한들 곧 부서져 사용할 수 없게 된다. 마찬가지로 벽을 바르는 흙은 망가진 벽보다 깨끗하고 품질이 좋아야 한다. 여기서 나무와 흙은 근본, 즉 본바탕이다.

바탕이 되어 있지 않으면 아무리 겉치레에 공을 들여도 소용이 없다. 사람은 더욱 그렇다. 지위와 학식, 부가 그 사람을 말해주지 않는다. 당장은 이름을 날리더라도 그 삶은 허망하게 끝나기 마련이다. 바탕이 굳건하지 않은 사람이 능력만 뛰어나면 어떻게 되는지《자치통감》에 실려 있다. "나라를 어지럽힌 신하와 집안을 망하게 했던 자식은 재능은 넘치지만 덕이 부족하다. 이로써 거꾸러진 자가 많다."

공자는 재여의 모습을 보고 이런 생각을 했을지도 모른다. 결국 재여는 이런 삶의 결과를 만들고 말았다. 설사 잘못을 하더라도 그 잘못을 되풀이하지 않으려는 회개와 반성이 있다면 반전의 기회는 열린다. 재여 역시 공자의 문하에 있으면서 그런 기회가 많았다. 하지만 스승의 계속되는 가르침에도 끝내 돌이키지 못하고 인생을 망치고 말았다.

아무리 개혁적인 사람이라도
근본을 무너뜨릴 수는 없다

《논어》에는 재여에 관한 이야기가 그리 많이 실려 있지 않다. 그리고 그 이야기들 역시 부정적인 것이 대부분이다. 먼저 〈옹야〉에 실린 고사다.

재여가 공자에게 "인한 사람은 어떤 사람이 그에게 '우물에 인이 있다'라고 하면 그 우물에 뛰어들어야 합니까?" 하고 묻자, 공자가 대답했다.

"어찌 그렇게 하겠느냐? 군자를 가보게 할 수는 있지만 우물에 빠지게 할 수는 없다. 군자를 속일 수는 있어도 사리 판단을 못 하게 할 수는 없다."

재여의 질문은 애초부터 꼬여 있다. 공자가 날마다 강조하던 '인'을 제대로 이해하지 못했기에, '인을 위해서라면 어떤 일도 감수해야 하는가' 하는 의문을 담아서 물었다. 공자의 대답은 명쾌했다. 군자를 잠깐 속일 수는 있지만, 사리를 분별하지 못하게 할 수는 없다. "군자는 그렇게 어리석은 사람이 아니다"라는 뜻으로 제자에게 대답해준 것이다. 오히려 "그런 질문을 하는 네가 어리석은 것이다!" 하는 뜻이 대답에는 담겨 있다고 볼 수 있다. 한 가지 새겨볼 점은 재여는 인자를 물었지만, 공자는 군자로 대답했다는 점이다. 인자보다는 격이 조금 낮은 군자조차도 그렇게 어리석은 일은 하지 않는다는 가르침일 것이다.

〈팔일〉에 나오는 고사도 역시 스승인 공자를 화나게 했지만, 읽는 우리에게는 재미를 준다.

애공(노나라의 임금)이 재아(재여)에게 사社(토지의 신에게 제사 지내는 장소)에 대해 묻자, 재아가 대답했다. "하나라 왕조는 소나무(송松)를 심었고, 은나라 사람은 측백나무(백柏)를 심었습니다. 주나라 사람은 밤나무(율栗)를 심었는데, 백성들을 전율케 하려는 것이었다고 합니다."

진실한 사람은 의롭게 살 준비가 되어 있다

소나무를 뜻하는 '송'에는 느슨하다는 의미가 있다. 소나무를 심었던 하나라는 여유로웠다는 뜻이다. 측백나무의 '백'은 넓음의 의미로, 은나라는 폭넓고 엄격하지 않다는 것이다. 하지만 주나라의 밤나무, '율'은 전율戰慄을 뜻하는데, 백성들을 두려워 떨게 한다는 의미가 담겨 있다. 지금 노나라는 혼란스럽기에 무력의 다스림이 필요하다는 뜻을 짐짓 돌려서 말했던 것이다. 이를 듣고 공자는 재여의 생각이 너무 한심한 나머지 이렇게 한탄한다.

> "이루어진 일은 논란하지 않고, 끝난 일은 따지지 말며, 이미 지나간 일은 허물하지 않는다."

먼저 공자는 재여의 말을 말장난으로 보았다. 나름대로 비유법을 써서 임금을 설득했지만 적절치 않아서 공감하기 어려웠다. 게다가 공자를 더 화나게 만든 것이 있다. 임금에게 나라를 다스리는 법을 말하면서 전쟁이나 무력과 같은 수단을 쓴다는 것은 공자가 도저히 인정할 수 없는 일이었다. 하지만 이미 지나간 일이고 되돌릴 수도 없으니 그냥 놓아둘 수밖에 없다는 한탄이다. "재여는 구제 불능이구나!" 가르쳐도 나아지지 않기에 공자는 스승으로서 자신을 탓한 것인지도 모른다.

〈양화陽貨〉에는 또 다른 고사가 나온다.

재여는 그 당시 예법이었던 '삼년상三年喪'에 대해 반론을 제기했다. "스승님 삼년상은 너무 긴 것 같습니다. 3년 동안이나 행하지 않으면 예가 무너지고, 음악이 무너지니 자연의 법칙처럼 1년만 지내면 어떻겠습니까?" 나름대로 타당한 이유를 대었지만, 공자가 보기에는 근본을 부정하는 것으로 보였다. 그래서 "쌀밥을 먹고 비단옷을 입는 것이 너는 편안하더냐?"라고 꾸짖음을 담아 물었지만, 재여의 답은 의외였다. "편안합니다!"

결국 공자는 재여를 포기한다.

"네가 편안하다면 그렇게 하라. 군자는 상을 치를 때는 맛있는 것을 먹어도 맛이 없고, 음악을 들어도 즐겁지 않으며, 집에 있어도 편하지 않기에 그렇게 하는 것이다. 네가 편안하다면 그렇게 하라!"

재여가 밖으로 나가자 공자는 제자들에게 말했다. 행여 재여로 인해 다른 제자들이 물들까 염려해서였을 것이다. "자식은 태어나서 3년이 지난 후에야 부모의 품에서 벗어난다. 대체로 삼년상은 천하의 상례이다. 재여도 그 부모에게서 3년간 사랑을 받았겠지?"

사람은 태어나서 최소한 3년간의 보살핌을 받지 못하면 생존할 수 없다. 부모의 그 지극한 처음 사랑이 없으면 사람은 세상에 나갈 수도 없는 것이다. 공자는 그것을 한탄했다. 공자가 그동안 가르친 것은 부모의 사랑이라는 사람의 근본이었지만, 재여는 그것을 오로지 형식으로만 생각했다.

여기서 공자는 완전히 재여를 포기했던 것으로 보인다. 아무리 재능이 있어도 사람됨의 근본을 포기하면 배움은 쓸모없기 때문이다. 재여는 당시로는 개혁적인 인물이었는지도 모른다. 하지만 제아무리 개혁적

진실한 사람은 의롭게 살 준비가 되어 있다

이고 참신하더라도 근본을 무너뜨릴 수는 없다. 시대와 문화의 변화에
발맞춰 불필요한 형식과 격식은 당연히 타파해야 한다. 하지만, 사람됨
의 근본은 어떤 시대에도 포기할 수 없다.

바탕이 되어 있지 않으면,
겉치레에 공을 들여도 소용이 없다.

요란한 겉치레로
굽은 길을 펴지 못한다

不有祝鮀之佞 而有宋朝之美 難乎免於今之世矣
불유축타지녕 이유송조지미 난호면어금지세의

축타 같은 말재주나 송조 같은 미모를 가지고 있지 않다면
요즘 세상에서 화를 면하기 어렵다.

_〈옹야〉

축타는 위나라의 대부로 종묘의 제사를 관장하는 중책을 맡은 사람이다. 말재주가 뛰어나서 위나라를 지키는 데 중요한 역할을 했다. 〈헌문憲問〉에는 축타의 위상을 말해주는 고사가 나온다.

공자가 위나라 영공의 무도無道함을 말하자, 계강자가 물었다. "그런데 어찌 나라가 망하지 않았습니까?" 공자가 말했다. "중숙어가 나라의 손님 대접을 담당하고, 축타는 종묘의 제사를 담당하고, 왕손가는 군대를 맡고 있습니다. 이러한데 어찌 망하겠습니까?"

위령공의 자질이 크게 부족한데도 위나라가 망하지 않은 것은 훌륭한 신하가 제 역할을 하기 때문이라는 것이다. 《좌전》에는 축타가 실제

진실한 사람은 의롭게 살 준비가 되어 있다

로 외교적 공로를 세우는 장면이 나온다.

소릉의 회합에서 당초에는 위나라가 채나라의 뒤에 있었다. 하지만 축타가 나서서 담당 관리를 설득하여 순서를 앞으로 바꿀 수 있었다. 많은 나라가 모인 중요한 행사에서 나라의 순서는 그 나라의 위상을 말해준다. 축타가 나라에 큰 공을 세운 것이다.

그다음 등장인물인 송조는 송나라의 인물로 이름이 조朝다. 그도 위나라의 정치에 큰 영향을 끼쳤지만, 오히려 외모로 더욱 잘 알려진 인물이었다. 심지어 위령공의 부인인 남자南子와 사통했다는 말이 있었다는 것으로 미루어, 도덕적으로는 바람직한 인물이 아니었다.

이러한 인물의 개인적인 사례들로 말미암아 앞의 예문은 그 해석에서 많은 이견을 낳았다. 먼저 공안국孔安國은 "축타와 같은 말솜씨가 있어야 하는데, 오히려 송조의 미색만 있다면 화를 면하기 어렵다"고 해석했다. 형병邢昺은 "축타의 말솜씨가 없고, 송조의 미모만 있다면, 지금의 세상에서 해를 면하기 어려울 것이다"라고 해석했다. 모두 축타의 말솜씨를 송조의 미색보다 우위에 두는 해석이다.

자신을 속이면
곧은 삶에서 멀어진다

하지만 주자는 달리 해석했다. 주자는 '지금 세상'에 의미를 두었는데, 축타의 말재주와 송조의 미모를 모두 부정적으로 해석했다. "쇠퇴한 세상에서는 아첨을 좋아하고 미색을 기뻐하니, 이것이 없으면 재난을 피하기 어렵다는 말이다. 이는 세상에 대해 상심한 것이다."

주자의 해석에 따르면 공자의 뜻은 이랬을 것이다. "축타와 같은 교묘한 말재주나 송조의 얄팍한 미모만이 통하는 세상이 되었구나! 정말 소중한 것이 무엇인지 모르는 세상이 참 한탄스럽다!"

공자가 한탄했던 그 시대는 어땠는지,《한비자》에 실려 있는 미자하彌子瑕의 고사가 잘 말해준다.

미자하가 한창 위영공의 총애를 받고 있을 때 어머니가 아프다는 이야기를 듣고 영공의 수레를 훔쳐 타고 간 적이 있었다. 그 당시 군주의 수레를 무단으로 타게 되면 발목이 잘리는 형벌을 받게 되는데, 영공은 그 보고를 받고 이렇게 이야기한다. "효자로다. 모친을 위해 발이 잘리는 형벌도 두려워하지 않았구나."

얼마 후 함께 과수원에 갔을 때 미자하가 자신이 먹던 복숭아를 갖다 바친 적이 있었다. 그러자 위영공은 "얼마나 나를 사랑했으면 이 맛있는 복숭아를 제가 다 먹지 않고 나에게 주었을까?"라고 말했다. 참으로 눈물겨운 사랑이라 하지 않을 수 없다.

하지만 세월이 흘러 미자하의 아름다운 용모도 사라지고, 영공의 총애 역시 함께 사라지자 영공은 옛날 일들을 싸잡아서 이렇게 말한다. "이놈은 과인의 수레를 감히 몰래 훔쳐 탄 적도 있었고, 제가 먹던 더러운 복숭아를 나에게 먹으라고 준 괘씸하기 짝이 없는 놈이다."

'여도지죄餘桃之罪'의 고사다. "먹다 남은 복숭아를 먹인 죄"라는 뜻이다. 참으로 얄팍한 사람의 마음이 아닐 수 없다. 총애하는 마음이 식자

진실한 사람은 의롭게 살 준비가 되어 있다

예전에 좋아 보였던 일까지 모두 괘씸하게 생각되는 것이다.

번드르르한 외모의 신하, 심지어 사촌 동생으로 알려진 남자와 사통하는 군주의 아내나 잘생긴, 요즘 세상의 언어로 말하자면 아이돌처럼 생긴 소년과 남색하는 임금 등 도덕적으로 문란해진 사람과 세상을 공자는 한탄했다. 축타에 대해서는 관점을 달리할 수 있지만 그 역시 공자는 좋게 보지 않았다. 축타의 말솜씨는 원문으로 '녕佞'이다. 간드러진 말솜씨, '아첨하다'의 뜻이 담겨 있다. 비록 국가적으로 큰 공을 세웠지만, 개인적으로 '말'만 앞세우는 사람을 공자는 인정하지 않았다.

공자의 속마음은 역시 〈옹야〉에 실려 있다.

사람의 삶은 곧아야 한다. 속이는 삶이 화를 면하는 것은 요행이다(인지생야직 망지생야 행이면人之生也直 罔之生也 幸而免).

말솜씨와 미모가 없어서 화를 당하는 것이 아니라 곧은 삶을 살지 않기에 화를 당한다는 것이다. 여기서 곧다는 것은 정직하다는 뜻인데, 올바르게 사는 삶을 말한다. 이익의 유혹에 넘어지지 않고 부정이나 불의에 흔들리지 않는 삶이다. 속이는 삶을 살면 다른 사람을 기만하여 이익을 취한다. 그보다 더 중요한 의미는 자신을 속이지 않는 것이다. 양심에 어긋나는 일을 하고, 그런 일을 하면서도 스스로 위안하거나 타협하는 것은 자신을 속이는 일이다. "작은 일이니까", "이 정도는 괜찮겠지", "남들도 다 하니까", "이번만 하고 그만할 거야" 하는 것은 모두 자신을 속이는 것이다. 하지만 안타깝게도 우리는 이런 유혹에서 쉽게 벗어나지 못한다. 날마다 자신을 돌아보는 성찰의 시간이 필요한 이유다.

요즘은 더욱 말솜씨와 미모만을 추구하는 세태다. 사람들은 말을 잘하기 위해, 아름다운 외모를 갖기 위해 모든 것을 쏟아붓는다. 물론 말솜씨와 미모가 좋은 자산이 되는 것은 부인할 수 없다. 하지만 실력이 뒷받침하지 않으면 오래 가지 못한다. 잠깐 사람들을 현혹할 수 있겠지만, 곧 바닥이 드러나고 만다.

겉으로 드러나는 것보다 중요한 것은 내면의 충실함이다. 설사 당장은 부족한 점이 많다고 해도 그것을 위해 노력하는 삶이 아름답다. 겉의 유려함과 속의 충실함이 조화롭게 어우러진다면 최선이다.

말솜씨와 미모가 없어서가 아니라,
곧은 삶을 살지 않기에 화를 당하는 것이다.

잘 가꾼 내면과 외면은
서로를 반듯하게 한다

子曰 質勝文則野 文勝質則史 文質彬彬然後君子
자왈 질승문즉야 문승질즉사 문질빈빈연후군자

바탕이 겉모습을 넘어서면 촌스럽고, 겉모습이 바탕을 넘어서면 형식적이 된다.
겉모습과 바탕이 잘 어울린 후에야 군자답다.
_〈옹야〉

이 구절에서 원문 '질質'이란 사람의 밑바탕을 말한다. 덕행을 근본으로
삼는 내면의 올바름이다. '문文'은 외면의 반듯함으로 겉모습을 말한다.
여기서 '겉모습'이란 우리가 흔히 생각하는 외모나 겉치레가 아니다. 내
면의 올바름이 겉으로 드러날 수 있는 실력과 예의를 말한다. 질을 키우
기 위해서는 수양, 즉 성찰이 필요하고, 문을 키우기 위해서는 공부가 필
요하다. 올바른 덕성을 기르고, 그것을 대인관계나 자신의 삶에서 잘 드
러내는 것이 군자의 진정한 모습이다.

따라서 옛 선비들은 그 둘을 기르기 위해 노력했다. 하지만 자신의 성
향과 판단에 따라 어느 한쪽에 더 중점을 두고 공부했다. 그 자체가 잘못

된 것은 아니지만, 공자에 따르면 둘 중에 어느 한쪽만 뛰어나다면 그것은 올바른 공부가 아니다. 이에 대한 논쟁은 오래전부터 학자들 사이에 있어왔다.

질, 즉 덕행을 중요시하는 공부는 '존덕성尊德性'이라고 하고 문, 즉 겉모습을 꾸미는 것을 '도문학道問學'이라고 한다. 성리학의 창시자 주자는 둘 중 어느 한쪽에 편중하는 공부를 해서는 안 된다고 거듭 말한다. 공자가 말하고자 하는 바를 정확하게 읽은 것이다. 도문학은 도리와 이치를 터득하는 것으로, 경전經傳을 공부하는 것이다. 존덕성은 말 그대로 덕성을 높이는 공부로 마음의 수양을 뜻한다. 다음의 글들은 주자가 두 가지 공부를 병행해야 한다는 점을 강조했던 것이다.

"존덕성과 도문학, '널리 글을 배우고 예로 단속한다'는 것처럼 양 측면에서 공부하여 어느 한 편에 치우치지 말아야 한다."

"만약 도리와 이치로 보는 것(도문학)이 정밀하지 못하면 반드시 덕성을 높이는 공부(존덕성)를 해야 한다. 만약 덕성에 부족함이 있으면 강학에 힘써야 한다. 두 가지를 병행하여 서로 일으켜 밝혀주면 광대하고 빛나는 경지에 도달할 수 있다."

얼굴빛이 안정되면
마음도 경건해진다

예문에서도 표현은 좀 다르지만 두 가지 공부가 조화롭게 어우러져야

진실한 사람은 의롭게 살 준비가 되어 있다

한다는 것을 말한다. 하지만 옛 선비들의 지극한 공부의 경지를 오늘날 우리가 이해하고 실천하기는 쉽지 않다. 공자의 뛰어난 제자, 언변의 달인인 자공이 비유를 통해 쉽게 풀어준다.《논어》〈안연〉에 이와 관련한 고사가 실려 있다.

위나라 대부 극자성이 자공에게 "군자는 본디 바탕만 갖추고 있으면 되는 것이지, 겉모습이나 형식을 꾸며서 무엇하겠습니까?"라고 물었다. 자공은 이렇게 대답했다. "무늬도 바탕만큼 중요하고 바탕도 무늬만큼 중요합니다. 호랑이와 표범의 가죽에 털이 없다면, 개와 양의 가죽과 다를 바 없습니다."

호랑이와 표범은 맹수의 왕이다. 당연히 개와 양보다 더 가치가 있다. 하지만 만약 털이 사라지고 가죽만 남는다면 그 가죽만 보고 둘을 구분할 수 없다. 사람됨 역시 마찬가지다. 내면의 수양이 훌륭하다면 그 모습이 겉으로 드러날 수 있어야 한다. 또한 겉모습이 완전한 사람은 내면 역시 잘 갖추어져야 한다. 내면과 겉모습은 깊은 연관이 있는 것이다. 하지만 굳이 순서를 정하자면 질, 즉 밑바탕이 먼저다. 다산 정약용은 이렇게 가르쳐준다.

"진실로 질이 아니면 문은 베풀 바가 없기 때문에 먼저 할 것이 질이다. 그러나 질만으로는 완성된 사람(성인成人)이 될 수 없기에 야인野人(거칠고 촌스러운 사람)됨을 면치 못하고, 나라로 보자면 질만 있고 문이 없는 나라는 인이仁夷(순박하지만 거친 오랑캐)가 됨을 면치 못한다. 그러나 문이란 질을 기다린 후에 이루어지는 것이니, 본래 질이 없다면 따라서

문도 없다. 이미 문이라고 말할 수 있다면 그 바탕에는 질이 있음을 알 수 있다."

다산은 질을 우선시했지만, 그것은 굳이 나누자면 그렇다는 것이다. 내면의 충실함으로 뒷받침하는 외면이 되어야 진정한 가치가 있고, 바탕이 든든하게 갖추어져 있다면 반드시 그것이 겉으로 드러나게 된다. 어느 한쪽에만 치우친다면 그것은 제대로 된 수양이나 공부가 아니다. 《장자》에 실려 있는 다음의 고사는 더욱 실감이 난다.

노나라의 선표라는 사람은 평생 열심히 도를 닦았지만, 그의 최후는 호랑이에게 잡아먹히는 것으로 끝났다. 장이라는 사람은 열심히 인맥을 쌓았지만, 병에 걸려 죽고 말았다. 이 고사를 들은 공자는 다음과 같이 말했다.

"내면으로 숨지 말고 겉으로만 드러내지 마라. 마른나무처럼 그 중앙에 서라

(무입이장 무출이양 시립기중앙無入而藏 無出而陽 柴立其中央)."

내면만 열심히 닦은 사람은 세상 물정에 어두워서 망하고, 외면만 열심히 꾸민 사람은 올바른 도리에 무지해 망하고 만다. 공자는 어느 한쪽에만 치우쳐 우스꽝스러운 사람이 되지 말고 두 가지가 모두 뒤처지지 않도록 힘쓰라고 경계했다. '중용'을 강조했던 것이다.

내면과 외면을 함께 갖추는 것, 생각처럼 쉽지 않다고 느낄 것이다. 옛 선비들조차 버거워했던 차원을 우리가 쉽게 적용할 수 없는 것은 당연하다. 하지만 이 모든 것은 우리의 마음에 달려 있다. 《관자》〈제자직

진실한 사람은 의롭게 살 준비가 되어 있다

弟子職)에는 "얼굴빛이 안정돼 있으면 마음도 경건해진다"라고 실려 있다. 이처럼 밑바탕과 겉모습은 서로 깊은 연관이 있다. 밑바탕이 바른 사람은 그 품격이 겉으로 드러난다. 겉모습이 안정된 사람은 그 마음도 경건하다.

오늘날 품질과 디자인이 모두 뛰어난 것을 명품이라고 한다. 사람도 마찬가지다. 내면의 성숙함과 외면의 유려함이 모두 갖춰진 사람은 명품이다. 비록 현실적으로 많이 부족하다고 느끼더라도 노력하면 된다. 그 시작은 하루하루의 일상이다. 오늘 하루 충실한 삶을 산다면 내일도 할 수 있고, 앞으로도 할 수 있다. 그 삶이 명품의 삶이고, 그런 삶을 살아가는 사람이 명품이다.

충간의담

오늘 충실한 삶을 살았다면,
내일도 할 수 있고
앞으로도 할 수 있다.

忠厚之風

충후지풍

중심이 있는 사람은 인정을 베풀 줄 안다

진심을 전하기 위한
말솜씨에는 힘이 있다

巧言令色 鮮矣仁

교언영색 선의인

교묘한 말과 꾸미는 얼굴을 하는 사람 중에는 인한 사람이 드물다.

_〈학이〉

공자가 말에 대해 이야기했던 것 중에 가장 잘 알려진 글이다. 말을 번드르르하게 하는 사람, 말을 꾸며서 자신을 돋보이게 하려고 하는 사람, 실천이 말을 따르지 못하는 사람, 말에 진실성이 없는 사람이 이에 속한다. 《논어》에는 '교언영색巧言令色'이라는 말이 거듭해서 실려 있는데, 역시 모두 부정적이다. 〈양화〉에도 같은 구절이 실려 있고, 〈위령공〉에는 "교묘한 말은 덕을 어지럽힌다(교언난덕巧言亂德)"라고 실려 있다. 〈공야장〉에는 좀 더 구체적이고 실증적으로 다른 사람의 실례를 들어서 말한다.

교언영색을 하고 지나치게 공손하게 하는 것(교언영색주공巧言令色足恭)을 좌구명이

부끄럽게 여겼다고 하는데, 나도 또한 부끄럽게 여긴다. 원한을 감추고 그 사람과 벗하는 것을 좌구명이 부끄럽게 여겼다고 하는데, 나 또한 이를 부끄럽게 여긴다.

좌구명은 《국어》와 《좌씨춘추전》의 저자로 알려져 있는데, 이 구절에서의 인물과 같은 사람인지는 명확하지 않다. 하지만 공자가 그의 예를 든 것으로 미루어보면 공자로부터 인정받은 훌륭한 인물임에는 틀림없을 것이다.

말의 번드르르함보다는 진실함을, 유창함보다는 그 실천을 강조했던 점을 미루어보면 공자의 관점은 분명하다. "말의 꾸밈이 아니라 그 뜻과 실천을 소중히 하라." 심지어 공자는 "말은 뜻을 전달하면 그만이다"라고 말하기도 했다.

하지만 다산 정약용은 조금 다른 관점을 보인다. 말의 진실함도 중요하지만 말의 꾸밈 역시 중요하기에, 교언과 영색이 그 자체로 나쁜 것은 아니라는 것이다.

"교언영색이 바로 죄악인 것은 아니다. 다만 성인이 사람들을 살펴볼 때 매양 교언영색하는 자들을 보면 대부분이 인한 모습이 없었기 때문에 '드물다(선의鮮矣)'라고 말한 것이다. (…) 만일 여기서 '절대로 없다(절무絕無)'라고 했다면 이는 실상에 어긋난 것이다. 공자가 또 다른 날에 '교언은 덕을 어지럽힌다(교언난덕)'라고 했는데, 이는 나쁜 말로 교巧한 것이며, 《예기》〈표기表記〉에 '말은 교巧하고자 한다' 한 것은 착한 말로 교한 것이다. 이처럼 교언에는 좋은 것도 있고 나쁜 것도 있는데, 하물며 영색이랴! 이것은 다만 사람을 살펴보는 법이다."

말의 능력을 키우는 것은
사람에 대한 예의가 될 수 있다

공자가 교언영색을 하는 사람 중에 "인한 사람이 절대로 없다"라고 한 것이 아니라 "드물다"라고 했던 것을 다산은 살펴보았다. 드물기는 하지만 그중에는 좋은 사람도 있다는 것인데, 그 대표적인 인물이 공자의 제자 자공이다. 자공은 탁월한 언변과 정치력으로 그 당시 세간에서 최고의 능력자로 인정받았던 인물이다. 물론 공자로부터 "군자가 되기에는 부족하다"는 지적을 받기도 했지만, 말의 능력과 세상을 보는 통찰력에서는 공자의 인정을 받았다. 자공의 언변의 탁월함은 〈자장〉의 고사에서 알아볼 수 있다.

숙손무숙이 사람들에게 "자공이 중니(공자)보다 더 현명하다"라고 하자, 그 말을 전해 들은 자공은 이렇게 말한다. "궁실의 담에 비유하자면 나의 담은 어깨 정도이므로 집안의 좋은 곳을 엿볼 수 있지만, 스승님의 담은 몇 길이나 되므로 그 문을 찾아서 들어가지 않으면 그 아름다움은 볼 수가 없다. 그 문을 찾아낸 사람도 드무니 숙손무숙이 그렇게 말하는 것이 당연하지 않겠는가?"

스승인 공자보다 더 낫다는 말을 들으면 누구나 우쭐하는 마음이 생길 것이다. 겉으로는 사양할지 몰라도 속으로는 거만한 마음이 들 수도 있다. 하지만 자공은 자신은 결코 공자를 따라갈 수 없다는 것을 멋진 비유의 말로 표현했다.

"선생이 겸손해서 그렇지 중니가 어찌 선생보다 더 현명하겠습니까?"라고 말하는 진자금에게 해준 말은 더욱 유려하다. "스승님께 미칠 수 없는 것은 마치 하늘에 사다리를 놓고 올라갈 수 없는 것과 같다." 스승에 대한 존경과 자신의 겸손을 함축시켜 담은 교언영색의 좋은 예다.

속이는 말을 할 것인가, 살리는 말을 할 것인가

공자의 제자 중에는 교언영색의 나쁜 면을 보여주는 재여라는 제자도 있다. 자공과 함께 언변에 뛰어나 공문십철에 꼽히지만 말로 인해 공자로부터 많은 질책을 받았다. "처음에 나는 사람에 대하여 그의 말을 듣고 그 행실을 믿었는데, 이제는 사람에 대하여 그의 말을 듣고도 그 행실을 살펴보게 되었다. 재여로 인해 이를 바꾼 것이다." 언변에 뛰어나기는 하지만 진실성이 부족했던 재여를 꾸짖는 말이다. 이러한 재여의 말이 곧 교언영색의 나쁜 예라고 할 수 있다.

교언영색보다 더 심각한 행태는 《예기》〈악기樂記〉에 실려 있는 '간성난색姦聲亂色(간사한 소리와 어지러운 색)'이다. '교언영색'이 사람의 환심을 사기 위해 말과 행동을 좋게 꾸미는 것이라면, '간성난색'은 사람의 선한 본성을 흩트리는 소리와 타락으로 이끄는 색욕을 말한다. 공자는 교언

중심이 있는 사람은 인정을 베풀 줄 안다

영색을 하는 사람은 잘 가려서 대하라고 가르쳤지만, '간성난색'은 눈과 귀聰明에 머물게 해서는 안 된다고 했다. 아예 듣지도 보지도 말고 멀리하라는 것이다.

이보다 더 심한 말로는 '구밀복검口蜜腹劍'이 있다. "입에서 나오는 말은 꿀처럼 달지만, 그 뱃속에는 칼이 숨겨져 있다"는 뜻이다. 양귀비로 유명한 당 현종 시대의 이임보라는 재상을 두고 했던 말이다. 이임보는 자기보다 더 뛰어난 인물에게는 달콤한 말을 해서 방심하게 한 다음 뒤로는 죽여서 사라지게 했다. 경쟁자가 될 인물을 싹부터 밟아 없애버리는 것이다.

요즘은 말이 곧 능력이며 말 잘하는 사람이 성공하는 시대다. 자신을 드러내고 뜻을 잘 전달하기 위해서는 말의 꾸밈과 함께 멋진 외모도 중요하다. 물론 간성난색이나 구밀복검은 곤란하다. 하지만 교언영색, 즉 멋진 말솜씨와 유려한 태도를 가진 사람이 각광을 받기에 이를 얻기 위한 노력을 아끼지 말아야 한다. 하지만 놓치지 말아야 할 것은 바로 말의 '진실성'이다. 말의 진실성은 신뢰를 얻는 데 가장 큰 힘이 된다. 믿을 신信이 사람人과 말言의 조합이라는 것이 이를 잘 말해준다. 내면의 충실함으로 실력을 든든히 키우고, 자신이 말하고자 하는 바를 잘 설득할 수 있다면 '교언영색'은 오히려 성공의 큰 밑바탕이 된다.

말 잘하는 능력으로
사람을 살릴 수도 죽일 수도 있다.

효는 대단한 예의가 아니라
평상시의 정성이다

孟武伯問孝 子曰 父母唯其疾之憂
맹무백문효 자왈 부모유기질지우

맹무백이 효에 대해 묻자 공자가 말했다.
"부모는 오직 자식이 병날까 그것만 근심하신다."
_〈위정〉

유교는 효를 강조했던 학문이다. 공자의 핵심 철학인 인이 사람과의 관계, 그중에서도 부모와 자식 간의 관계를 가장 중요시했던 것에서 충분히 알 수 있다. 아버지와 아들의 관계가 '사랑'으로 든든하게 맺어질 때, 그 사랑이 이웃으로, 군신의 관계로 퍼져나가 천하가 평안하게 된다는 것이다.

《논어》에서 공자는 물론 제자들 역시 효에 대해 많은 이야기를 하고 있다. 물론 오늘날의 관점에서는 시대착오적인 내용도 많이 있지만, 효의 가치관이 많이 무뎌지고 허물어진 현실에서는 생각해볼 바가 많이 있다. 〈이인〉에는 공자가 효에 대한 제자들의 물음에 대답하는 장면이

중심이 있는 사람은 인정을 베풀 줄 안다

연이어 나온다.

맹의자가 효에 대해 묻자, 공자는 "어긋남이 없는 것이다"라고 말해준다. 그리고 번지에게 그 의미를 설명해준다. "살아계실 때는 예의를 갖춰 섬기고 돌아가신 후에는 예법에 따라 장례를 치르고 제사를 지내는 것이다."

맹무백이 효에 대해 묻자 공자가 말했다. "부모는 오직 그 자식이 병날까 그것만 근심하신다."

자유가 효에 대해 묻자 공자가 말했다. "요즘의 효라는 것은 부모를 물질적으로 봉양할 수 있는 것을 말한다. 그러나 개나 말조차도 모두 먹여 살리기는 하는 것이니 공경하지 않으면 짐승과 무엇으로 구별하겠는가?"

자하가 효에 대해 묻자 공자가 말했다. "항상 밝은 얼굴로 부모를 대하는 것이 어렵다. 일이 있을 때는 아랫사람이 그 수고로움을 대신하고, 술이나 음식이 있을 때는 윗사람이 먼저 드시게 하는 것을 효도라고 할 수 있겠는가?"

이 고사들이 가르치는 것은 모두 '진실한 마음' 하나로 집약된다. 겉으로 꾸미는 것이 효도가 아니라 진실한 마음으로 정성을 다하는 것이 진정한 효도인 것이다. 물론 형편에 따라 효도의 방법은 차이가 날 수밖에 없다. 하지만 부유하면 부유한 대로, 가난하면 가난한 대로 최선을 다하면 되는 것이다.

몸을 아끼지 않는 것은
부모의 마음을 헤아리지 않는 것이다

이 고사들에서 우리가 오해를 할 수 있는 것은 맹부백에게 효를 가르친 것이다. 우리는 흔히 이 구절은 자식이 병날까 노심초사하는 부모의 간절한 자식 사랑을 말한다고 생각한다. 하지만 이 구절이 담고 있는 진정한 뜻은 다르다.

유학자 마융은 "효자는 함부로 망령되게 행동하지 않으므로, 오직 병에 걸린 뒤에만 부모를 근심하게 한 것을 말한 것이다"라고 해석했다. 형병邢昺도 "질병 이외에는 함부로 망령되게 비행非行을 저질러 부모에게 근심을 끼치지 않는다"라고 했다. 주자도 《논어집주》에서 이 구절을 이렇게 해설했다.

> 부모가 자식을 사랑하는 마음이 이르지 않는 데가 없지만, 오직 질병이 있을까 두려워하여 항상 근심한다. 자식이 이것을 체득하여 부모의 마음을 자기의 마음으로 삼는다면, 무릇 자기 몸을 지키는 일에 대해 스스로 삼가지 않을 수 없을 것이니, 어찌 효라고 할 수 없겠는가?

자신을 갈고닦아 입신하고, 부모를 지극정성으로 섬기는 것은 자식으로서 당연한 일이다. 하지만 그 당시 의학이 발달하지 않은 상황에서 공부와 수양에 매진하다가 질병에 걸리는 일은 흔히 있을 수 있는 일이었다. 공자는 진정한 효도를 하려면 그러한 일조차 최대한 절제할 수 있

중심이 있는 사람은 인정을 베풀 줄 안다

어야 한다고 했다. 이 구절의 해석에서 보면 우리가 얼마나 자기 관점으로 효도를 생각하는지 깨달을 수 있다. 효도는 나의 생각이 아닌, 부모의 마음으로 생각해야 한다. 내 몸을 아끼지 않는 것은, 자식의 행복이 가장 큰 행복이 되는 부모의 마음을 헤아리지 않는 것이다.

다산 정약용은 〈효도론〉에서 이렇게 썼다.

"아버지와 아들 사이는 천륜이기 때문에 오직 마음이 이끄는 대로 할 뿐이다. 맹자의 제자 악정자춘樂正子春은 어머니가 돌아가자 5일 동안이나 음식을 대지 않았다. 이윽고 '우리 어머니가 이를 본다면 잘하는 일이라고 하지 않을 것이다. 내가 어떻게 어머니의 마음을 무시하고 내 마음대로 할 수 있겠는가' 하며 뉘우쳤다. 증자도 아버지 상을 당하여 7일간이나 물 한 모금 입에 넣지 않았는데, 자사가 예에 지나친 일이라고 넌지시 나무랐다. 이런데 예에 지나치게 해서야 되겠는가?"

부모가 돌아가면 효자는 하늘이 무너진 것 같은 슬픔에 잠긴다. 자기 몸을 상하면서까지 슬퍼하는데, 이는 부모가 원하는 것이 아니다. 심지어 자기 손가락을 자르고, 자기 살을 베어서 병든 부모를 고치려 했던 옛날이야기에 대해서도 다산은 바람직하지 않다고 보았다. 물론 이러한 방법이라도 써서 부모를 고치려고 했던 충정을 부정하지는 않았다. 하지만 이런 효도는 후세에 가르칠 만한 타당한 방법은 아니라고 했다.

"위나라와 진나라 이후로 손가락을 자르고 넓적다리 살을 베어 부모에게 드렸던 효자가 역사책에 계속 기록되어왔다. 그러나 주자가 《소학》을 엮으면서 이런 사실들을 채택하여 기록하지 않았다. 주자의 마음도 틀림없이 '이것이 세상에서 뛰어난 효행이기는 하다. 그러나 이는 후세의 사람을 훈계할 수 있는 정당한 방법이 아니다'라고 여겨서 그랬을 것이다."

효도에 있어서 가장 중요한 것은 진심과 정성이다. 그리고 그 시작은 일상의 삶이다. 평상시 부모를 돌아보지도 못하면서, 멀리 있을 때 찾아뵙기는커녕 전화 한 통 못 하면서 효도를 말하는 것은 핑계이자 자기 위안일 뿐이다. 효도란 할 수 있을 때 정성을 다하는 것이다. 세심한 마음으로, 기쁜 마음으로 부모의 몸과 마음을 살피는 것이다. 갓난아기 시절 우리를 돌보던 부모의 마음처럼.

**효도는 나의 생각이 아닌,
부모의 마음을 가지고 해야 한다.**

생각으로 폭을 넓히고
공부로 깊이를 더한다

學而不思則罔 思而不學則殆
학이불사즉망 사이불학즉태

배우기만 하고 생각하지 않으면 얻는 것이 없고,
생각만 하고 배움이 없다면 위태롭다.
_〈위정〉

학문의 중요한 두 가지 요소는 배움과 생각이다. 지식을 채우는 '배움'과
그 지식을 내 것으로 삼아 삶에 적용하는 '생각'이 조화를 이루어야 진정
한 배움이 된다. 어느 한쪽을 도외시하면 제대로 된 배움이 될 수 없다.
예문이 그 근거를 잘 말해준다. 이 구절의 핵심적인 단어 네 가지에 대해
다산 정약용의 해석을 보면 그 뜻을 쉽게 알 수 있다.

"학學은 옛 경전을 통해서 징험徵驗(경험해서 얻는 것)하는 것을 말하고,
사思는 자신의 마음에 추구하는 것을 말한다. 망罔은 속임을 당하는 것이
고, 태殆는 위태로운 것이다. 본말本末(일의 처음과 끝)을 추구해보지 않고
함부로 가벼이 고서古書를 믿으면 혹 속임수에 떨어지기도 하고, 옛 성인

들의 가르침을 되새겨보지 않고 함부로 가벼이 자기 마음에 믿으면 아는 것이 위태로워지기도 한다(바른 일과 사악한 일, 옳은 일과 그릇된 일을 스스로 확정할 수 없으므로 위태롭다). 학과 사 두 가지는 어느 한쪽에 치우치거나 한쪽을 그만두어서는 안 된다."

'학學'은 책을 읽어서 배움을 얻는 것이다. '사思'는 그 배움을 기반으로 생각해 내 삶에 적용하는 것이다. '망罔'은 잘못된 지식에 속아 아무것도 얻지 못하는 것이고, '태殆'는 옳고 그름을 분별하지 못해 위험에 빠지게 되는 것이다. 학문에서 배움과 생각은 함께하는 것이다. 그러면 두 가지 중에 어떤 것을 더 중요시해야 할까? 〈위령공〉에서는 우열을 가릴 수는 없지만, 그 순서는 어때야 하는지 공자가 자신의 경험을 통해 일러준다.

"내가 일찍이 종일토록 먹지 않고 밤새도록 자지 않고 생각해보았으나 유익함이 없었다. 배우는 것만 못하다." 공자는 생각하되 유익함이 없으면 이를 그만두어야 한다고 말했다. 생각은 든든한 지식의 기반이 없으면 공상이나 망상으로 흐르게 된다. 이럴 때 공자는 지식을 채우는 배움을 먼저 하라는 것이다.

먼저 생각 없이 지식을 채우는 데만 급급하면 그 지식의 진위를 제대로 분별하지 못하게 된다. 자칫하면 사람을 미혹시키는 미신이나 오도하는 사악한 학설에 빠지게 된다. 오늘날 만연하는 종교적 이단에 빠지는 것이 바로 생각 없이 지식만 받아들인 결과다. 그럴듯한 해석으로 사람들을 현혹한 다음 그들을 이용하고 삶을 망치게 만드는 경우를 흔히 본다. 이들에게 빠지면 얻는 것이 없는 것은 물론이고 가족과 같이 가장 소중한 것을 잃게 된다. 귀중한 시간을 낭비하는 것도 큰 폐해다.

중심이 있는 사람은 인정을 베풀 줄 안다

반대로 지식은 없이 생각에만 치우치게 되면 엉터리 인플루언서와 같은 사람에게 속게 된다. 이들은 세상의 온갖 풍문을 수집하고, 그럴듯하게 포장해서 자기 잇속을 차린다. 이들이 퍼트리는 풍문에 무분별하게 속아 넘어간다면 사회적 신망을 잃고, 심한 경우 패가망신하는 위험에 빠지게 된다. 일반적인 상식을 벗어나는 이야기나, 특별한 경제적 이익을 보장하는 내용을 들으면 반드시 사실을 확인해야 한다. "당신에게만 특별히 정보를 준다"는 경우도 마찬가지다. 이들의 말을 믿고 확실한 지식의 기반 없이 잘못된 생각에 빠지거나, 사실 확인을 하지 않고 들은 내용을 그대로 퍼트린다면 큰 위험에 빠지게 될 수도 있다.《논어》〈양화〉에서 공자는 "길에서 들은 것을 그대로 전하는 것은 덕을 버리는 것이다"라고 말했다.

모든 행동 이전에는
생각의 단계가 필요하다

배움과 생각의 균형이 단순히 학문의 영역에 그치는 것은 아니다. 삶의 영역에서도 배움과 생각의 조화가 필요하다. 배움은 삶에서 실천이 될 때 비로소 마치는 것이기 때문이다. 《논어》의 맨 첫 문장 "학이시습지 불역열호學而時習之 不亦說乎"에서 학은 배움이고, 습은 실천이다. 배운 것을 삶에서 실천할 때 진정한 기쁨을 얻을 수 있다는 말이다. 역시《논어》〈학이〉에 있는 공자의 말 "행유여력 즉이학문行有餘力 則以學文"은 더욱 직접

적이다. 올바른 일을 모두 행하고서 남은 힘이 있을 때 비로소 공부를 해야 한다는 것이다. 이처럼 공부가 삶에서 실천이 될 때 필요한 것이 바로 생각이다. 〈계씨〉에 실려 있는 '군자유구사君子有九思'가 그것을 말해준다.

군자에게는 항상 생각하는 것이 아홉 가지가 있다. 볼 때에는 밝게 볼 것을 생각하고, 들을 때에는 똑똑하게 들을 것을 생각하고, 얼굴빛은 온화하게 할 것을 생각하고, 몸가짐은 공손하게 할 것을 생각하고, 말할 때는 진실하게 할 것을 생각하고, 일할 때는 공경스럽게 할 것을 생각하며, 의심이 날 때는 묻는 것을 생각하고, 성이 날 때는 뒤에 겪을 어려움을 생각하고, 이득이 될 것을 보았을 때는 그것이 의로운가를 생각한다.

사람의 거의 모든 행동을 포괄한다. 이 모든 행동을 하기 전에 생각이라는 과정을 거쳐야 군자로서의 품격을 지킬 수 있다는 것이다. 품격은 태생적으로 갖추어지는 것이 아니다. 높은 지위와 힘써 이룬 부가 말해주는 바도 아니다. 높은 학문과 고차원적인 사상으로 얻을 수도 없다. 진정한 품격은 순간순간의 행동, 하루하루의 삶에 충실함으로써 얻을 수 있다. 나를 바로 세워 올바른 삶을 살고, 나 자신의 이익만을 추구하는 것이 아니라 다른 사람을 진심으로 배려하는 것이 진정한 품격이다.

배움은 삶의 폭을 확장시켜주고, 생각은 우리의 깊이를 더해준다. 배움과 생각이 어우러질 때 우리 삶은 더욱 풍요로워진다.

생각 없는 공부는 위험하고
공부 없는 생각은 무익하다.

무지를 인정하는 데서
진정한 배움이 시작된다

知之爲知之 不知爲不知 是知也
지지위지지 부지위부지 시지야

아는 것을 안다고 하고 모르는 것을 모른다고 하는 것,
이것이 아는 것이다.
_〈위정〉

공자와 함께 인류 역사상 가장 가장 지혜로운 사람으로 꼽히는 소크라
테스는 자신의 지혜에 대해 이렇게 말했다. 죽음을 눈앞에 두고 마지막
재판을 받으면서 했던 말이다.

"만일 제가 지혜를 가지고 있다면 그것이 어떤 종류의 지혜인가에 대
해 여러분이 신뢰할 수 있는 증인을 내세우려 합니다. 그 증인이 델포이
Delphi의 신입니다."

소크라테스의 친구 카이레폰은 델포이 신전에서 "소크라테스보다 더
지혜로운 사람이 있느냐?"라고 물었다. 그곳의 무녀는 "소크라테스보다
더 지혜로운 사람은 없다"라고 대답한다. 친구로부터 그 말을 들은 소크

라테스는 신전의 신탁에 의문을 품게 된다. 그리고 자신보다 더 지혜로운 사람을 찾기 위해 아테네 곳곳을 다녔다. 당시 지혜롭다고 인정받았던 시인, 작가, 예술가, 정치인 등 많은 분야에서 일가를 이룬 사람을 찾아다녔지만, 소크라테스는 잠깐의 대화를 통해 그들이 지혜롭지 않다는 사실을 알게 된다. 단지 자신과 다른 점은 그들 스스로는 무지하다는 것을 모른다는 점이다.

"그 사람과 나는 똑같이 선善과 미美에 대해 알지 못하지만, 나는 그 사람보다 더 지혜롭다. 왜냐하면 그는 모르고 있으면서도 스스로 알고 있다고 생각하지만, 나는 나 자신이 모르고 있다는 것을 알기 때문이다."

바로 무지의 지(무지지지無知之知), "나 자신이 모른다는 것을 안다"는 통찰이다. 서양의 소크라테스와 함께 동양의 철학자 공자 역시 지식에 대해 같은 생각이었다. 제자 자로를 가르쳤던 내용을 담은 예문이 이를 잘 말해준다. 이 말은 자로의 질문에 대한 대답이 아니라 그냥 자로에게 가르침을 준 것이다. 평소에 자신의 지식을 과시하며 나서기 좋아하는 자로를 보며 느낀 점을 말해준 것일 수도 있다. 혹은, 생략되었지만 자로가 지식을 과시하는 장면을 보고 꾸짖음을 준 것일 수도 있다. 어떤 경우이든 공자는 지식에 대해 소중한 가르침을 준다. 진정한 지식이란 자신이 모른다는 것을 자각하는 데 있다. 그리고 그것을 자신은 물론 남 앞에서도 인정하는 데서 학문의 성장을 이룰 수 있다는 것이다.

중심이 있는 사람은 인정을 베풀 줄 안다

안다는 착각 때문에
곤경에 빠진다

하지만 평범한 우리는 "내가 아는 것이 없다"는 사실을 인정하기 어려워한다. 마음을 가리고 있는 교만과 있는 그대로의 자신을 볼 수 있는 성찰이 부족하기 때문이다. 스스로 무식하다고 느낄지라도 다른 사람이 그것을 지적하면 화가 솟구쳐 오른다. 학문의 진정한 의미, "배움이란 끝이 없다"는 사실을 깨닫지 못해서일 것이다. 끝없는 배움의 과정에서 지금의 무지는 부끄러운 일이 아니라 배움에 대한 동기부여일 뿐이다. 하지만 남 앞에서 그것을 인정하는 것은 어렵다. 자존심 때문일 텐데, 이것이 더욱 문제다. 지식 앞에서 솔직해지지 못하는 사람은 어떤 것에도 솔직하기 어렵다. 무엇보다도 이런 성향이 문제가 되는 것은 자신은 물론 다른 사람들까지 어려움에 빠지게 하기 때문이다. 만약 지도자가 이런 성향이라면 조직을 곤궁에 빠뜨리게 된다.

이 구절에는 그 속에 담긴 깊은 뜻과 함께 재미있는 이야기도 많이 전해져온다. 송나라의 문인 겸 정치가인 왕안석은 《설부說部》에서 이 구절을 제비 울음소리와 같다고 했다. 중국 원어로 읽으면 "즈즈웨이즈즈 부즈웨이부즈 스즈예"로 발음되는 말이 제비 소리와 유사하다고 느낀 것이다. 우리 글로 읽어도 "지지위지지 부지위부지 시지야"인데, 빨리 읽으면 제비 울음소리인 "지지배배"로 들린다. 조선시대 문인 유몽인이 "조선 사람도 경서를 읽을 줄 아느냐?"고 비아냥거린 중국 문인의 코를 이 구절을 통해 납작하게 만들어버린 이야기도 유명하다. 유몽인은 거

충후지풍

만을 떠는 중국 문인에게 "조선에서는 제비조차도 '지지위지지 부지위부지 시지야' 하고 웁니다"라고 말해주었다. "당신이 자랑하는 지식은 한낱 제비보다도 못할 수 있다"는 신랄한 비판이다.

진정한 배움이란 먼저 자신의 지식이 보잘것없다는 분명한 인식과 그것을 인정할 수 있는 솔직함에 바탕을 두어야 한다. 그 바탕 위에서만 학문의 진전이 가능하다. 공자가 높은 학문을 성취할 수 있던 기반도 바로 그것이었다.

《논어》를 읽다 보면 공자는 항상 자신의 부족함을 절감하고, "나는 아는 것이 없다"라고 고백하고 있다.

> "나는 나면서부터 아는 사람이 아니라 옛것을 좋아해 힘써 그것을 구한 사람일 따름이다."
> "내가 아는 것이 있는가? 나는 아는 것이 없다."

모두 공자가 했던 말들인데 이처럼 스스로 부족함을 아는 자세가 있었기에 공자는 끊임없이 공부에 매진할 수 있었다. 또 이로 인해 무엇을 위한 수단으로서가 아니라, 공부 그 자체를 좋아하고 즐기는 호학好學의 자세를 공자는 갖출 수 있었다. 《논어》의 맨 첫머리에서 "배우고 때때로 그것을 익히면 또한 기쁘지 않은가?"라고 말했던 것처럼, 기쁘게 공부를 추구하는 자세를 통해 공자는 평생 배움과 가르침의 삶을 살 수 있었다.

많은 사람이 자신을 과시하고 싶은 생각에 빠지곤 한다. 가진 것이 없고, 아는 것이 없어도 그것을 인정하고 싶어 하지 않는다. 하지만 잠깐의

중심이 있는 사람은 인정을 베풀 줄 안다

자존심을 세우기 위해 '아는 체', '있는 체'를 하면 얼마 지나지 않아 진실이 밝혀질 때 더욱 치명적인 상처를 얻을 수 있다. 나의 지식이 모자라고, 내가 가진 것이 부족하다면 솔직히 인정하고 받아들이는 것이 좋다. 그리고 그때 느낄 수 있는 열등감을 나의 부족함을 채우기 위해 노력하는 '동력動力'으로 삼아 나아가면 된다. 마크 트웨인은 "곤경에 빠지는 것은 뭔가를 몰라서가 아니라 뭔가를 확실히 안다는 착각 때문이다"라고 말했다. 많은 사람이 공감하는 이야기일 텐데, 안다고 생각하고 선불리 말하고 행동했다가 낭패를 본 기억 때문일 것이다.

특히 조직의 수장이라면 자신은 물론 함께하는 사람들에게도 겸손하게 배움을 추구하는 자세를 확립시켜줄 수 있어야 한다. 학교를 벗어나 사회에 진출한 초년생들은 선생님 대신 사람을 만나거나 책을 읽는 등 다양한 경험으로부터 배우게 된다. 그들에게 가장 가까운 곳에서 가르침을 줄 수 있는 사람이 바로 리더이다.

리더는 자신을 따르는 사람에게 자신의 삶을 통해 먼저 모범을 보여주어야 한다. 자신의 삶에서 증명해 보일 수 없다면 그것 역시 거짓일 뿐이다. 진정한 어른은 말이 아니라, 묵묵히 실행하는 뒷모습으로 가르침을 준다.

지금의 무지는
부끄러운 일이 아니라
배움에 대한 동기부여이다.

삶에서 통달하면
출세는 저절로 이루어진다

子張學干祿 子曰 多聞闕疑 愼言其餘 則寡尤 多見闕殆 愼行其餘
則寡悔 言寡尤 行寡悔 祿在其中矣
자장학간록 자왈 다문궐의 신언기여 즉과우 다견궐태 신행기여
즉과회 언과우 행과회 녹재기중의

자장이 출세하는 법을 묻자 공자가 대답했다. "많은 것을 듣되 의심스러운 부분을
빼놓고 그 나머지를 조심스럽게 말하면 허물이 적다. 많은 것을 보되
위태로운 것을 빼놓고 그 나머지를 조심스럽게 행하면 후회하는 일이 적다.
말에 허물이 적고 행동에 후회가 적으면 출세는 자연히 이루어진다."
_〈위정〉

사람은 누구나 남다른 장점을 갖고 싶어 한다. 그 장점이 세상을 살아가는 데 큰 힘이 되기 때문이다. 특별한 장점이 있다면 그것을 키워 남들이 따라오지 못할 정도로 만들어야 한다. 하지만 남다른 장점을 키우는 데 염두에 두어야 할 것이 있다.

좋은 덕목에는 반드시 그에 따른 단점이 있기 마련이다. 용기가 있다고 자부하는 사람은 자칫 과격해지기 쉽다. 심지어 분위기를 깨고 질서를 어지럽히기도 한다. 신중함이 지나친 사람은 결단력이 부족하기 마련이고, 무엇이든 빨리 이루려는 사람은 조급함 때문에 일을 그르치기도 한다. 검소함은 좋은 덕목이지만 지나치게 검소한 사람은 쩨쩨한 사

람이 되기도 한다. 세상의 모든 일이 그러한데, 바로 이런 일들의 균형을 잡아주는 것이 중용이다. 중용을 갖추는 것은 쉬운 일이 아니기에 공자는 끊임없이 중용의 덕을 강조했고, 그것을 가진 사람이 없음을 안타까워하기도 했다. "중용의 덕은 지극하도다! 백성 중에 이를 가진 사람이 드물게 된 지 이미 오래되었다."

예문에 등장하는 자장은 매사에 적극적이고 의욕이 넘치는 성품이었다. 배움에도 충실했고 수양을 함에 있어 타협하지 않고 나아가려 했다. 하지만 안타깝게도 적극적인 성품이 지나쳐 긍정적이지 못한 일면이 있었다. 특히 다른 사람을 배려하는 점이 부족했는데, 이는 예를 중시하는 유교에서는 큰 단점이 될 수밖에 없었다. 함께 수학하던 동문의 평가를 보면 자장의 성향과 그에 대한 평판이 잘 드러난다.

자유子游는 "나의 벗 자장은 하기 어려운 것을 할 수 있지만, 아직 인을 이루지는 못했다"라고 했고, 증삼曾參은 "당당하구나, 자장이여! 그러나 함께 인을 행하기는 어렵구나!"라고 평가했다. 스승인 공자도 자장의 그 점을 우려했다. '과유불급過猶不及'의 고사에서 자하의 미치지 못함(불급不及)에 비교하여 자장은 지나침(과過)을 지적했던 것이다.

이름을 알리고 싶다면
말과 행동에 신중해야 한다

자장의 이러한 성품은 출세를 지향하는 모습에서 드러나기도 한다. 〈안연)에서 정치를 묻는 자장에게 공자는 "게을리하지 말고, 진실된 마음으로 하라"고 가르친다. 지나치게 격식에 매달리는 자장의 성품에 맞는 답을 준 것이다. 역시 〈안연〉에서 자장은 '통달함(달達)'의 의미에 대해서 "나라와 집안에서 명성이 있는 것입니다"라고 말하기도 했다. "본바탕이 곧고 의로우며, 다른 사람을 잘 헤아려 배려하는 것"이라고 공자가 생각했던 것과는 달리 이름을 날리는 데에만 관심이 있는 것이다.

예문의 가르침에서도 자장은 빠른 출세를 원하는 성향을 보인다. 하지만 공자는 빠른 출세를 하고 싶다면 오히려 말과 행동에서 신중해야 한다고 가르친다. 동문서답인 것 같은데, 공자의 가르침에는 몇 가지 단계가 있다.

먼저 많은 지식을 얻고, 폭넓은 경험이 뒷받침되어야 한다. 예문에서 '다문多聞'과 '다견多見'이 그것이다. 다문이란 지식을 습득하는 것이고 다견이란 많은 경험을 하는 것이다. 이를 통해 식견을 넓혀가는 것이 더 높은 단계에 오르기 위한 바탕이 된다. 하지만 많은 경험과 지식을 얻는 것만으로는 부족하다. 반드시 그것을 분별할 수 있는 능력이 필요하다. 무분별하게 그것들을 받아들이고, 확인하지도 않고 전한다면 위험에 빠질 수도 있다.

이러한 자세는 특히 오늘날 절실하게 필요하다. 요즘은 수많은 지식과 정보가 범람하는 시대다. 다양한 매체를 통해 많은 사람이 스스로 선생을 자부하며 활동하고 있다. "내 말을 들으면 부자가 될 수 있다." "내 말을 들으면 출세할 수 있다." "내 말을 들으면 남보다 돋보이는 능력을 가질 수 있다." "내 말을 들으면 마음의 평안을 얻는다." 하지만 이 말들

중심이 있는 사람은 인정을 베풀 줄 안다

을 신봉해서 무조건 따르면 큰 위험에 처할 수 있다. 잘못된 종교에 빠져 신세를 망칠 수도 있고, 부자는커녕 오히려 재산을 잃거나 심하면 법적인 책임을 져야 할 수도 있다.

다음은 말과 행동의 신중함이다. 잘못된 지식과 정보를 그대로 따르는 것도 위험하지만, 평상시 말과 행동에서 올바르게 처신하지 못하는 것도 문제이다. 쉽게 말하고 함부로 행동하면 자신의 평판을 해칠 수도 있고, 자신의 앞길을 막기도 한다. SNS에 무심코 올렸던 글로 인해 낭패를 보는 경우를 쉽게 볼 수 있지 않은가.

공자는 많은 공부로 폭넓은 정보를 얻고, 그중에서 잘못된 것을 판단할 수 있는 분별력을 키우며, 이를 바탕으로 말과 행동에 신중을 기한다면 출세는 '저절로' 얻을 수 있다고 한다.

위태로운 세상에서
출세는 자칫 위험한 유혹이 된다

출세에 특별한 비법은 없다. 처세술이나 언변도 특별한 방법이나 지름길이 있는 것이 아니라 기본을 튼튼히 하는 데 그 비법이 있다. 앞서 공자가 통달함에 대해 "본바탕이 곧고 의로우며, 다른 사람을 잘 헤아려 배려하고, 자신을 남보다 낮추어 생각하는 것"이라고 가르쳤던 것이 핵심을 찌른다. 삶의 모든 부분에서 통달하면 출세란 노력하지 않아도 저절로 얻을 수 있다.

우리는 참으로 위태위태한 세상에서 살고 있다. 출세는커녕 내 몸과 마음을 지키기도 어렵다고 느끼는 사람도 많을 것이다. 이러한 때 앞뒤를 돌아보지 않고 출세를 향해 무작정 달려가는 것은 위험한 일이 될 수 있다. 〈위령공〉에는 이렇게 실려 있다.

> 군자는 도를 추구하지 음식을 추구하지 않는다. 농사를 지어도 굶주림이 그 안에 있을 수 있지만, 배우면 녹봉이 그 안에 있다. 그러므로 군자는 도를 걱정하지, 가난을 걱정하지 않는다.

눈앞의 이익에 집착하는 것이 아니라 멀리 보고 나를 바로 세워나가야 한다. 하지만 높은 이상만을 좇아서도 안 된다. 일상에서 날마다 바닥을 다져나가다 보면 어느 순간 높이 올라가 있는 자신을 볼 수 있을 것이다.

출세의 특별한 비법은
기본을 튼튼히 하는 데 있다.

질문을 잘하는 사람은
목공이 나무를 다듬듯 한다

敏而好學 不恥下問
민이호학 불치하문

영민하면서도 배우기를 좋아하고,
아랫사람에게 묻는 것을 부끄러워하지 않는다.
_〈공야장〉

예문은 자공과 공자의 대화에서 나오는 구절이다. 자공이 "공문자는 어떻게 '문文'이라는 시호를 받게 되었습니까?" 하고 묻자, 공자가 대답했다. "영민하면서도 배우기를 좋아하고, 아랫사람에게 묻는 것을 부끄러워하지 않았기에 문이라는 시호를 받게 되었다."

대화의 맥락을 보면 자공은 공문자가 '문'이라는 시호를 받게 된 것이 못마땅한 것처럼 보인다. 시호諡號는 신하가 죽은 후에 군주가 그 신하를 드러내는 호를 내려주는 것을 뜻하는데, 문은 특히 학문이 뛰어난 신하에게 내려주는 최고의 영예라고 할 수 있다. 자공은 공문자가 도량이 좁고, 덕이 훌륭한 것도 아니고, 학문적으로 뛰어난 사람도 아닌데 최고의 시호를 받은 것은 불공정한 일이 아닌가, 하는 불만을 가졌고 공자도 이에 호응해주었으면 하는 바람이 있었던 것으로 보인다.

자공이 그렇게 생각하는 데는 충분한 이유가 있었지만, 공자는 아랑곳하지 않고 공문자가 시호를 받은 이유를 세 가지 말해준다. 바로 '일처리의 민첩함', '학문을 좋아함' 그리고 '아랫사람에게 묻는 것을 부끄러워하지 않는 태도'다. 사실 이 셋은 서로 연관이 있는 자질이다. 공부를 좋아해서 지식이 많이 쌓여야 일을 잘 할 수 있고, 배움을 열망하는 사람은 아랫사람에게 묻기를 부끄러워하지 않기 때문이다.

아랫사람에게 묻는 것은
부끄러운 일이 아니다

공자가 공문자를 인정하는 여러 가지 자질이 모두 소중한 것이지만 여기서는 '불치하문不恥下問', 즉 "아랫사람에게 묻는 것을 부끄러워하지 않는다"에 대해 생각해보자. 어떤 상황에서든 질문을 하는 것은 쉽지 않다. 공부를 할 때는 물론이고 평상시에 낯선 사람에게 길을 묻는 일조차 꺼려지기 마련이다. 상대방에게 폐가 되지 않을까 염려되기도 하고, 성향상 남에게 말 걸기가 어려운 사람도 있다. 조직 생활에서도 마찬가지인데, 특히 윗사람이 아랫사람에게 질문하기는 어렵다. 내가 모른다는 사실이 알려지는 것은 자존심이 상하는 일이고, 무엇보다도 권위에 상처가 나는 것이 아닐까 우려하기도 한다. 하지만 윗사람이 아랫사람에게 거리낌 없이 질문하는 데는 많은 유익이 있다. 그중의 한 가지를 〈팔일〉에 실려 있는 공자의 고사가 잘 말해준다.

> 공자가 태묘에 들어가 매사를 묻자, 어떤 사람이 말했다. "누가 추 땅 사람의
> 아들이 예를 안다고 했는가? 태묘에 들어가 매사를 묻더라."
> 공자가 이 말을 듣고 말했다. "그것이 바로 예다."

여기서 태묘는 노나라의 시조인 주공의 제례를 모시는 사당이다. 노나라의 가장 중요한 장소이자 행사라고 할 수 있다. "추 땅 사람의 아들"은 공자를 낮추어 일컫는 말이다. 공자의 아버지가 추 지방에서 벼슬을 했으므로 이렇게 지칭했다.

공자는 노나라에 있을 당시 태묘에서 행해지는 제례에 많이 참석했는데 그때마다 예법에 대해 그곳의 관리에게 일일이 물으며 행했다. 그것을 본 사람들이 뒤에서 이야기하기 시작했다. "공자가 예법의 최고 권위자라고 누가 말했는가? 정작 태묘에서는 일일이 예법을 묻더라. 그는 허명虛名만 있을 뿐 실제로는 아는 것이 없다!"

예법의 전문가로 자타가 공인하는 공자가 태묘에서 일마다 묻고 난 후에 행동하자, 사람들은 대단한 발견을 한 것처럼 여기저기 소문을 내고 다녔다. 요즘도 많이 보이는 모습일 것이다. 사람들은 다른 사람의 허물을 보면 가만히 있지 못한다. 사회적 명망이 있거나 유명인이라면 더욱 그렇다. 정작 정확한 사실이나 그 연유에 대해서는 관심도 없고 알려고 하지도 않는다. 가십을 전하는 목적이 자극과 흥미이므로 사실 여부

는 그다지 중요하지 않은 것이다. 결국 이 소문은 공자의 귀에도 들어가게 되었다. 하지만 공자는 여러 변명을 하지 않고 한 마디로 상황을 정리했다. "그것이 바로 예다!" 아랫사람에게 묻는 것은 예법에 어긋나지 않고, 부끄러운 일이 아니라는 것이다.

질문으로 모르는 것을 알고
아는 것을 확인한다

질문에는 여러 가지가 있다. 먼저 몰라서 묻는 것이다. 적절한 질문을 통해 모르는 것을 알게 되고 지식을 확장할 수 있다. 또 한 가지는 아는 것을 확인하는 것이다. 어떤 지식도 영구불변한 것은 없다. 시시각각 수많은 정보와 지식이 생겨나는 현실에서, 예전에 진리였던 지식이 오늘도 진리일 것이라고 누구도 장담할 수 없다. 또한 지식이 언제나 일관적이지는 않다. 같은 지식이라도 장소와 상황에 따라 다르게 적용된다. 크게는 동서양, 작게는 나라나 지역에서도 각각 다르게 적용될 수 있는 것이 지식이다. 공자가 태묘에서 일일이 물었던 것이 바로 그것이다. 내가 아는 지식이 많다고, 내가 그 분야에 전문가라고 내 생각만 고집한다면 심각한 오류에 빠질 수 있다. 큰 문제가 생기지 않더라도 고집스러운 사람, 교만한 사람이라는 이미지를 얻게 된다.

그 외에도 질문으로 얻을 수 있는 이점은 상대를 인정해주는 것의 유익이다. 공자는 태묘에서 담당자에게 일일이 물음으로써 상대방을 존중

중심이 있는 사람은 인정을 베풀 줄 안다

하고 높여주었다. 자신보다 더 상급자가, 심지어 예에 있어서 최고의 권위자가 자신을 인정하고 절차를 묻는 것은 담당자의 자부심과 사기를 크게 올려준다. 공자에 대한 존경과 신뢰가 더 커졌음은 당연할 것이다.

《예기》에는 질문의 방법을 일러주는 성어가 실려 있다. "질문을 잘하는 사람은 마치 단단한 나무를 다듬듯이 먼저 쉬운 것을 하고 어려운 것은 나중에 한다." 질문은 목공이 나무를 다듬듯이 하라는 것이다. 하지만 여기에는 또 다른 뜻이 있다. 질문은 반드시 어려운 일이 아니라 일상에서 쉽게, 편안하게 해야 한다. 일상에서 질문을 잘하면 습관이 될 수 있다. 습관처럼 질문을 잘하는 사람은 학문에서도 일에서도, 성공적인 삶을 살 수 있다.

무엇보다 질문은 자신에게도 해야 한다. 매일 아침 "오늘 나는 어떤 삶을 살 것인가?" 하고 묻는 사람은 하루를 허투루 보내지 않는다.

나를 돌아보는 질문이 습관이 되면
다른 사람에게도 함부로 대하지 않는다.

사람을 섬기는 군주는
마땅히 충성을 받는다

事君盡禮 人以爲諂也
사군진례 인이위첨야

임금을 섬김에 예를 다했더니, 사람들은 아첨한다고 여긴다.

_〈팔일〉

〈팔일〉에 실린 이 문장의 다음 장에는 올바른 군주와 신하의 관계에 대해 실려 있다.

정공이 "임금이 신하를 부리고, 신하가 임금을 섬기는 일은 어떻게 해야 합니까?"라고 묻자, 공자가 말했다. "임금은 예로써 신하를 부리고, 신하는 충으로써 임금을 섬겨야 합니다."

군주는 신하를 부릴 때 예의를 지켜야 하고, 신하는 임금을 모실 때 충성(충忠)을 다해야 한다는 뜻이다. 그 당시 군주는 자신이 다스리는 나

중심이 있는 사람은 인정을 베풀 줄 안다

라의 주인으로 여겨졌다. 사람은 물론 나라 안의 모든 것은 군주의 소유였다. 따라서 그 당시 군주는 무소불위의 권력을 휘두르며 임의대로 나라를 다스렸다. 폭군은 물론이고 훌륭한 군주라고 해도 마찬가지였다. 하지만 공자를 비롯한 뛰어난 학자들은 분명하게 군주의 자세를 제시해 주었다.

《맹자》〈이루 하離婁下〉에 실려 있는 글이다.

"군주가 신하를 자신의 수족처럼 중히 여기면 신하는 군주를 자신의 복심腹心으로 여기고, 신하를 개와 말처럼 하찮게 여기면 신하는 군주를 길가는 노인으로 여기며, 신하를 흙 지푸라기처럼 여기면 신하는 군주를 철천지원수처럼 여긴다."

치열한 전국시대를 호연지기로 돌파해나간 학자인 만큼 그 주장도 대담하다. 여기서 복심은 '배와 심장'으로 "자신의 몸과 같이 소중하게 여긴다"는 뜻이며, '진심'이라는 뜻을 함축하고 있다. 나라의 군주라고 해도 무조건 충성을 받는 것이 아니라, 반드시 신하와 백성을 바르게 대우할 때 충성을 받을 자격이 생긴다는 것이다.

주나라의 창건자 주 문왕 역시 비슷한 말을 했다. 맹자와는 달리 군주가 직접 신하를 어떻게 대해야 하는지를 말했으므로 더욱 의미가 있다. 주 문왕이 전쟁 중에 직접 신발을 묶자, 명재상 강태공이 물었다. "시킬 신하가 없습니까? 왜 신발을 직접 묶습니까?" 주 문왕이 대답했다.

"최고의 군주 밑에 있는 신하는 모두 스승이요, 중간의 군주 밑에 있는 신하는 모두 친구요, 하급 군주 밑에 있는 신하는 모두 시종입니다. 지금 이곳에 있는

충후지풍

신하들은 모두 선왕 때부터 있던 신하이므로 이 일을 맡을 사람이 없소."

이러한 고사들을 보면 군주가 절대 권력을 쥐고 휘둘렀던 고대에도 군주와 신하 간의 올바른 인간관계의 정립을 강조했고, 그 결과는 신하들의 충성심으로 나타났던 것을 잘 알 수 있다. 신하를 스승처럼 중히 여긴 군주에게는 최고의 충성심이 바쳐졌고, 나라는 부흥할 수 있었다. 하지만 신하를 함부로 대하는 군주는 신하의 충성을 받지 못함은 물론 합당한 대우조차 받지 못했다.

진정한 충성은
직언을 아끼지 않는 것이다

공자는 군주와 신하 간의 관계에 대해 분명한 기준을 제시했는데, 바로 "충성을 다해야 한다"는 것이다. 하지만 여기서 말하는 충성은 우리가 아는 것과는 다르다. 충성이란 무조건 군주를 따르는 것이 아니라 분명한 주관과 올곧은 뜻을 가지고 군주를 대하는 것이다. 따라서 군주의 뜻에 무조건 순종하고, 옳고 그름을 떠나 군주를 위해 목숨까지 아끼지 않는 것은 진정한 충성이 아니다. 군주와 나라가 바른길을 갈 수 있도록 직언을 아끼지 않는 것이 진정한 충성이다.

고전에서는 그 뜻을 알 수 있도록 많은 고사가 실려 있다. 《안자춘추》에 실려 있는 고사다.

중심이 있는 사람은 인정을 베풀 줄 안다

제 경공이 안자에게 "충신은 군주를 어떻게 모시는 것이오?"라고 묻자, 안자가 대답했다. "군주가 재난을 당할 때 그를 위해 죽지 않고, 군주가 망명할 때 그를 위해 배웅하지 않습니다." 제 경공이 놀라서 그 이유를 물었다. "군주가 신하를 위해 땅을 봉해주고 관작도 나눠주었는데 군주가 재난을 당해도 군주를 위해 죽지 않고, 군주가 망명할 때 배웅도 하지 않는 것은 도대체 무슨 연유이오?"

안자가 대답했다. "신하의 건의가 받아들여져 올바로 행해지면 평생 재난이 있을 리가 없는데 신하가 군주를 위해 죽는 일이 왜 일어나겠습니까? 신하의 간언이 받아들여지면 평생 망명할 필요가 없는데 신하가 군주를 위해 배웅할 일이 있겠습니까? 신하의 간언이 받아들여지지 않아 군주가 재난을 당했는데도 그를 위해 죽는 것은 헛된 죽음입니다. 간언이 받아들여지지 않았는데도 군주가 망명한다는 이유로 그를 배웅한다면 그것은 거짓 충성에 불과합니다."

아무리 임금이 인정하는 명재상이라고 해도 지나치다고 느껴질 만큼 파격적이다. 안자가 이런 간언을 할 수 있었던 것은 임금이 나라의 통치를 모두 맡길 정도로 신임을 받고 있었기 때문이지만, 그 외에도 또 다른 조건이 있다. 바로 탁월한 말의 재주다. 말의 재주가 있다면 군주의 마음을 흔들 수 있고, 신임을 받고 있다면 주위의 간신들이 어떤 참소를 해도 군주는 흔들리지 않는다. 그의 충심을 믿기 때문이다.

충후지풍

말에 뜻이 없으면
새소리에 불과하다

아무리 뛰어난 군주라고 해도 주위에 항상 충신만 있는 것은 아니다. 임금의 눈과 귀를 가려 충신을 제거하고 신임을 얻으려는 간신이 곁에 있기 마련이다.

간신들은 충신이 임금에게 직언을 하면 "역심逆心(반역하는 마음)을 품고 있습니다"라고 하고, 신하로서 당연히 지켜야 할 예의를 지키면 "임금에게 아첨하는 간신입니다"라고 참소한다. 예문에서 공자가 말했던 바와 같다. 간신들의 가장 중요한 전략 중의 하나는 군주와 충신의 사이를 이간하는 것이다. 충신을 군주와 멀어지게 해야 그 틈을 비집고 들어갈 수 있기 때문이다.

평범한 우리의 일상에서도 뒤에서 이간하는 사람이 종종 있는데, 대부분 열등감 때문이다. 따라서 이들에게 잘잘못을 따질 필요가 없다. 무시하고 잠잠히 내 일에 충실하면, 진실은 언젠가 밝혀진다. 그들이 했던 말은 그들에게 돌아가므로 굳이 내가 나서서 흙탕물을 함께 뒤집어쓸 이유가 없다.

또 한 가지는 자신을 돌아볼 수 있어야 한다. 아무리 진심이라고 해도 다른 사람, 특히 비난하려는 의도를 가진 사람이 보기에는 지나칠 수 있다. 이때 스스로 지켜야 할 것은 진실성이다. 내 마음이 진실하다면 흔들림 없이 나아가면 된다. 만약 거리낌이 있다면 잠시 멈추고 자신을 돌아봐야 한다.

중심이 있는 사람은 인정을 베풀 줄 안다

어떤 경우에서든 곁에서 말하는 참소에 흔들리지 말라. 장자가 말했다. "말에 뜻이 없으면 새소리에 불과하다." 새소리에 흔들릴 사람이 어디 있겠는가.

내 일에 충실하면
진실은 언젠가 밝혀진다.

좋고 싫음에 앞서
옳고 그름이 세워져야 한다

惟仁者能好人 能惡人
유인자능호인 능오인

오직 인한 사람만이 남을 좋아할 수도 있고, 남을 미워할 수도 있다.
_〈리인里仁〉

"희로애락의 감정이 아직 생겨나지 않은 것을 '중中'이라고 하고, 그것들
이 생겨나서 모두 절도에 맞는 것을 '화和'라고 한다. '중'은 천하의 근본本
이요 '화'는 천하에 통하는 도道다."

옛 선비들이 가장 치열하게 수양했던 중용의 덕목을 다룬 책《중
용》의 첫 장에 실린 글이다. 감정을 절제하고, 조화롭게 드러내는 것이
중용의 핵심이라는 것을 잘 알 수 있다. 평상시에는 감정을 드러내지 않
고 평안한 상태를 유지하고, 감정을 드러내야 하는 상황이 오면 지나치
지 않게, 그리고 모든 감정의 스펙트럼을 조화롭게 드러낼 수 있어야 한
다. 여기서는 감정을 '희로애락'의 네 가지로 말했지만《예기》에는 '희로

애구애오욕喜怒哀懼愛惡欲'의 일곱 가지로 세분화했다. 요즈음 흔히 쓰이는 감정의 구분이라고 할 수 있다. 실제로 사람의 감정은 단순히 몇 가지로 구분할 수 없을지도 모른다. 자기 자신도 모르는 미묘한 감정, 정확하게 정의할 수도 없는 감정을 평상시에도 많이 느끼지 않는가.

화를 옮기지 않고
같은 잘못을 반복하지 않는다

어떤 구분이든 감정을 조화롭게 드러내는 것은 쉬운 일이 아니다. 평범한 우리가 절실히 느끼는 바인데 옛 선비들 역시 마찬가지였다. 그래서 끊임없이 수양해야 했고, 나름대로의 깨달음을 많은 고전에서 제시하고 있다. 그 첫째 방법은 특별한 것이 아니라 공부다. 공부를 좋아해서 꾸준히 할 수 있다면 감정을 절제하는 수준까지 오를 수 있다는 것이다. 여기서 말하는 공부란 우리가 흔히 아는 지식을 쌓는 공부와는 달리 깊은 수양을 뜻한다.

가장 확실한 실례는《논어》〈옹야〉에 실려 있다.

애공이 "제자 중에 누가 배우기를 좋아합니까?" 하고 묻자, 공자가 대답했다. "안회라는 사람이 배우기를 좋아해서, 노여움을 남에게 옮기지 않고 같은 잘못을 두 번 저지르지 않았는데, 불행히도 단명했습니다. 그 후로는 아직 배우기를 좋아한다는 사람을 들어보지 못했습니다."

잘 알려진 '불천노 불이과不遷怒 不貳過'의 성어가 실려 있는 고사다. 공자는 수제자 안회의 호학하는 자세를 말하면서 그 근거로 노여움을 남에게 옮기지 않고, 같은 잘못을 두 번 저지르지 않는다는 것을 말한다. 많은 감정 중에서 노여움을 예로 든 것은 그만큼 노여움을 절제하기 어렵기 때문이다. 또한 그로 인한 폐해가 가장 크기 때문이기도 하다. 분노는 다른 사람은 물론 자신을 해치는 길이다. 그 폐해는 오래 갈뿐더러 쉽게 벗어나기 어렵다. 어떤 이들은 평생 노여움을 안고 살기도 한다. 불행한 인생이다.

감정을 표현할 때는
신중해야 한다

예문에서 공자는 좋아하고 미워하는 감정에 대한 자격을 논한다. 공자 철학의 핵심인 인의 수준에 이른 사람이다. 여기서 우리는 의문이 생긴다. 좋고 싫어하는 것은 사람의 순수한 감정인데, 어떻게 인한 사람 즉 인격적으로 완성된 사람만이 좋아하고 싫어할 수 있을까? 평범한 사람들은 좋고 싫음의 감정을 가질 자격도 없다는 것인가?

공자가 이 구절에서 말하는 것은 좋고 싫음의 감정을 갖는 것 자체가 아니라, 좋고 싫음은 신중하게 해야 한다는 것이다. 〈위령공〉에 실린 "많은 사람이 미워한다고 해도 반드시 살펴보아야 하고, 많은 사람이 좋아한다고 해도 반드시 살펴보아야 한다"가 말해주는 바다.

그다음은 올바른 기준이 있어야 한다. 의롭지 않은 사람을 좋아하거

중심이 있는 사람은 인정을 베풀 줄 안다

나, 의로운 사람을 배척한다면 그것은 자신에게 해악을 끼칠 뿐이다. 특히 좋거나 싫은 감정을 드러낼 때는 더욱 조심해야 한다. 그리고 미워하는 감정은 상대방은 물론 자신도 상하게 만든다. 그와 같이 해묵은 감정을 이겨내기란 쉬운 일이 아니다. 오죽하면 "미움받을 용기"라는 말까지 생겨났을까. 분노는 폭발적이고 순간적이지만 미워하는 감정은 속으로 곪아 들어간다. 그리고 오래 지속된다.

공자가 미워했던 사람에 대한 고사는 《순자》에 실려 있다. 이 고사가 정사이냐에 대해서는 논란의 여지가 있지만, 굉장히 파격적이다.

공자가 노나라에서 대사구大司寇(형벌을 관장하는 장관)의 직책을 맡게 되자, 7일 만에 소정묘少正卯를 처형했다. 소정묘는 흉악한 범죄자가 아니라 높은 관직에 있으면서 많은 이들의 존경을 받는 사람이었다. 한 제자가 그 이유를 물었고, 공자는 이렇게 말했다.

"사람에게 악한 것이 다섯 가지가 있는데 도둑질은 그중에 포함되지 않는다. 첫째는 마음이 두루 통달해 있으면서도 음험한 것, 둘째는 행실이 편벽되면서도 완고한 것, 셋째는 말에 거짓이 있으면서도 그럴싸하게 변명하는 것, 넷째는 폭넓게 지식을 갖고 있지만 추잡스러운 것, 다섯째는 그릇된 일을 일삼으면서도 겉으로는 그럴싸해 보이는 것이다. 무릇 어떤 사람이 이 다섯 가지 중에 하나만 갖고 있어도 처형을 면할 수 없을 것인데, 소정묘는 이 모든 것을 다 갖추고 있었다. 그는 따르는 자들을 모아 무리를 이루었고, 그의 말은 사악하지만 잘 꾸며서 대중을 현혹했으며, 그의 실력은 올바른 사람에게 거스르면서도 홀로 설 수 있는 정도였다. 이런 자는 소인들의 간사한 영웅이라 할 수

충후지풍

있으니 처형하지 않으면 안 되는 것이었다."

공자가 미워했던 것은 사악함을 전면에 드러내는 수준을 넘어 선량한 사람들을 현혹해 악으로 이끄는 사람이었다. 악한 자신을 지식과 능력으로 교묘히 포장하는 위선적인 사람이다. 선하고 좋은 세상을 만들기 위해 노력하는 공자의 철학에 배치되는 정도가 아니라, 방해하고 어지럽히는 사람이다.

평상시 삶에서 좋아하거나 미워하는 감정을 절제하기는 어렵다. 하지만 선과 악의 기준은 바로 세워야 한다. 취향을 따라 선악의 기준이 좌우되면 우리는 자신을 제어하기 어렵다. 도박이나 마약과 같이 자신을 함몰시켜 빠져나오지 못하게 하는 일, 스토킹과 같은 범죄를 저지르는 것이 바로 그것이다.

특히 사람에 대한 호불호의 감정에는 책임이 따른다. 감정은 자유롭게 발현해야 하지만, 옳고 그름에는 엄격해야 한다.

선한 것을 좋아하고
악한 것을 미워하는 것이
감정을 대하는 자세다.

자리보다 거기에 어울리는
사람의 자질이 중요하다

不患無位 患所以立 不患莫己知 求爲可知也
불환무위 환소이립 불환막기지 구위가지야

지위가 없음을 걱정하지 말고 그 자리에 합당한 능력을 갖추기를 걱정해야 하며,
자기를 알아주지 않는 것을 걱정하지 말고
다른 사람이 알아주는 사람이 되도록 노력해야 한다.
_〈이인〉

사람은 누구나 출세하고 싶어 한다. 남보다 더 높은 자리에 오르기를 원하고, 사람들이 알아주는 명망 있는 사람이 되기를 바란다. 그것도 남들보다 늦지 않게, 한 발이라도 더 빨리 얻고 싶어 한다. 이는 태어날 때부터 가지고 있는 본성과도 같은 것이다. 매슬로가 말했던 욕구 5단계설이 그것을 말해준다. 다른 사람이 나를 알아주기 원하는 '인정의 욕구', 높은 자리에 올라야 만족하는 '자기실현의 욕구'는 매슬로의 욕구 피라미드에서 가장 높은 자리를 차지한다. 자기실현의 욕구가 정점에 있고, 인정의 욕구는 바로 그 밑이다.

하지만 두 가지 욕구를 실현하기 위해서는 정도를 지켜야 한다는 조

건이 있다. 남에게 인정받기 위해, 남보다 높은 지위에 오르기 위해 편법이나 불법을 도모한다면 잠시 욕구가 채워질지는 모르나 곧 위험에 빠지게 된다. 욕구의 가장 기본인 생존을 위한 욕구의 바로 다음에 있는 안전의 욕구가 위협받을 수 있기 때문이다.

출세의 길에 나서려면
실력을 갖춰야 한다

예문에서는 그것을 위해 정도를 걸어야 하고, 그에 합당한 노력이 뒷받침되어야 한다고 말한다. 자격이 되지 않고, 실력이 따르지 못하는 데도 오직 출세, 오직 성공만을 위해 달린다면 잠깐의 성공을 거둘 수 있을지는 몰라도 곧 무너지고 만다. 문제는 혼자만의 실패가 아니라, 많은 선량한 사람들에게 큰 피해를 줄 수 있다는 것이다. 지금도 마찬가지지만 옛날에 출세를 한다는 것은 백성을 다스리는 자리에 오른다는 것이다. 특히 백성의 생사여탈을 쥐고 있는 군주나, 군주가 아니더라도 높은 지위에서 정치를 하는 사람은 백성들의 삶에 가장 큰 영향을 미칠 수 있다. 그들의 행위 하나하나가 백성의 삶과 연관이 있는 것이다. 선량한 정치를 베풀면 백성들은 편안한 삶을 누리고, 패악한 정치를 하면 백성은 핍박받는다.

《공자가어》에 실려 있는 '가정맹어호苛政猛於虎', "가혹한 정치는 호랑이보다 더 무섭다"의 고사가 그 실상을 말해준다.

중심이 있는 사람은 인정을 베풀 줄 안다

공자가 제나라에서 태산 곁을 지나는데 들판에서 한 부인의 서러운 울음소리를 들었다. 그 울음소리가 너무 구슬퍼 공자가 걸음을 멈추고 사연을 묻자, 부인이 대답했다. "옛날에 시아버지가 호랑이에게 죽었고, 지아비 역시 호랑이에게 죽었습니다. 이번에는 또 아들이 물려 죽었습니다." "그런데 왜 여기를 떠나지 않습니까?" 공자가 묻자, 부인이 대답했다. "여기는 그래도 다스림이 가혹하지 않습니다." 공자가 제자들에게 말했다. "너희는 알아두라. 가혹한 정치는 호랑이보다 더 무섭다."

공자는 이 이치를 정확히 알았기에 정치에 나서는 사람들의 철저한 준비를 요구했다. 특히 제자들에게 인성과 도덕, 그리고 실력을 충분히 갖춘 다음에 출세의 길에 나서기를 거듭 당부했다. 그리고 빠른 출세보다는 철저한 준비를, 자리에 연연하기보다는 자신을 돌아보는 성찰을, 충분한 준비 후에 기회가 오더라도 한 번 더 사양하는 절제를 기쁘게 여겼다. 〈공야장〉에 실려 있는 고사가 이를 잘 말해준다.

공자가 칠조개漆彫開에게 벼슬을 시키려 하자, 그가 말했다. "저는 아직 그 일에 자신이 없습니다." 이에 공자가 기뻐했다.

《공자가어》에서는 좀 더 상세히 그 상황과 연유를 설명하고 있다. 공자가 칠조개에게 말했다. "너의 나이라면 이제 벼슬길에 나서야 한다. 세월은 너를 기다리지 않고 그냥 지나갈 것이다." 그 당시 공자는 대사구의 높은 관직에 있었다. 그래서 충분한 실력이 있다고 생각했던 칠조개에게 벼슬에 나설 것을 권했다. 관직에 나설 나이가 되고 자질이 있는 제자가 공부만 하는 모습이 한편으로는 대견하면서도 안타까웠을 것이다. 하지만 칠조개는 자신의 부족함을 말하며 정중히 사양했다. "저는 아직 관직에 나설 만한 실력과 자질을 갖추지 못했습니다. 비록 때가 늦었지만 아직 조금 더 시간이 필요합니다." 공자는 제자의 이러한 자세를 흡족해하며 기뻐했다.

지나치게 빠른 출세는
인생을 망칠 수도 있다

그 반대의 경우는 《논어》〈선진〉에 실려 있다.

> 자로가 자고子羔를 비 땅의 읍재邑宰로 삼자, 공자가 말했다. "남의 자식을 망치는구나." 자로가 말했다. "다스릴 백성이 있고 받들 사직이 있는데, 하필 글을 읽은 다음에야 공부를 한다고 하겠습니까?" 공자가 말했다. "이래서 말 잘하는 사람을 미워하는 것이다."

자고는 공자의 어린 제자였고, 자로는 그의 사형師兄이라고 할 수 있다. 자로가 계강자의 밑에서 높은 자리에 오르자, 총애했던 동문인 자고를 발탁했다. 비록 어린 나이였지만 동문으로서 베풀고 싶은 마음이 컸을 것이다. 공자는 자고가 아직 어리고 미숙하여 관직에 나서기는 부족하다고 보았다. 그래서 꾸짖었는데, 자로가 지지 않고 공자에게 자기 생각을 말했다. "젊은 나이부터 백성을 다스리면 그 일로 충분한 경험을 쌓을 수 있지 않습니까?"

중심이 있는 사람은 인정을 베풀 줄 안다

공자는 자로에게 "말만 잘하는 사람은 밉다"라고 꾸짖었지만, 실제 공자가 꾸짖은 것은 당돌한 말이 아니라 정치를 쉽게 보는 공직자답지 못한 자세였다. 실력과 경륜이 모자란 사람이 백성을 다스리면 본의든 아니든 백성에게 고통을 주게 되는데, 그것이 가장 큰 잘못이라는 것이다. 또한 권력 있는 형제를 둔 것이 '인생삼불행人生三不幸'의 하나이듯이, 자신이 권세가 있다고 함부로 자질이 모자란 동생을 출세시키는 것은 그 동생의 인생에도 크게 해를 끼치는 일이 된다는 것을 경계하고 있다.

앞서도 말했지만 이른 나이에 출세하는 것은 모든 사람의 바람이라고 할 수 있다. 실력이 부족해도 높은 자리에 오르는 것을 열망하는데, "자리가 사람을 만든다"라고 하며 경험과 실력의 부족을 변명하기도 한다. 높은 자리에 오르면 자연히 권위와 실력이 갖춰지니 지금은 부족해도 그 일에 합당한 사람이 될 수 있다는 것이다. 자로가 말했던 것과 같은 논리다. 하지만 공자가 경계했던 것처럼 지나치게 빠른 출세는 자기 인생을 망치는 일이 될 수도 있다.

뜻하지 않은 기회가 왔다면 먼저 자신을 돌아보는 자세를 가져야 한다. 스스로 부족함을 알고 절제하는 자세는 임명권자가 그를 더욱 인정하는 계기가 될 수 있다. 그리고 이러한 인정은 당장은 아니더라도 앞으로 더 큰 일을 맡을 길이 열리게 한다.

당장의 자리에 연연하지 말라. 눈앞의 기회를 놓쳤다고 좌절하지도 말라. 우리의 꿈은 더 크고 광대하지 않은가.

뜻하지 않는 기회가 왔다면
자신을 먼저 돌아보라.

———————————

최고의 실력은 꾸준한
배움의 실천에서 온다

子貢問曰 賜也何如 子曰 女器也 曰 何器也 曰 瑚璉也
자공문왈 사야하여 자왈 여기야 왈 하기야 왈 호련야

제자 자공이 공자에게 물었다. "저는 어떻습니까?" 공자가 대답했다.
"너는 그릇이다." 자공이 다시 "어떤 그릇입니까?" 하고 묻자, 공자가 대답했다.
"제사에서 곡식을 담는 옥그릇이다."
_〈공야장〉

이 대화는 그 앞의 장면과 연관하여 보면 확실하게 이해할 수 있다. 같은 장에 있는 것은 아니지만, 바로 앞 장에 실린 자천의 고사다. 공자는 어린 제자인 자천을 두고 큰 칭찬을 한다. "군자로다, 이런 사람은. 노나라에 군자가 없었다면 이 사람이 어디서 이런 덕德을 가지게 되었겠는가."

곁에 있던 자공이 이 말을 들었을 것이다. 그리고 스승이 자신은 어떻게 생각하는지 의문이 생겼다. 자기보다 어리고 공자의 문하에 온 지 얼마 되지 않은 자천보다 오랜 시간 스승과 함께 수학했던 자신이 당연히 더 높은 평가를 받아야 한다고 생각했을 것이다. "자천이 군자로 인정받았으니 최소한 나도 군자로 인정받는 것이 당연하지 않은가!" 여기서도

중심이 있는 사람은 인정을 베풀 줄 안다

다른 사람과 비교하는 자공의 습관이 은연중에 드러난다. 하지만 공자가 생각하는 군자의 자격은 자공의 생각과는 차이가 있었다.

공자가 생각하는 군자란, 배움이 오랜 것도 아니고 많은 지식을 가진 것도 아니었다. 배운 것을 자기 삶에, 나아가 자기 일에 충실하게 적용하고 실천하는 사람이 군자였다. 배움과 삶이 일치하도록 하고, 그 일을 잘하도록 생각을 거듭할 때 창의적인 결과를 만들 수 있고 최선의 성과를 거둘 수 있다. 이런 생각은 백성을 다스리는 관직에 있는 사람에게 더욱 절실하다. 좋은 것을 끊임없이 배우고, 그 배움을 백성을 위해 사용할 수 있을 때 좋은 통치가 이루어질 수 있기 때문이다. 그 상세한 내용이 《여씨춘추》에 실려 있다.

자천이 단보 땅을 다스린 지 3년 후 공자의 또 다른 제자 무마기巫馬期가 단보 땅으로 가서 자천의 다스림을 살펴보았다. 그가 밤에 고기를 잡는 사람을 보았는데, 그 사람은 잡은 고기를 도로 놓아주었다. 의아하게 여긴 무마기가 물었다. "그물질을 하는 것은 고기를 잡기 위함인데, 당신은 왜 잡은 물고기를 도로 놓아주는 것이오?"

고기 잡는 사람이 답했다. "복자천은 작은 물고기를 잡는 것을 좋아하지 않습니다. 그래서 제가 놓아주는 것은 모두 작은 물고기입니다." 무마기가 공자에게 돌아와서 묻자, 공자가 답했다.

"자천의 다스림은 성공을 거두었습니다. 백성이 밤에 일하게 하면서도 엄한 형벌이 바로 곁에 있는 것처럼 합니다. 저는 궁금합니다. 자천은 어떻게 그 경지에 이를 수 있었습니까?"

"나는 일찍이 이렇게 가르쳤다. '여기에 정성을 다하는 사람은 형벌이 저쪽으로 멀어진다.' 복자천은 그러한 가르침을 실행하는 것이다. 그것을 얻도록 한 사람은 노나라의 군주이지만, 자천이 철저한 준비를 갖추었기에 일을 이룰 수 있었다."

예문에서 자공이 자신을 어떻게 생각하는지 물었을 때 공자는 뜬금없이 '그릇(기器)'을 거론했다. 평범한 사람이었다면 "갑자기 웬 그릇을?" 하며 스승이 무엇을 말하는지 몰랐을 것이다. 하지만 자공은 아주 현명한 사람이라 예전에 공자가 했던 말에 견주어 공자의 뜻을 헤아릴 수 있었다. 공자는 "군자는 그릇이 아니다(군자불기君子不器)"라고 말했던 적이 있었다. 군자는 그릇처럼 한 가지 용도로만 쓰이는 사람이 아니라 다양한 식견과 포용력을 갖춘 폭넓은 사람이 되어야 한다는 것이다.

자공은 스승이 예전에 했던 이 말을 기억하고, 자신은 군자가 되기에 부족하다는 의미임을 깨달았을 것이다. 많이 속상했을 것이지만 자공은 다시 한번 묻는다. 그러면 도대체 자신은 어떤 그릇이냐고. 이에 공자는 제자의 마음을 어루만져준다. 예를 가장 큰 가치로 생각했던 시대에 "제사에 쓰이는 옥그릇"이라고 하면 굉장히 귀중한 것이었다. 공자는 자공이 군자가 되기에는 못 미치지만, 세상에서 귀하게 쓰이는 인물이라고 인정했다. 자공이 앞으로 매우 중요하게 쓰일 것을 비유해서 말했던 것이다.

중심이 있는 사람은 인정을 베풀 줄 안다

배운 것이 있다면
널리 펼쳐야 한다

자공은 말을 잘했을 뿐더러 상업에도 탁월한 능력을 발휘했던 제자였다. 자공은 돈을 소중히 했던 점에서 공자의 다른 제자들과는 달랐고 돈을 버는 능력 역시 탁월했다. 그는 공자의 제자가 된 이후에도 재산을 늘리는 일을 게을리하지 않아 공자에게 재정적으로 도움을 주기도 했다. 또한 국가 간의 외교 문제를 뛰어난 언변과 외교술로 해결했던 타고난 유세가이기도 했다.

실제로 공자는 자공의 외교적인 능력에 신세를 졌던 적도 있었다. 제나라가 노나라를 치려고 할 때, 자공은 공자의 부탁을 받고 각 나라를 방문한다. 고국인 노나라가 곤경에 빠질 것을 염려하는 공자를 위해 나섰던 것이다. 자공은 먼저 제나라에 가서 작은 노나라를 치는 것보다 오나라와 전쟁하는 것이 훨씬 효과적이라고 설득한다. 그리고 오나라에 가서는 제나라를 치도록 유도함으로써 두 나라 간의 전쟁을 유발한다. 월나라로 하여금 제나라와의 전쟁으로 힘이 빠진 오나라를 쳐서 없애게 함으로써 노나라의 후환을 완전히 제거한다. 결국 노나라는 피 한 방울 흘리지 않고 제나라의 위협으로부터 풀려나게 되었다.

이처럼 자공은 뛰어난 능력이 있었고, 자부심도 강한 성격이었다. 하지만 그의 능력은 요즘으로 치면 실용적인 능력이었으므로 그 당시 학문과 수양의 관점으로는 크게 인정을 받지 못했다. 오늘날의 관점에서 본다면 자공은 가장 뛰어난 인물로 인정받았을 것이다. 최고의 학자에게 사사했던 학벌로, 영향력 있는 정치가로, 탁월한 외교가로, 그리고 엄청난 '부'까지, 한마디로 부와 명예와 학식까지 겸비한 사람이니까. 게다가 공자가 죽었을 때 다른 제자들이 모두 삼년상을 치르고 떠났지만, 자공은 혼자 남아 육년상을 치르는 신의의 사람이었다. 소위 모든 것을 다 갖춘 인물로서 사람들의 존경을 한 몸에 받았을 것임에 틀림없다.

하지만 자공은 그 당시 공자가 추구하던 도道와 인의仁義의 수양과는 거리가 있었다. 공자는 이것을 정확하게, 하지만 비유적으로 지적했다. 탁월한 능력을 지닌 뛰어난 제자이지만 그 당시 추구했던 군자의 길과는 조금 방향이 달랐던 제자, 공자는 그 제자가 가진 능력을 칭찬하면서도 군자의 길에도 매진하기를 바라는 마음이었을 것이다.

"자공, 너는 군자가 되기에는 좀 멀었으니 더 노력해야 한다. 하지만 네가 가진 재주도 참으로 소중하고 세상에서 귀하게 쓰일 수 있으니 하찮게 생각하지 마라."

모든 배움은 세상을 위해 유용하게 쓰일 때 최상의 가치를 얻을 수 있다. 배운 것이 머릿속에만 머물 때 그 배움은 진가를 발휘할 수 없다. 아름다운 옥이 상자 속에만 있을 때 빛을 발할 수 없는 것과 같다. 재능이 있다면 세상에 널리 펼쳐야 한다. 하지만 반드시 철저한 준비가 있어야 한다. 그 준비가 바로 배움이며 올바른 도덕성이다.

**배움과 삶이 일치하고
잘하기 위해 생각을 거듭할 때,
최선의 성과를 거둘 수 있다.**

진정한 스승은 제자에게
기꺼이 어깨를 빌려준다

雍也 可使南面
옹야 가사남면

공자가 말했다. "옹은 임금 노릇을 맡길 수 있다."
_〈옹야〉

공자가 가장 사랑했던 제자는 안연이다. 탁월한 학문과 높은 수양의 경지, 그리고 안빈낙도의 삶을 실천했던 제자였기에 공자는 안연을 수제자로 삼았다. 하지만 안연은 30대 초반의 나이에 요절하고 만다. 가난과 굶주림의 삶에서 벗어날 수 없었기 때문이다.

예문에 있는 중궁(옹은 중궁의 이름이다)은 또 다른 의미에서 공자의 아낌을 받았다. 《논어》에 나오는 몇 가지 고사들이 이를 잘 말해준다. 〈옹야〉에는 이렇게 실려 있다.

백우伯牛가 병을 앓자 공자가 문병을 가서, 창문 너머에서 그의 손을 잡고 말했다. "이럴 리가 없는데, 운명이라는 말인가! 이런 사람에게 이런 병이 들다니! 이런 사람에게 이런 병이 들다니!"

백우는 중궁의 아버지로 덕행에 뛰어나 아들과 함께 공문십철에 꼽힌다. 공자가 백우의 중병을 안타까워한 것은 그만큼 공자가 그를 아꼈다는 것을 말해준다. 아버지와 아들의 관계에 대해서도 〈옹야〉에서 언급된다.

"검은 소의 새끼가 붉고 또 뿔이 있으면, 비록 쓰지 않으려 해도 산천의 신이야 그것을 버리겠는가?"

공자가 중궁을 평했던 것인데, 좀 난해해서 이해하기 어렵다. 따라서 많은 학자들이 다양한 해석을 하고 있는데, 그중에서도 다산 정약용의 해석이 가장 타당한 것으로 보인다. 공자를 무조건 숭배하는 중국의 학자들에 비해 다산은 좀 더 객관적이고 다양한 고증에 근거하고 있기 때문이다.

"검은 소의 새끼가 붉고 또 뿔이 있으면 지신과 천신을 제사하는 데는 쓸 수 없다. 그러나 그 아래 단계인 산천의 제사에는 사용할 수 있다. 중궁은 어진 아버지의 아들이다. 당시 사람들이 '중궁의 어짊이 그 아버지보다 못하여 쓸모가 없다'라고 평하였는데, 이에 공자는 '그의 어짊이 아버지보다 못하다 하더라도 어찌 한 단계 낮추어서 쓸 수 없겠는가'라고 말한 듯하다. 무릇 희생으로 붉은 것은 얻기 쉬우나 검은 것은 얻기 어렵기에 검은 소로써 어진 아버지에 비유한 것이다."

중심이 있는 사람은 인정을 베풀 줄 안다

뚜렷한 주관을 세우고
권위에 흔들리지 않는다

다산의 해석으로 미루어보면 아버지인 염백우가 중궁보다는 더 뛰어난 것으로 보인다. 하지만 예문을 보면 중궁의 뛰어남에 대해서도 공자는 크게 평가했다. 아니 극찬했던 것으로 보인다. 원문에서 "남면을 했다"는 것은 임금의 자격이 있다는 뜻이다. 그 당시 남쪽을 향해 앉을 수 있는 사람은 임금 등 백성을 다스리는 사람뿐이었다. 예문이 실려 있는 전문은 이렇다.

공자가 말했다. "옹은 임금 노릇을 맡길 수 있다."

중궁이 자상백자에 대해 묻자, 공자가 대답했다. "괜찮은 사람이지. 행동이 소탈하니까." 이에 중궁이 물었다. "태도가 경건하고, 행동이 소탈하면 백성을 다스리기에 좋지 않습니까? 하지만 태도도 소탈하고 행동 역시 소탈하다면 지나치게 소탈한 것이 아닙니까?" 그 말에 공자가 "옹의 말이 옳다"라고 대답했다.

두 문장은 연관이 없는 것처럼 보인다. 먼저 공자는 중궁에게 임금의 자질이 있다고 인정했다. 그다음은 중궁과 공자의 대화로 두 사람이 각각 자상백자를 평하는 내용이다. 공자는 자상백자를 평하면서 그 행동거지가 소탈한 점을 좋게 보았다. 자신의 지위와 권위를 내세우지 않고,

소탈하게 행동하고 사람들을 대하는 것이 좋은 덕목이라는 것이다. 하지만 중궁의 생각은 달랐다. 행동거지는 소탈하더라도, 삶의 태도는 경건하고 일 처리는 철저해야만 공직자의 올바른 도리가 아니냐는 의견이다. 그 말을 듣고 공자는 바로 "옳다"라고 인정했다.

공자가 이 고사에서 중궁을 인정하고 칭찬했던 것은 중궁의 사람 보는 눈이다. 백성을 다스리고 사람을 이끄는 지도자의 자격 가운데 사람을 보는 눈이 가장 중요하다. 《순자》에 실려 있는 "임금의 도는 사람을 아는 것이고, 신하의 도는 일을 아는 것이다"가 그것을 말해준다. 그다음 공자가 중궁을 인정했던 것은 중궁이 뚜렷한 주관을 가지고 자기 생각을 당당하게, 하지만 예의를 갖춰서 말할 수 있었던 점이다. 지도자를 꿈꾸는 사람이라면 뚜렷한 주관을 세워야 하고 세상의 권위에 흔들려서는 안 된다. 스승이라고 해도 무조건 권위에 복종하는 것이 아니라, 자신의 소신을 당당하게 밝힐 수 있어야 한다.

제자의 자질을 보고
기회를 열어준다

제자의 자질을 보았던 공자는 이후에도 훌륭한 정치인으로서 갖춰야 할 소양을 지속적으로 가르쳤다. 중궁에게 가르쳤던 공직자로서의 덕과 성품은 오늘날에도 공직자의 길을 걷고 있는, 혹은 걷고자 하는 사람에게 훌륭한 지침이 될 것이다. 먼저 〈안연〉에 실려 있는 글이다.

중심이 있는 사람은 인정을 베풀 줄 안다

"중궁이 인을 묻자 공자가 대답해주었다. '대문을 나서면 큰 손님을 만난 것처럼 대하고, 백성을 부릴 때는 큰 제사를 지내듯이 해야 한다. 자기가 원하지 않는 일은 남에게도 시키지 말라. 이렇게 하면 조정에서도 원망이 없고, 집에 있을 때도 원망이 없다.'"

백성을 다스리는 대상이 아니라 섬기는 대상으로 생각하여, 모든 일을 배려와 사랑으로 해야 한다는 것이다. 모든 이를 사랑으로 대할 때 누구도 원망하는 사람이 없을 것이다. 그다음은 〈자로子路〉에서, 중궁이 바른 정치인의 자세를 묻자 가르친 글이다.

> 공자가 말했다. "하급자에 앞서 모범을 보이고, 작은 잘못은 용서하고, 현명한 인재를 등용하여라." 이에 중궁이 "현명한 인재는 어떻게 등용합니까?"라고 묻자, 공자가 대답했다. "네가 아는 사람 중에 등용하라. 네가 모르는 사람이라면 그를 아는 다른 사람이 내버려두겠느냐?"

여기서 특히 논란이 되는 것은 "아는 사람을 등용하라"라는 가르침이다. 이를 두고 사람들은 학연이나 혈연, 지연에 의한 인재 등용이라 비난하기도 한다. 하지만 공자의 진정한 뜻은 다르다. 아는 사람을 등용하라는 것은 개인적인 인연에 따라 등용하는 것이 아니라, 능력과 자격을 검증한 다음 등용하라는 의미다. 가까이에서 접하며 그 사람됨을 확인한 다음에 발탁하라는 것이니 오해해서는 안 된다.

자신이 가르치는 제자의 적성과 자질을 정확히 보고, 그것을 키워나가도록 제대로 가르치며, 기회를 열어주는 것. 진정한 스승의 길이다. 아

충후지풍

낌없이 자기 어깨를 빌려주어 더 크게 멀리 볼 수 있게 하는 거인. 단순히 한 사람의 길을 열어주는 것이 아니라 세상의 발전에 기여하는 사람이다.

사람을 보는 눈을 기르는 것이
지도자의 가장 중요한 덕목이다.

2부

—

恕 서

모든 인간관계는 나로부터 시작된다

恕己恕人

서기서인

자신을 바르게 대하는 마음으로 남을 대하라

세상이 알아주지 않아도
사제는 뜻을 같이 한다

子謂子貢曰 女與回也 孰愈 對曰 賜也 何敢望回 回也聞一以知十
賜也聞一以知二 子曰 弗如也 吾與女 弗如也
자위자공왈 여여회야 숙유 대왈 사야 하감망회 회야문일이지십
사야문일이지이 자왈 불여야 오여여 불여야

공자가 자공에게 물었다. "너와 회 중에 누가 더 나으냐?" 자공이 대답했다.
"제가 어찌 회와 견주기를 바라겠습니까? 회는 하나를 들으면 열을 알고,
저는 하나를 들으면 둘을 알 뿐입니다." 공자가 말했다.
"그보다 못하리라. 나와 네가 모두 그보다 못하리라."

_〈공야장〉

《순자》의 첫머리에는 '청출어람靑出於藍'의 성어가 나온다. 학문을 통해 자신을 단련하고 생각하고 살피면 날마다 성장할 수 있다는 말인데, 요즘은 스승보다 제자가 더 뛰어나다는 뜻으로 많이 쓰인다. 스승보다 뛰어난 제자가 된다는 것은 스승의 가르침에 갇히는 것이 아니라, 그것을 뛰어넘어 더 새롭고 창의적인 결과를 만들 수 있어야 한다.《논어》에서 말하는 '온고이지신溫故而知新'이 그것이다.

제자를 가르치는 선생이라면 자신보다 더 나은 제자를 만드는 데 힘을 다해야 한다. 그래야 진정한 학문의 발전이 있기 때문이다. 하지만 제자를 더 뛰어나게 만드는 것은 쉬운 일이 아니다. 뛰어난 재능을 가진 제

자를 만나야 하고, 스승은 자신이 가진 것을 아낌없이 나눌 수 있어야 하기 때문이다. 하지만 스승의 입장에서 제자가 자신보다 더 뛰어나다는 것은 한편으로는 기쁘지만, 한편으로는 자존심이 상하는 일이기도 하다. 이러한 마음의 한계를 뛰어넘어야 하기에, 스승 역시 제자 못지않게 뛰어난 인격을 갖추어야 한다.

공자가 그랬다. 3천 명에 달하는 수많은 제자를 거느리고, 그 당시 최고의 학자로 꼽혔지만, 서슴없이 제자 안회가 자신보다 더 뛰어나다고 인정하고 있다. 그것도 다른 제자 자공에게 인정했으니 그 경지는 보통 사람이 넘볼 수 있는 것은 아닌 것 같다.

자공은 하나를 들으면 열을 아는 안회의 뛰어남을 인정하면서 은근히 자신 역시 뛰어나다는 것을 드러내고 있다. 평범한 사람이라면 하나를 들으면 하나를 알고, 우둔한 사람은 들은 것을 알지 못할 수도 있다. 하지만 자신은 그런 평범함을 뛰어넘는다는 것이다. 하나를 들으면 최소한 그것을 알고 실천하는 수준은 된다는 것이다. 비록 "하나를 들으면 셋을 알아야 한다"는 공자의 기준에는 못 미치지만 그래도 평범한 사람의 경지는 뛰어넘는다. 최고의 스승인 공자의 제자라면 당연하다고 할 것이다.

자공이 안회를 두고 말했던, "하나를 들으면 열을 안다"는 것은 차원이 다른 배움이다. 공자는 '일이관지一以貫之', "하나의 이치로 모든 것을 꿰뚫는다"라고 자신의 도를 말했던 적이 있다. 하나의 이치로 모든 것을 꿰뚫는다는 것은 모든 사리의 시작과 끝을 안다는 것이다. 즉 모든 것에 통달한 상태를 가리킨다. "하나를 들으면 열을 안다"는 것도 같은 의미

다. 자공은 동문 제자인 안회의 이러한 능력을 인정했고, 공자 역시 이를
인정하며 오히려 자신보다 더 뛰어나다고 했다.

군자는 함께 도를 추구하고
같은 길을 가는 사람을 소중히 여긴다

공자가 직접적으로 안회의 탁월함을 경험하는 고사가《공자가어》에 실
려 있다.

　공자가 진나라와 채나라의 국경에 머물고 있을 때 초나라 소왕의 초
청을 받았다. 그때 진나라와 채나라의 대부들이 모여 공자의 초나라행
을 막기로 결의했다. 공자의 탁월한 지혜로 인해 초나라가 강대해질 것
을 염려했기 때문이다. 이들은 군대를 보내 공자 일행을 겹겹이 둘러쌌
고, 공자 일행은 먹을 것이 없어 굶주림에 시달려야 했다. 하지만 이런
상황에서도 공자는 흔들림 없이 책을 읽고 거문고를 타며 의연하게 지
냈다. 그러자 제자들은 그 상황을 이해하지 못했고, 성격이 급한 자로는
"군자도 곤궁함이 있습니까?"라고 따지기도 했다. 그 물음에 공자는 제
자들을 불러 왜 이런 상황에 군자가 처해야 하는지 제자들의 생각을 물
었다.

　자로는 "아마도 우리가 어질지 못해서 사람들이 우리를 믿지 못하는
것 같습니다. 우리가 지혜롭지 못해서 사람들이 우리를 놓아주지 않는
것 같습니다"라고 대답했다. 자로는 곤궁의 이유를 스승과 자신들의 부

족함에서 찾았다. 그다음 자공은 "스승님의 도가 지극히 큰 까닭에 사람들이 스승님을 용납하지 못하는 것 같습니다. 스승님께서는 도를 조금 낮추시는 것이 어떻겠습니까?"라고 답했다.

자공은 공자의 경지를 이해하지 못하는 사람들의 어리석음에서 그 이유를 찾았다. 그래서 '수준을 좀 낮추어' 사람들에게 영합하자는 의견을 제시한다.

마지막으로 안회가 답하자, 공자가 이를 듣고 얼굴을 환히 밝혔다.

"스승님의 도가 지극히 크니 세상에서 스승님을 용납하지 못하는 것 같습니다. 하지만 스승님께서는 이 도를 변함없이 행해야 하실 것입니다. 세상에서 쓰지 못하는 것은 세상이 고루해서이니 스승님께 무슨 병이 될 게 있겠습니까? 원래 세상에서 용납하지 못한 뒤에야 비로소 군자를 볼 수 있게 됩니다."
"참으로 옳은 말이다. 저 안 씨의 아들이여! 만약 네가 재물이 많다면 나는 네 집의 가신家臣(집안일을 돕는 사람)이라도 할 것이다."

파격적인 인정이다. 아무리 뛰어난 제자라고 해도 그 집의 가신을 하겠다는 것은 철저히 자신을 부인하는 일이다. 물론 공자가 정말 그 집의 신하를 하겠다는 것이 아니다. 그만큼 제자를 인정하고 사랑해서 곁에 머물고 싶다는 마음을 밝힌 것이다. 여기서 하나 생각해볼 것은 바로 안회의 자세다.

먼저 안회는 스승인 공자와 그가 추구하는 도가 얼마나 소중한지를 알았다. 세상의 핍박이 심한 것은 차원이 다른 도를 추구하는 스승을 이

자신을 바르게 대하는 마음으로 남을 대하라

해하지도 못하고, 받아들이지도 못하기 때문이라는 것이다. 하지만 그 도리는 너무 소중하고, 결국은 세상에 빛을 밝히는 길이기에 포기해서는 안 된다고 안회는 말하고 있다. 공자의 뜻을 정확하게 이해하고, 어떤 어려움이 있어도 함께 갈 것임을 다짐한 것이다.

공자는 이러한 제자가 너무나 소중했다. 군자는 함께 도를 추구하고 같은 길을 가는 사람을 가장 소중히 여기기 때문이다. 뜻이 같고, 그 뜻을 함께 추구할 수 있다면 설사 그가 제자이건, 집안의 하인이건 가리지 않는다. 이것이 바로 공자가 주장했던 서(恕)의 정신이다. 하지만 서의 정신은 공자의 철학에서 최상의 덕목인 만큼 실천하기가 쉬운 일이 아니다. 따라서 평범한 우리는 삶에서 실천하기 위해 노력해야 하는데, 그 시작은 상대를 인정하는 데 있다.

내 앞에 선 사람을 이해하고 장점은 인정하고 단점은 용납할 때 진정한 서의 정신을 실천할 수 있다. 그리고 그 마음과 함께할 때 '사랑'이라는 결실을 얻는다.

스승을 뛰어넘는 제자는
언제라도 스승의 뜻을 이룰
준비가 되어 있다.

사랑은 말보다 행동으로
보여주는 것이다

子貢曰 我不欲人之加諸我也 吾亦欲無加諸人 子曰 賜也 非爾所及也
자공왈 아불욕인지가저아야 오역욕무가저인 자왈 사야 비이소급야

자공이 말했다. "남이 저에게 하기를 바라지 않는 일을,
저 또한 남에게 하지 않으려고 합니다."
공자가 말했다. "사야, 그것은 네가 해낼 수 있는 일이 아니다."
_〈공야장〉

자공은 언변과 외교 수완이 탁월한 제자로, 공자의 뛰어난 공문십철에 꼽힌다. 《논어》를 비롯한 고전에는 자공의 능력을 보여주는 고사가 많다. 그중에 《사기》〈중니제자열전仲尼弟子列傳〉에는 자공의 전성기 활약이 담겨 있다. 역사적으로 실증되지 않았다는 주장도 있지만, 천하를 한 치 혀로 좌지우지했던 그의 역량이 대단히 놀랍다. '연환계連環計'라고 불리는 계책인데, 책에는 자공이 이룬 성과를 이렇게 말한다.

"이처럼 자공은 한 번 나서서 노나라를 보존하고 제나라를 어지럽게 했으며, 오나라를 멸망시키고, 진나라가 강국이 되게 했으며, 월나라가 춘추5패(춘추시대 천하의 패권을 차지한 5개 나라) 중 하나가 되게 했다. 자

자신을 바르게 대하는 마음으로 남을 대하라

공이 한 번 돌아다니더니 각국의 형세에 균열이 생겨 다섯 나라에 큰 변화가 있었다."

제나라, 오나라, 진나라, 월나라는 그 당시 최강 대국이라고 할 수 있다. 당연히 그 왕들에게도 큰 권위가 있었고, 뛰어난 인물들이 왕을 보좌하고 있었다. 그 나라들을 단신으로 방문하여 군사적·외교적 정책을 자신이 의도한 대로 이끌어간 것은 놀라운 일이 아닐 수 없다. 하지만 그러한 자공 역시 공자의 문하에서 학문을 처음 시작할 때는 많은 부족한 점이 있었다.

말의 조급함과 신중하지 못함은 서의 정신이 아니다

공자는 자공의 능력을 알아보았지만, 말이 가볍고 실천력이 없는 것을 계속 지적했다. 이러한 연단을 통해 자공은 최고의 언변을 갖춘 정치적인 인물이 될 수 있었다. 타고난 통찰력으로 엄청난 부를 이루고, 제나라와 위나라의 재상을 역임했던 것이 그의 능력을 잘 말해준다. 공자가 자공을 가르친 핵심은 바로 말이다. 능수능란한 말솜씨를 자랑했지만, 실속이 없는 말, 번드르한 말, 특히 실천이 따르지 않는 말을 공자는 지적했다. 다음은 〈위정〉에 실려 있다.

자공이 군자를 묻자, 공자가 말했다.

"군자는 말보다 앞서 행동하고, 그다음에 그에 따라 말을 한다(선행기언 이후종

지|先行其言 而後從之)."

〈리인〉에 실려 있는 "군자는 말에 대해 모자라는 듯이 하고, 행동에는 민첩하게 한다(군자욕눌어언이민어행君子欲訥於言而敏於行)"도 자공을 직접 언급하지는 않았지만, 염두에 두었을 것이다.

예문의 고사 역시 자공의 말의 조급함과 신중하지 못함을 지적한다. 자공이 자신의 소신이라고 했던 "남이 저에게 하기를 바라지 않는 일을, 저 또한 남에게 하지 않으려고 합니다"는 공자의 핵심 철학인 인의 실천 덕목, 서恕다. 서는 '기소불욕물시어인己所不欲勿施於人', "내가 원하지 않는 일을 남에게 베풀지 마라"의 한 마디로 집약된다. 예문에 있는 원문, '아불욕인지가저아야 오역욕무가저인'과 같은 뜻이다.

자공은 스승이 추구하는 인과 서의 정신을 알았기에 자신 역시 그 길을 따르겠다는 소신을 스승에게 밝혔다. 자공의 성향상 스승에게 칭찬받고자 하는 마음이 컸을 것이다. "그래, 자공아! 정말 좋은 생각이다. 그 정신이 바로 내가 추구하는 바다!"라는 말을 기대했겠지만, 공자는 안타깝게도 단칼에 자공의 기대를 무너뜨린다. "그것은 네가 할 수 있는 일이 아니다! 그리고 서의 정신이란 너처럼 쉽고, 가볍게 말로 해서는 안 된다."

자신을 바르게 대하는 마음으로 남을 대하라

날마다 수양하지 않으면
불쑥 솟아나는 것이 천성이다

서의 정신은 많은 학자가 수양의 최고 경지로 삼아 추구하는 정신이고, 날마다 실천을 거듭해도 도달했다고 말하기 어려운 경지다. 그러한 정신을 쉽게 말하는 것을 두고 공자는 따끔하게 지적했던 것이다. 원래 공자는 제자들의 잘못이나 단점을 지적할 때도 직접적이기보다는 간접적으로, 비유를 사용해서 깨닫게 하는 경우가 많았다. 하지만 여기서 공자는 직접적이고 단호하게 잘못을 지적한다. 소중한 가치를 쉽게 생각하고, 함부로 말하는 것은 제자의 성장에 큰 저해가 된다고 생각했던 것이다.

이러한 연단과 수양을 거쳐 자공은 최고의 웅변술을 갖춘 탁월한 외교관이자 정치가로 성장한다. 하지만 그 경지에 이르러서도 자공은 때때로 말의 실수를 한다. 타고난 천성은 습관을 잘 들이면 고칠 수 있다고는 하지만, 날마다 수양하고 하루하루 자신을 다듬지 않으면 불쑥 솟아나는 것이 또한 천성인 것이다. 그와 관련한 고사가 《사기》, 《장자》에 실려 있다. 공자의 제자 원헌原憲과의 일화다.

공자가 죽은 후 원헌은 세상을 등지고 늪가에 있는 사방 한 칸의 허름한 집에 살고 있었다. 어느 날 위나라의 재상으로 있던 자공이 큰 마차와 호위병과 함께 원헌을 찾아왔다. 원헌은 낡은 관과 옷을 입고 그를 맞이하였다. 자공이 그의 초라한 행색을 부끄럽게 여겨 묻자, 원헌이 대답했다.

"어쩌다 이렇게 병이 들었습니까?"

"제가 듣건대 재물이 없는 것을 가난이라 하고, 도를 배우고도 실천하지 못하는 사람을 병들었다고 한다고 합니다. 저는 가난하지만 병들지는 않았습니다."

자공은 몹시 부끄러워하며 그 자리를 떠났다. 그는 평생 동안 자신의 말을 부끄럽게 여겼다.

많이 배우고 높은 지위에 있으며 부를 누리는, 소위 성공을 구가하지만 정작 속으로는 병든 사람이 많이 있다. 하지만 더욱 안타까운 것은 평생 자신이 병든 것을 모른다는 사실이다. 자신이 가진 것을 삶에서 누리지 못하는 사람은 아무리 많은 것을 가져도 갖지 않은 것과 같다.

예문에서 공자가 자공을 가르친 것도 바로 그것이다. 실천하지 못하는 도는 도가 아니다. 말에 그치는 도는 부끄러운 일이다. 차라리 모르는 것이 더 나을지도 모른다. 진정한 배움이란 지식의 습득이 아니라 삶에서 실천하는 것이다. 순자가 말했던 "배움은 실천하는 단계가 되어야 그치는 것이다(학지어행지이지의學至於行之而止矣)"가 바로 그것을 말한다. 배움은 평생 계속되어야 한다.

정말로 부끄러워해야 할 것은
공부의 적음이 아니라 실천의 부족이다.

내 안의 편견을 깨는 것이
사람을 인정하는 자세다

子謂子産 有君子之道四焉 其行己也恭 其事上也敬 其養民也惠 其使民也義
자위자산 유군자지도사언 기행기야공 기사상야경 기양민야혜 기사민야의

공자가 자산에 대해 말했다. "그는 군자의 도 네 가지를 갖추고 있었다.
처신은 공손하고, 윗사람에게는 공경스러우며, 백성에게는 은혜롭고,
사람을 부릴 때는 의리에 맞게 한다."

_〈공야장〉

《중용》〈13장〉에는 공자가 군자의 도 네 가지를 말한 것이 실려 있다.
"군자의 도는 네 가지가 있는데, 나는 한 가지도 제대로 행하지 못한다.
자식에게 요구하는 것으로 내 부모를 섬기는 것을 나는 하지 못한다. 신
하에게 요구하는 것으로 내 임금을 섬기는 것을 나는 하지 못한다. 아우
에게 요구하는 것으로 내 형을 섬기는 것을 나는 하지 못한다. 벗에게 요
구하는 것으로 내가 먼저 베푸는 것을 나는 하지 못한다."

공자는 여기서 자신의 핵심 철학인 인, 즉 충과 서를 삶에서 실천하는
방안을 알기 쉽게 말해준다. 그것을 공자는 '기소불욕물시어인己所不欲勿施
於人', "내가 원하지 않는 것을 남에게 베풀지 마라"라고 불렀다. 서양의

철학에서 황금률인 "남에게 대접받고 싶은 대로 남을 대접하라"와 같은 뜻이다. 하지만 공자는 그것을 자신이 제대로 하지 못하고 있음을 한탄하고 있다. 물론 공자가 정말로 그것을 제대로 실천하지 못한다고 말하는 것은 아니다. 나를 내려놓고 남을 인정하는 일이 그만큼 어려운 일이기에 끊임없이 자신을 돌아보며 노력하라는 가르침을 우리에게 전하고 있는 것이다.

가까운 사람과의 관계를 바르게 한다

예문에서도 공자는 군자의 도 네 가지를 말한다. 정나라의 명재상 자산을 평하고 있는데, 앞서 《중용》에서 말한 군자의 도 네 가지와는 그 표현이 조금 다르다. 하지만 공자가 말하고자 하는 뜻은 다름이 없다. 사람의 도리를 다해야 한다는 것이다. 인仁의 한자를 풀어보면 사람 인人과 둘 이二로 구성되어 있음을 알 수 있다. 사람과 사람과의 관계, 특히 가장 가까이 접하는 사람과의 관계를 바르게 하는 것이 인의 핵심이다. 부모와의 관계를 바르게 하고, 형제와 벗의 관계를 바르게 하고, 이웃, 나아가 임금과의 관계를 바르게 하는 것이 바로 인이다. 그럴 때 공자가 꿈꾸던 이상적인 세상이 만들어진다는 것이다.

자산에 대해서는 많은 고전에서 말하고 있는데, 정치인으로서 올바른 통치를 베푼 고사가 많다. 유능한 인물을 발탁하고, 그들의 능력을 백

자신을 바르게 대하는 마음으로 남을 대하라

성을 위해 사용하게 하는 것은 오직 사람에 대한 이해와 사랑이 있기에 가능하다.《설원》에 실려 있는 말이다.

"자산이 정나라 재상이 되어 임금이 죽을 때까지 나라 안에 혼란이 없었고, 밖으로는 외적의 침입이 없었다. 현명하고 유능한 인재를 뽑아 일을 시켰다. 풍간자馮簡子는 큰일을 잘 결단하였고, 자태숙子太叔은 판결을 잘하면서 문장력이 있었고, 공손휘公孫揮는 사방 인접국의 상황을 잘 판단했으며, 나라 안 대신들의 지위와 능력을 잘 분별하였다. 비심裨諶은 계책을 잘 내었지만, 성읍이 아니라 야외에서 내는 계책이 탁월했다. 일이 있을 때면 자산은 비심을 수레에 태우고 외부로 나가서 계책을 세웠고, 풍간자에게 그 계책을 말해주어 결단하게 하고, 공손휘에게 외교의 응대를 정하게 했다. 이 계책이 완성되면 자태숙에게 집행하게 하여 외국의 빈객을 응대하게 했다. 이 때문에 실패하는 일이 드물었다."

현명한 사람을 찾고, 적재적소에 배치하고, 그들이 최대한 능력을 발휘하도록 여건을 만드는 일은 나라를 평안하게 다스리는 데 근본이 된다. 나라와 같은 큰일이 아니더라도 모든 일에 통하는 이치다. 크든 작든 그 어떤 일이라도 사람이 하는 것이기 때문이다.

날마다 벽을 깨고
자신을 바로 세운다

군자의 도를 갖춘 뛰어난 인물인 자산이라고 해도 처음부터 탁월했던 것이 아니다. 스스로 부족한 점을 끊임없이 고치고, 자신을 다듬었기에 군자의 도를 향해 나아갈 수 있었다. 그리고 군자로 인정받은 후에도 잘못을 범하고, 실수를 하는 경우가 많이 있었다. 공자가 스스로 "나는 제대로 못 한다"고 고백했던 것처럼, 옛 자아가 드러나는 것을 반성하고 성찰하며 고쳐나가는 자세를 가질 때 비로소 부끄럽지 않은 새로운 자신을 만들 수 있다.

《장자》에는 정나라의 재상이었던 자산과 형벌로 다리가 잘린 신도가의 이야기가 나온다. 두 사람은 당대의 스승이었던 백혼무인에게 배웠다. 신도가와 함께 배우는 것이 부끄러웠던 자산은 신도가에게 나가달라고 이야기한다. 만약 나가지 않으면 자기가 나가겠다고 협박하며, 불구인 사람이 어떻게 자신처럼 높은 지위의 사람과 함께 공부할 생각을 할 수 있느냐고 비난한다. 그러자 신도가가 말했다.

"스스로 자기 잘못을 변명하며 발이 잘리는 형벌을 받지 말았어야 했다고 말하는 사람은 많아도, 그 잘못을 변명하지 않고 애초에 발이 있어서는 안 되었다고 말하는 자는 적습니다. 형벌을 당한 것이 사람의 힘으로 어쩔 수 없음을 알고, 운명으로 받아들여 마음을 평안히 하는 것은 오직 덕이 있는 사람만 할 수 있습니다. 활의 명수 예가 활을 쏘았을 때 그 사정거리 안에 있으면 화살에 맞기 마련입니다. 만약 맞지 않는다면 그것은 운이 좋았던 것입니다. 세상 사람 중에는 내 발이 없다고 비웃는 사람이 많이 있습니다. 나는 그 말을 들으면 화가 나지만 스승님께 갔다 오면 모든 것을 잊을 수 있습니다. 나는 19년 동안 스승님과 함께 지냈지만 내가 병신이라는 것을 모르고 살았습니다. 당신과 나

자신을 바르게 대하는 마음으로 남을 대하라

는 마음으로 사귀는데 당신은 오직 겉모습에서 나를 찾고 있으니 어찌 잘못이

아닙니까?"

이 말을 듣고 자산은 자세를 고치며 이렇게 말했다. "자네, 부디 그만

해주게나."

이처럼 뛰어난 사람도 자신을 둘러싸고 있는 한계에서 벗어나지 못

한 적이 있었다. 그만큼 우리는 나보다 못한 사람을 볼 때 느끼는 우월

감, 거기에서 비롯되는 교만 등 마음의 벽이 생겨나는 것을 깨뜨리기 힘

들다. 공자나 자산과 같은 탁월한 사람도 마찬가지였다. 하지만 그들은

날마다 그 벽을 깨고 자신을 바로 세워나갔다. 그 힘이 무엇인지는《논

어》〈헌문〉에 실려 있다.

어떤 사람이 자산에 대해 묻자 공자가 대답했다. "은혜로운 사람이다

(혜인야惠人也)."

바로 사랑이다. 아무리 뛰어난 능력과 좋은 덕목을 갖추고 있어도 '사

랑'이 없으면 소용이 없다. 사랑은 모든 것을 매는 띠다.

내가 원하지 않는 것을
남에게 베풀지 않는다.

————————————

탁월한 재능이 없어도
완성된 사람이 될 수 있다

見利思義 見危授命 久要不忘平生之言 亦可以爲成人矣
견리사의 견위수명 구요불망평생지언 역가이위성인의

이익을 보면 의로운가를 생각하고, 나라가 위태로울 때 목숨을 바치며,
오래된 약속이라도 잊지 않고 지킬 수 있다면, 또한 완성된 사람이 아니겠는가.
_〈헌문〉

자공은 스승인 공자에게 완성된 인간(성인成人)에 대해 물었다. 주된 화제의 대상이었던 군자와 인자仁者가 아닌 성인을 물었던 것이 특이한데, 공자는 이렇게 대답한다.

"장무중臧武仲의 지혜와 맹공작孟公綽의 탐욕스럽지 않음과 변장자卞莊子의 용감함과 염구冉求의 재주를 가지고, 예절과 음악으로 다듬는다면 성인이 될 것이다."

그 당시 각 분야에서 명성이 있던 네 사람의 장점을 고루 가지고, 예절과 음악의 품격까지 갖춘다면 완성된 사람이라 할 수 있다고 공자는

자신을 바르게 대하는 마음으로 남을 대하라

말한다. 언뜻 듣기에도 여간 어려운 것이 아니다. 한 사람의 탁월한 재주를 갖추기도 어려운데, 그들의 모든 재능을 갖추고 거기다가 예악으로 문채文彩를 더하라고 하니 공자는 현실적으로 불가능한 사람을 말하는 것 같다. 어떤 학자는 이를 두고 공자가 자로를 놀린 것이라고 말하기도 했다. 하지만 공자가 말했던 각 사람에 대해 자세히 살펴보면 이들은 장점 못지않게 단점이 있는 사람이라는 것을 알 수 있다. 하나하나 뜯어보면 이들은 모두 성인과는 거리가 있는 사람인 것이다.

악은 사람의 마음을 길러주고, 예는 사람의 외면을 바르게 한다

장무중에 대해 〈헌문〉에서 공자는 이렇게 말했던 적이 있다. "장무중은 방防 고을을 근거로 노나라에 자신의 후계자를 세워주기를 요구했으니, 비록 임금에게 강요하지는 않았다고 말하더라도 나는 그의 말을 믿지 않는다."

장무중은 자신의 힘을 믿고 임금에게 강요하는 불경한 행동을 했고, 결국 제나라로 도망했지만 거기서도 임금에게 함부로 행동함으로써 제대로 정착하지 못했다. 스스로는 지혜가 있다고 자부했지만, 그 지혜는 아무에게도 받아들여지지 않았다. 그의 행위가 온전하지 않았고, 다른 사람을 배려하는 서의 정신이 없었기 때문이라고 공자는 말했다.

맹공작 역시 〈헌문〉에서 공자가 언급한 바 있다. "맹공작은 조씨나 위씨 집안의 가노家老(권세 있는 집안의 가신의 우두머리)가 되기에는 충분하지만, 등나라나 설나라의 대부는 될 수가 없다." 욕심이 없는 장점은 한 집안의 가노가 될 자질이지만, 나라에서 대부로 일할 수 있는 능력에는 미치지 못한다는 지적이다.

변장자는 전쟁에서 이전에 패배했던 것을 반드시 갚았고, 호랑이를 찔러 죽일 정도로 용맹하다고 알려졌지만, 공자는 그의 용기를 대의가 아닌 소인의 용기라고 보았다. 용기를 자랑하는 자로에게 "맨손으로 범을 잡고 맨몸으로 황하를 건너려다 죽어도 후회가 없는 사람과는, 나는 함께하지 않겠다. 반드시 일을 대함에 있어 신중하게 하고, 계획을 잘 세워 일을 이루는 사람과 함께하겠다"라고 가르쳤던 것이 용기에 대한 공자의 생각을 잘 말해준다. 덕성이 뒷받침하지 않는 용기, 신중하지 않은 용기는 진정한 덕목이 될 수 없다.

염구는 네 사람 중에 유일하게 공자의 제자로, 정치에 뛰어나 공문십철에도 꼽힌다. 다재다능한 능력으로 여러 방면에서 뛰어난 인물이지만 도덕성은 부족했다. 결국 실권자인 계강자의 가신으로 일하며 백성을 수탈하다가 공자로부터 파문을 당했다.

공자는 자로도 익히 아는 인물들을 통해 완성된 인물이 되기는 쉽지 않다는 것을 가르친다. 설사 한 가지 능력으로 명성이 있다고 하더라도, 그 자체로 완성된 사람이 될 수 없고, 그 능력 역시 예악禮樂이 뒷받침하지 않으면 아무런 소용이 없다는 것을 말해준다. 여기서 핵심은 예악으로 공자가 항상 강조했던 덕성이다. 악은 사람의 마음을 길러주고, 예는 사람의 외면을 바르게 하는 덕목이다. 즉 '인의예지'의 근본을 조화롭게

자신을 바르게 대하는 마음으로 남을 대하라

드러내는 것인데, 자로에게 가장 부족한 점이 바로 예악이었기에 공자가 강조했던 것이다.

완성된 사람이기 위해
평생을 실천하다

예문의 구절 "이익을 보면 의로운가를 생각하고, 나라가 위태로울 때 목숨을 바치며, 오래된 약속이라도 지킬 수 있다면, 또한 완성된 사람이 될 수 있다"는 '의義'와 '용勇', 그리고 '신信'을 말한다. 의롭고, 용기 있고, 신의가 있는 삶을 산다면 앞에서 말했던 성인의 조건에 미치지 못하더라도 완성된 인간에 가깝지 않겠느냐는 말이다.

이 구절에 대해서는 학자들 사이에 이견이 있는데, 공자가 했던 말이라는 주장과 자로의 말이라는 주장이 있다. 특히 다산 정약용은 자로의 말이라는 것을 여러 가지 논거를 들어 강력히 주장한다. 물론 둘 다 나름의 타당성을 지니지만 그 진위는 학자들에게 맡기고 우리는 자로가 자신의 삶을 통해 어떻게 이 구절에 있는 말을 실천했는지에 주목하는 것이 좋겠다.

자로는 자신이 주장했던 성인의 삶을 살기 위해 부단히 노력했고, 삶에서 실천했다. "가난하고 거친 옷을 입어도 삶을 부끄러워하지 않는 제자는 바로 자로다"라고 공자로부터 인정을 받았다. 또한 "해치지 않고, 탐내지 않으니 어찌 착하지 않겠는가?"라는 《시경》〈웅치雄雉〉의 구절을 평생 외우고 다니며 자신을 가다듬었다. 해치지 않는 것은 남에게 피해를 주지 않는 것이고, 탐내지 않는 것은 '견리사의見利思義' 즉 "이익을 보면 의로운가를 생각"하는 자세다.

'견위수명見危授命'의 신조를 자로는 자신의 죽음으로 직접 증명했다. 괴외의 난이 일어났을 때 사람들이 모두 도망하기에 급급했지만 자로는 직접 그 현장을 찾았다. 그리고 아들에 맞서서 불의한 난을 일으킨 괴외를 꾸짖다가 죽음을 맞는다. 그때 자로는 "군자는 죽음 앞에서도 관을 벗어서는 안 된다"라며 벗겨진 관의 끈을 매며 죽음을 맞았다. 의를 위해 목숨을 아끼지 않는 당당한 모습이다.

약속을 소중히 여기고 어기지 않는 모습은 〈안연〉에 나온다. 공자가 "한마디 말로 소송을 판결할 수 있는 사람은 바로 자로다! 자로는 승낙한 일을 묵혀두는 일이 없다"라고 했던 말에서 자로는 쉽게 약속을 하지 않고, 한번 했던 말은 어기지 않고 바로 시행한다는 것을 알 수 있다. 자로는 완성된 사람이 되기 위한 세 가지 덕목을 평생을 두고 실천했던 것이다.

사람은 나이를 먹으면 어른이 된다. 하지만 어떤 어른이 되는지는 모두 다르다. 높은 지위에 오르거나, 명성이 있는 사람이 된다고 해서 존경받는 어른이 됐다고 할 수는 없다. 설사 얻었다고 해도 그것은 외면의 조건일 뿐이다. 진정한 어른이란 내면과 외면이 조화롭게 어우러지는 사람이다. 그리고 삶에서 그것을 증명해나가는 사람이 진정한 어른이다.

의롭고, 용기 있고, 신의 있는 삶을 산다면
완성된 사람에 가까워진다.

어른의 평범함에는
비범한 면모가 숨어 있다

子溫而厲 威而不猛 恭而安
자온이려 위이불맹 공이안

공자는 온화하면서도 엄숙하고, 위엄이 있으면서도 사납지 않고,
공손하면서도 편안했다.
_〈술이〉

《논어》에는 군자에 대한 이야기가 많이 실려 있다. 군자란 고전에서는
여러 가지로 표현되지만 대부분 학문과 수양이 뛰어난 인물로 그려진
다. 깊은 학문을 바탕으로 도덕성을 바로 세우고, 주위에 선한 영향을 끼
치며 올바른 삶을 살아가는 사람을 군자라고 생각했다. 따라서 많은 경
우 그 대상이 되는 인물은 시대의 스승인 공자를 모범으로 삼았고, 공자
스스로도 군자가 되려면 어때야 하는지를 가르쳤다.

  물론 공자는 그보다는 훨씬 더 높은 경지인 인인仁人(사랑과 배려를 상징
하는 인물), 더 나아가 성인聖人(지혜와 덕이 뛰어나 두고두고 존경을 받을 위대
한 인물)으로까지 추앙받지만, 공자의 평상시 삶은 그렇게 비범해 보이

지는 않았다. 평범함과 평온함 속에 탁월함이 숨어 있는 경지가 바로 공자의 모습이라고 할 수 있다.

《논어》〈술이〉에는 공자가 직접 말했던 군자의 모습이 실려 있다. "군자는 평온하고 너그럽지만, 소인은 늘 근심에 싸여 있다." 원문은 '군자탄탕탕 소인장척척君子坦蕩蕩 小人長戚戚'으로 짧고 함축적이다. 소인이 근심에 싸여 있는 것은 마음속의 욕심이 채워지지 않기 때문이다. 가난할 때는 부자가 되려는 욕심 때문에 항상 마음이 괴롭고, 부자가 되어서도 더 많은 부를 가지려는 탐욕 때문에 항상 괴롭다. 가졌다 하더라도 가진 것을 잃지 않을까 걱정하는 마음으로 항상 초조하고 두렵다. 사람을 볼 때도 "저 인간이 내 돈을 뺏으려는 것은 아닐까" 하는 마음으로 의심을 거두지 못한다. 인간관계 역시 좋을 수가 없다.

군자가 평온하고 너그러운 것은 환경의 지배를 받지 않기 때문이다. 가진 것이 없어도 스스로 만족하고, 가진 것이 많으면 베풀고 나누기에 항상 즐겁다. 추구하는 것이 물질이 아니라 '도道'이기에 '안빈낙도安貧樂道'의 삶을 살 수 있는 것이다.

온화하면서 허술하지 않고, 위엄이 있으면서 따뜻하다

예문은 직접적으로 공자의 모습을 말한다. 온화하면서도 지나치게 유하지 않아서 허술하지 않고, 위엄이 있으면서도 사람을 대할 때는 부드러워 따뜻한 마음이 잘 드러난다. 예의를 지키지만, 상대에게 강요해서 어렵게 느끼지 않게 한다. 이것이 바로 좋은 덕목을 더욱 빛나게 하는 중용의 힘이다. 어떤 상황에서도 적절하게 행동하는 사람은 주위 사람들을 편안하게 해주고, 그 마음을 끌어당긴다. 특별히 뛰어난 것처럼 보이지는 않지만, 대하면 마음이 편안해진다. 바로 공자가 추구하는 사람됨의 모습이다.

《논어》〈자장〉에는 자하가 군자에 대해 말했던 것이 실려 있다. 자하는 알다시피 학문에는 뛰어났으나 소극적인 성품 때문에 공자로부터 항상 지적을 받아왔다. 소극적이고 고지식한 자신의 단점을 극복하고 군자다운 선비가 되기 위해 날마다 노력했을 것이다. 그 목표가 바로 군자의 세 가지 변화, 즉 '군자삼변君子三變'이다.

군자에게는 세 가지 변화가 있다. 그를 멀리서 바라보면 위엄이 있고, 가까이서 대해보면 온유하며, 그의 말을 들어보면 엄정하다(군자유삼변 망지엄연 즉지야온 청기언야려君子有三變 望之儼然 卽之也溫 聽其言也厲).

여기서 말하는 군자란, 자하가 공자의 모습을 멀리서, 또 가까이에서 접하며 느꼈던 생각일 것이라고 짐작할 수 있다. 군자의 변화란 군자가 스스로 변화하는 것은 아니다. 군자는 어떤 상황에서도 변함없는 모습을 하고 있다. 하지만 그를 지켜보는 사람들은 상황에 따라 그를 다르게 느낀다. 스스로는 변함이 없지만, 상황에 따라 적절하게 녹아드는 군자에게서 받는 느낌이 다른 것이다.

먼저 멀리서 볼 때 위엄이 있는 것은 겉모습이 가볍지 않고 의젓한 것이다. 이는 겉을 꾸며서 얻는 엄숙함이 아니라 내면의 수양에서부터 자연스럽게 우러나오는 품격 있는 모습을 말한다. 그래서 사람들은 그를 가까이하기 어려워한다. 바라보기만 해도 엄숙하고 당당한 모습에 압도당하기 때문이다.

하지만 막상 가까이에서 그를 대해보면 온화하고 부드럽다. 다가가기는 어렵지만, 막상 가까이에서 보면 멀리서 볼 때와는 달리 따뜻한 인간미가 드러나는 것이다. 바로 공자의 핵심 철학인 인이 삶에서 드러나는 모습이다. 한마디로 하면 사람을 사랑하는 것(애인愛人)이다. 사람을 사랑하는 마음을 가진 사람은 어떤 사람을 대하든 태도에 다름이 없다. 부와 권세가 있는 사람에게도, 가난하고 비천한 사람에게도 마찬가지다. 예의와 배려의 마음이 사람에 따라 달라지지 않기 때문이다.

마지막으로 군자는 진실하고 엄정한 말의 능력을 갖고 있다. 달변은 아닐지 모르지만 했던 말은 반드시 지키는 신의가 있다. 〈이인〉에 실려 있는 "군자란 말은 더디지만 행동은 민첩하다(군자욕눌어언 이민어행君子欲訥於言 而敏於行)"가 그것을 뜻한다. 말보다 앞서 실천하고, 타인에게 강요하기 전에 먼저 모범을 보이기에 말보다 행동이 더 앞선 것으로 보인다.

엄숙함과 온화함, 그리고 말의 엄정함은 서로 어울리는 덕목은 아닐 것이다. 하지만 이러한 세 가지 품성이 어긋남 없이 조화롭게 어우러지는 것이 바로 군자의 모습이다. 굳이 드러내지 않아도 깊은 수양과 높은 덕성에서 우러나오는 품격. 진정한 어른, 존경받는 지도자의 모습이다.

**상황에 따라 다른 모습일지라도
어른에게는 굳건한 심지가 있다.**

자기보다 나은 사람과
가까이 지내는 것이 지혜다

里仁爲美 擇不處仁 焉得知
이인위미 택불처인 언득지

마을의 풍속이 인한 것은 아름다운 것이다.
가려서 인에 처하지 않는다면 어찌 지혜롭다고 하겠는가.
_〈이인〉

사람은 환경의 영향에 지배를 받는다. 아무리 뛰어난 사람이라고 해도 거기서 자유로울 수는 없다. 물론 수양에서 최고의 경지에 이른 사람은, "어떤 환경에 살든지 그곳을 변화시켜 좋은 곳으로 만들어야 한다"라고 말한다. 하지만 이는 공자나 다산 정약용과 같은 사람만이 가능한 일이다. 보통 사람이 시도하기는 어렵다.

하지만 위대한 그들조차 환경에서 완전히 자유로울 수는 없었다. 그래서 거듭해서 사귀는 사람과 처한 환경을 신중히 정할 수 있어야 한다고 말한다. 사람들에게 가르침을 주면서 자신도 다짐을 얻기 위함일 것이다. 앞의 예문도 마찬가지이지만, 이외에도 《논어》에는 계속해서 같은 가르침이 실려 있다.

〈이인〉에는 "사람의 허물은 각기 그가 어울리는 무리에 따른다. 허물을 보면 그가 인한지 알 수 있다"라고 실려 있다. 또한 "유능한 장인은 반드시 먼저 자신의 연장을 손질한다. 마찬가지로 어떤 나라에 살든지 그 나라의 대부 중 현명한 사람을 섬기고, 그 나라의 선비 중 인한 사람과 벗해야 한다"라고 공자는 가르쳤다. 제자 자공이 인을 행하는 방법을 묻자, 공자가 한 대답이다. 자신의 핵심 철학인 인을 기술자의 일하는 모습에 비유해서 알기 쉽게 말해준 것이다. 여기서 대부는 윗사람으로서 함께 일하며 나에게 가르침을 주는 사람이다. 선비란 평소에 함께 어울리며 교유하는 사람을 말한다. 일에서나 삶에서나 언제나 함께하는 사람을 신중하게 골라 그들과 함께 생활할 때 자연스럽게 인을 몸에 익힐 수 있다는 말이다.

'근주자적 근묵자흑近朱者赤 近墨者黑'도 어떤 사람과 교류할 것인가를 실감 나게 말해주는 잘 알려진 글이다. 서진西晉 학자 부현傅玄이 편찬한《태자소부잠太子少傅箴》에 나오는데, 그 뒤에 실린 글도 적절한 비유다. "소리가 고르면 음향도 맑게 울리고 형상이 바르면 그림자도 곧아진다(성화즉향청 형정즉영직聲和則響淸 形正則影直)."

마중지봉麻中之蓬, '삼밭에 난 쑥'이라는 이 성어는 "구불구불하게 자라는 쑥도 곧게 자라는 삼밭에 있으면 곧아진다"는 뜻이다. 선량한 사람과 교류하고, 좋은 환경에서 자란 사람은 그 영향을 받아서 자연히 선량해진다는 것이다. 이 성어들이 말하는 의미는 긍정적이든 부정적이든 모두 같다. 사람은 자신이 접하는 환경에서 자유로울 수 없기에, 어떤 상황에

자신을 바르게 대하는 마음으로 남을 대하라

서든 좋은 영향을 받을 수 있는 사람이나 환경에 접해야 한다는 것이다.

나쁜 주변을 정리하고, 좋은 사람을 찾아 사귄다

이러한 가르침은 어린이를 양육할 때 가장 필요하다. 성인의 경우 이미 성장의 단계를 그친 상태이고, 그 삶의 책임을 스스로 져야 한다. 따라서 모든 선택은 자신에게 달려 있다. 물론 나이는 먹었으나 아직 어른이 되지 못한 사람, 스스로 책임지지 못하는 성인도 많이 있지만, 이들 역시 좋은 계기를 만나면 언제든 회복하고 돌아올 능력이 있다. 하지만 아직 성장의 단계에 있는 아이들은 스스로 선택하고 행동할 수 있는 능력이 부족하다. 따라서 이들에게 좋은 환경을 제공하는 것은 모두 어른의 책임이다. 잘 알려진 고사가 '맹모삼천지교孟母三遷之敎'다.

맹가孟軻(맹자의 이름)의 어머니는 그 집이 무덤과 가까웠는데, 맹가는 매번 장사 지내는 일을 흉내 내며 놀았다. 맹모는 "이곳은 자식을 살게 할 곳이 아니다"라고 하며 시장 근처로 이사했다. 맹가는 이번에는 상인의 흉내를 내며 놀았고, 맹모는 또 "이곳은 자식을 살게 할 곳이 아니다"라고 하며 이사했다. 그리고 이사했던 곳은 학교 근처로 맹자는 예를 배우고 예법을 행하는 것을 흉내 내었다. 마침내 맹모가 말하기를 "이곳은 참으로 자식을 살게 할 만한 곳이다" 하고 그곳에 거처하였다.

한 시대를 이끄는 위대한 학자는 저절로 태어나는 것이 아니다. 어린 시절 부모의 치열한 노력이 뒷받침되어야 한다. 하지만 성인이 되어서도 스스로 선택한 삶의 방식에 따라 나쁜 결과를 만드는 경우가 있다. 높은 학문과 수양의 경지에 있는 사람도 마찬가지다. 삶의 순간순간 우리가 자신을 돌아보아야 하는 이유다. 다음 글은《공자가어》에 실려 있다.

공자가 말했다. "내가 죽은 뒤에라도 복상^{卜商}(자하)은 날로 진보할 것이나 단목사^{端木賜}(자공)는 날로 퇴보할 것이다." 이를 들은 증자가 "무슨 뜻입니까?" 묻자, 공자가 대답했다.

"복상은 자신보다 나은 사람과 함께하기를 기뻐하나 단목사는 자신보다 못한 사람과 어울리기를 좋아한다. 그 아들을 모르거든 그 아버지를 보라고 하였고, 그 사람이 어떤지 모르거든 그 벗을 보라고 하였으며, 그 임금을 모르거든 그 신하를 보라고 하였고, 그곳의 땅을 알려거든 그 초목을 보라고 했다. 좋은 사람과 함께 생활하면 마치 난초의 방에 들어간 것 같아서 오래 지나면 그 향기에 동화된다. 나쁜 사람과 함께 생활하면 마치 어물전에 들어간 것과 같아서 오래 지나면 그 악취를 맡을 수 없게 되니 이 역시 동화된 것이다. 이 때문에 군자는 그 거처할 곳을 신중히 정해야 한다(시이 군자필신기소여처자언^{是以 君子 必慎其所與處者焉})."

자하와 자공은 둘 다 공자의 뛰어난 제자다. 자하는 학문에 뛰어났고 자공은 언변에 뛰어나 높은 경지에 이르렀고, 삶에서도 큰 성공을 이루었다. 하지만 이들 역시 부족한 점이 있었다. 여기에는 언급되지 않지만 자하는 소극적인 성품이었고, 자공은 다른 사람과 비교하는 습관이 있

자신을 바르게 대하는 마음으로 남을 대하라

었다.

　자신보다 나은 사람과 어울리는 사람은 배움의 자세가 갖춰진 것이다. 일상에서 항상 좋은 점을 배우고 자신의 것으로 삼기에 이들은 날마다 성장한다. 하지만 자신보다 못한 사람을 좋아해 사귀는 사람은 자신을 드러내고자 하는 성향이 강한 사람이다. 자신을 과시하고 싶은 교만한 마음도 있다. 따라서 이들은 성장하기 어렵다. 눈앞의 작은 기준에 자신을 견주며 일희일비하는 사람은 성장의 폭이 좁을 수밖에 없다. 더 높은 경지를 원한다면 곁에 있는 사람, 눈앞의 일이 아니라 더 넓은 곳에서 꿈을 펼쳐야 한다.

　하지만 자공도 훗날 큰 성공을 거둘 수 있었다. 지금은 부족한 점이 있지만, 그 부족함을 아는 사람은 성장할 수 있다. 누구든 타고난 성향을 거슬러 이겨내기는 어렵다. 물론 특별한 계기로 한순간 완전히 변화해 경지에 이를 수도 있다. 하지만 인생에서 그런 기회를 잡는 것은 거의 드물다. 따라서 우리 평범한 사람들은 조금씩 고쳐나가고 변화해나가면 된다. 나쁜 주변을 정리하고, 좋은 사람을 찾아 사귀고, 하루하루 배워나간다면 어느 순간 변화된 자신을 볼 수 있다. 자공 역시 그랬다.

**사람의 품격이나 허물은
그가 어울리는 무리에서 나온다.**

———————————

선택이 요구될수록
신중을 기하는 것이 용기다

子曰 道不行 乘桴浮於海 從我者 其由與 子路聞之喜 子曰 由也 好勇過我 無所取材
자왈 도불행 승부부어해 종아자 기유여 자로문지희 자왈 유야 호용과아 무소취재

공자가 말했다. "도가 행해지지 않아 뗏목을 타고 바다로 나가면,
나를 따라올 사람은 자로일 것이다." 자로가 이 말을 듣고 기뻐하자 공자가 말했다.
"자로는 용맹을 좋아하기는 나보다 훨씬 낫지만, 사리를 잘 헤아려보지 못한다."
_〈공야장〉

자로와 공자가 처음 만났을 때, 공자가 물었다. "너는 무엇을 좋아하느냐?" "저는 긴 칼을 좋아합니다." 자로가 대답하자, 공자가 말했다. "내가 묻는 것은 그것이 아니다. 너는 네가 아는 것만 가지고 말하고 있는데, 그것에 배움을 더하면 감히 누가 따라올 수 있겠는가?" 자로가 물었다. "배움에 무슨 유익함이 있는지요?"

"무릇 임금이라고 해도 간언해주는 신하가 없으면 올바르게 되지 못하고, 선비도 함께 배우고 서로 가르쳐주는 친구가 없으면 배운 것을 잃게 된다. 길들지 않은 말을 다루려면 손에서 채찍을 놓을 수가 없고, 활을 쏘려면 활 조종간에 따르지 않으면 안 된다. 나무가 먹줄을 따라야 반

듯해지듯이 사람도 간하는 말을 받아들여야 비로소 반듯해지는 법이다. 학문에는 묻는 것이 중요한데 누가 감히 따르지 않겠느냐? 만약 어진 사람을 해치고 선비를 미워한다면 틀림없이 형벌을 면치 못할 것이다. 군자는 배우지 않으면 안 된다." 공자가 장황하게 대답했다.

그러자 자로가 또 물었다. "남산에 소나무는 잡아주지 않아도 반듯하게 자라고 그것을 잘라서 화살로 쓰면 물소의 가죽도 뚫을 수 있습니다. 이것으로 미루어본다면 꼭 학문이 필요하겠는지요?" 공자가 대답했다. "화살에 깃을 꽂고 앞쪽에는 촉을 갈아서 박는다면 그것이 얼마나 깊이 박히겠는가?"

자로가 수긍하며 대답했다. "공경하여 가르침을 받겠습니다."

시장을 떠돌던 불량배가 최고의 학자이자 시대의 스승을 만나는 장면이다. 《공자가어》에 실린 고사로 공자가 자로를 설득하는 과정이 흥미진진하다. 공자는 한량인 자로를 제자로 이끌고 싶은 마음이 컸는데, 자로의 겉모습을 보고 그 자질을 읽었던 것 같다. 지금은 겉멋이 들어 긴 칼을 차고 거들먹거리고 다니지만, 배움을 익힌다면 자기 삶을 바꾸고 세상에 선한 영향을 끼칠 수 있을 거라고 확신했다. 실제로 자로는 정치에 뛰어난 열 명의 제자에 꼽혔고, 용기와 담력으로 세상에 많은 모범을 보이는 인물이 될 수 있었다.

대화에서 공자는 먼저 자로가 좋아하는 것이 무엇인지를 물었다. 이는 오늘날에도 설득의 가장 중요한 요소라고 할 수 있는 '라포르rapport', 즉 공감대를 형성하는 과정이다. 사람들은 누구나 자신이 좋아하는 것이 화제가 되면 관심을 갖게 되고, 귀를 기울이게 된다. 공자는 이미 오래전

이러한 지혜를 갖추고 있었다. 그리고 그 결과는 큰 성공이었다. 자로는 공자와 재미있게 대화를 이어나갔고 결국 설득당해, 그날로 칼을 버리고 공자의 문하에서 붓을 잡게 된다.

무조건 돌격하는 것은
용기가 아니다

하지만 천성은 쉽게 버리지 못하는 법이다. 예문에서 공자가 말하는 바가 그것이다. 자로는 용기라는 좋은 덕성은 지니고 있지만, 그것을 바르게 쓸 수 있는 배움의 뒷받침이 부족했다. 옳고 그름을 가리고, 사리를 바르게 판단하는 것은 지식(知)의 영역이다. 자로는 공자의 문하에서 학문을 열심히 익혔지만 부족함이 있었다. 오랜 건달 생활로 인해 학문의 기초가 부족한 탓일 것이다. 그 부족함을 어떻게 채워야 할지 공자는 계속해서 자로를 가르쳤는데, 〈술이〉에 실려 있는 대화에서도 마찬가지였다. 자로가 묻자, 공자가 대답했다.

> "선생님께서 삼군을 통솔하신다면 누구와 함께하시겠습니까?"
> "맨손으로 범을 잡고 맨몸으로 황하를 건너려다 죽어도 후회가 없는 사람과
> 는, 나는 함께하지 않겠다. 반드시 일을 대함에 신중하게 하고, 계획을 잘 세
> 워 일을 이루는 사람과 함께하겠다."

자신을 바르게 대하는 마음으로 남을 대하라

맨손으로 호랑이를 잡거나, 거친 황하를 배도 없이 건너려는 것은 진정한 용기라고 할 수 없다. 남다른 용기와 도전정신으로 포장했지만, 헛된 죽음을 맞는 허무한 결과를 만들고 만다. 그 또한 허무한 사람일 뿐이다. 공자는 이런 사람과는 전쟁을 함께 도모하지 않겠다고 말한다. 무모한 전쟁으로 세상을 어지럽히고, 목숨까지 잃을 수 있기 때문이다. 공자는 진정한 용기가 될 수 있도록 뒷받침해야 할 두 가지 덕목을 말해준다. 바로 신중함과 치밀함이다. 신중함이 뒷받침하는 용기, 그리고 치밀한 계획은 일을 성공시키는 가장 큰 요인이다. 이는 전쟁만이 아니라 삶의 모든 순간에 통하는 진리다.

여기서 소개하지 않았지만, 이 글의 앞에는 공자가 수제자 안연을 칭찬하는 글이 실려 있다.

공자가 안연에게 말했다. "나라에서 써주면 일을 하고 관직에서 쫓겨나면 숨어 지내는 것은, 너와 나만이 이러한 뜻을 가지고 있을 것이다." 공자가 칭찬했던 것은 바로 중용의 도리인데, 여기서 자로의 질투심을 유발하게 된다. 가장 사랑하고 존경하는 스승인 공자가 어떤 상황에서도 뜻을 함께할 사람으로 안연을 꼽으니, 자로는 자신도 스승과 함께하면 좋겠다는 열망에 사로잡히게 된다. 그래서 자신의 가장 큰 장점이자 덕목인 용기를 내세우며, 삼군을 지휘할 때는 스승이 내가 아닌 누구와 함께하겠느냐는 확신으로 물었다. 하지만 스승의 대답은 자로의 생각과는 완전히 어긋났다.

진정한 용기란 신중한 판단과 지략, 그리고 지식이 뒷받침되어야 한다. 어떤 상황에서도 무조건 돌격하는 것은 용기가 아니다. 오히려 질서를 무너뜨리는 사람이 될 수도 있다. 하지만 포기하거나 물러서지 말아야 할 것이 있다. 꿈을 품고, 그 꿈을 향해 나아가는 덕목은 어떤 난관 앞에서도 포기해서는 안 된다.

다산 정약용은 진정한 용기란 꿈을 이루기 위해 그 일에 명성이 높은 사람을 정해 그를 닮아가는 것이라고 아들들에게 가르쳤다. 그리고 한마디 덧붙인다. "그도 사람이고 나도 사람인데 그가 했다면 내가 못 해낼 이유가 없지 않은가?"

진정한 용기는 높은 이상을 정하고,
확신으로 도전하는 것이다.

재판은 다른 누구보다
자신에게 엄중해야 한다

子曰 已矣乎 吾未見能見其過 而內自訟者也
자왈 이의호 오미견능견기과 이내자송자야

공자가 말했다. "다 되었구나.
나는 아직 잘못을 하고서 스스로 송사해 바로잡는 사람을 보지 못했다."
_〈공야장〉

재판은 사람의 삶에 큰 영향을 준다. 특히 서민들에게 재판은 인생을 망치는 계기가 될 수 있다. 물론 범죄를 저질렀다면 당연히 응분의 처벌을 받아야 한다. 하지만 누명을 썼는데 자신의 무죄를 밝히지 못한다면 억울하게 벌을 받을 수도 있다. 살인과 같은 큰 범죄를 누명으로 썼다면 자기 삶도 거의 포기해야 한다. 하지만 옛날 백성들은 누명을 벗겨줄 변호사와 같은 사람도, 스스로 죄에서 벗어나기 위한 논리와 말의 능력도 갖지 못했다. 따라서 백성들을 재판하는 재판관은 엄정하게 사실을 밝혀 억울한 사람이 없도록 해야 했지만, 당시 재판을 맡은 고위 관리들은 이러한 사명 의식이 없었고, 백성의 삶에 대한 연민도 없었다. 잔혹한 판결을 내렸고, 백성들은 억울한 벌을 받을 수밖에 없었다.

　다산 정약용은 이런 폐단을 없애기 위해 형법서를 저술했는데, 그 제목이 '흠흠신서欽欽新書'다. "삼가고 또 삼가라!欽欽"는 이 책의 말은 재판에 임하는 재판관이 지켜야 할 마음가짐을 잘 말해준다. 그 서문은 이렇다.

　"오직 하늘만이 사람을 살리고 죽이니 인명은 하늘에 매여 있는 것이다. 지방관이 선량한 사람은 편히 살게 해주고, 죄 있는 사람은 잡아다 죽이는 것이니 이는 하늘의 권한을 대신 드러내주는 것뿐이다. 사람이 하늘의 권한을 대신 하면서도 삼가고 두려워할 줄 몰라 털끝만 한 일도 세밀히 분석하여 처리하지 않고 소홀히 하고 흐릿하게 함으로써, 살려야 할 사람을 죽게 만들기도 하고, 죽여야 할 사람을 살리기도 한다. 그러면서도 매번 태연히 여기고 편안하게 생각한다. 또한 부정한 재물을 탐해 선량한 아녀자를 현혹시키기도 하고, 백성들의 비명을 듣고서도 구제할 줄 모르니, 이는 매우 큰 죄악이다."

　설명을 덧붙일 필요도 없이 그 절실한 마음을 명확하게 말해준다.

정확한 재판을 위해
신중하게 살핀다

공자도 노나라의 대사구 벼슬을 지내면서 형벌을 맡아 처리했다. 《논어》에서 공자는 자로의 예를 들며 재판과 관련한 생각을 밝혔다.

자신을 바르게 대하는 마음으로 남을 대하라

한마디 말을 듣고 소송을 판결할 수 있는 사람은 바로 자로다. 자로는 미리 승낙하는 일이 없었다.

이 문장은 자로의 판단력과 결단력, 그리고 실천력을 한번에 말해준다. 재판이란 두 사람이 연관되어 있는 경우가 많다. 복잡한 상황도 있지만 대부분 진실한 사람과 거짓된 사람이 서로 분쟁하는 것이다. 자로는 이중 한 사람의 말만 듣고도 판결할 수 있는 능력이 있었다. 이를 위해서는 미리 사정을 파악해야 하고, 사람의 행동이나 태도를 보고 판단할 수 있어야 한다. 그리고 그 판결을 믿고 따를 정도로 사람들 사이에 신망이 있어야 한다. 자로는 이를 갖추었을 뿐 아니라, 자신이 판결한 것을 미루지 않고 실행에 옮겼다. 재판을 통해 선을 가리고, 그 결과를 실천한 것은 선한 사람이 피해를 보지 않는 가장 좋은 방법이라고 할 수 있다.

일상의 삶에서 "미리 승낙하는 일이 없었다"는 것은 자로의 신중함과 신의를 말해주는 것이다. 이에 관해 고사가 있다.

사람이 말을 실천하는 것은 반드시 시기의 제약을 받으니, 비록 실천하고 싶어도 기회가 오지 않아서 못 할 수도 있다. 계강자가 자로에게 "내년에 그대가 비읍의 읍재가 되어달라"고 했을 때, 자로가 이를 바로 승낙하더라도 그 약속을 지키는 것은 내년이 되어야 가능하다. 세상의 일이란 이런 것이 많다. 계강자가 자로에게 청했을 때 자로가 "내년의 일을 어찌 미리 정할 수 있겠습니까? 감히 약속할 수 없습니다"라고 했다면, 바로 이것이 미리 승낙하는 일이 없는 것이다.

이처럼 일상에서는 정확한 판단과 빠른 결단이 필요하지만, 한편으로는 신중한 처리도 필요하다. 어떤 상황이 벌어질지 모르기 때문이다. 재판도 마찬가지다.

잘못을 고치지 못하는 것이
나의 잘못이다

예문도 공자가 재판에 대해 말했던 것이지만, 다른 점은 스스로를 재판하는 일이다. 스스로를 재판하는 것은 옳고 그름, 잘못과 반성에 대한 것이다. 공자는 스스로 "잘못을 고치지 못하는 것이 나의 잘못이다"라고 말했던 적이 있었다. 아무리 뛰어난 학식과 수양을 겸비하고 있어도 완벽할 수 없기에 끊임없이 잘못을 저지르고, 잘못을 저질렀다면 그 잘못을 고쳐나가야 한다는 것이다. 우리처럼 평범한 사람들에게는 숙명과 같은 일이라고 할 수 있다. 날마다 잘못을 저지르고, 후회하고 반성하며, 날마다 고쳐나가는 것이 바로 우리의 삶일지도 모른다. 공자가 말했던 것이 바로 이것이다. 삶에서 큰 잘못을 저지르지 않으려면 날마다 스스로 재판하는 과정이 반드시 있어야 한다.

스스로 판단하는 데는 먼저 엄정함이 필요하다. 내가 잘하고 있는지, 잘못하고 있는지, 잘못했다면 무엇을 고쳐야 하는지를 알아야 한다.

그다음 즉시 실천해야 한다. 〈계씨季氏〉에서 공자가 말했던 "선한 것을 보면 마치 거기에 미치지 못할 듯이 열심히 노력하고, 선하지 않은 것을 보면 마치 끓는 물에 손을 넣은 듯이 재빨리 피해야 한다"가 그것을 말

자신을 바르게 대하는 마음으로 남을 대하라

한다. 《주역》 〈복괘 초구復卦 初九〉의 글이 그 실례를 말해준다. "멀리 가지 않고 돌아오므로 뉘우침에 이르지 않으니 으뜸으로 길하다."

공자가 이어서 말했다.

"안씨의 아들 안회는 좋지 못한 점이 있으면 알아차리지 못한 적이 없었고, 알게 되면 그것을 다시 행한 적이 없었다."

공자의 인정을 받았던 수제자 안회는 잘못을 저지르지 않는 완벽한 사람은 아니었다. 하지만 언제나 민감하게 자신을 살폈고, 자신의 허물을 알아차렸다면 즉시 반성하고 고쳤다. 그리고 마음에 새겨 그 잘못을 다시 저지르지 않도록 노력했다. 그 같은 노력이 있었기에 공자로부터 "나보다 더 낫다"는 인정을 받을 수 있었을 것이다.

변화무쌍하고 번잡한 일들, 수많은 대인관계, 벗어나고 싶지만 벗어날 수 없는 일상에서 자신을 지켜나간다는 것은 쉬운 일이 아니다. 주체하기 어려운 욕망과 끊임없는 유혹은 날이면 날마다 우리를 흔들리게 한다. 곧게 서기는커녕 넘어지지 않기도 힘든 상황에서 안회와 같은 절제와 엄정한 자기 관리는 엄두를 내기 힘들 것이다.

단지 우리는 번잡한 삶의 순간순간 잠깐 멈추고 자신을 돌아보면 좋겠다. 하루를 마치며 스스로 엄정한 재판관이 되어 감추지 않은 나의 본모습과 마주할 수 있다면, 스스로에게 부끄러운 일을 줄여나갈 수 있을 것이다.

번잡한 삶의 순간에는
잠깐 멈추고 자신을 돌아본다.

사람을 정확히 보는 눈으로
온 세상을 얻는다

子游爲武城宰 子曰 女得人焉爾乎 曰 有澹臺滅明者
行不由徑 非公事 未嘗至於偃之室也
자유위무성재 자왈 여득인언이호 왈 유담대멸명자
행불유경 비공사 미상지어언지실야

자유가 무성의 읍재가 되자 공자가 물었다. "너는 인재를 얻었느냐?" 자유가 대답했다.
"담대멸명이라는 자가 있는데, 그는 길을 갈 때 지름길로 가지 않고,
공적인 일이 아니면 저의 방에 찾아온 적이 없습니다."
_〈옹야〉

자유는 문장과 학문에 뛰어나 동문 자하와 함께 공문십철에 꼽히는 제자다. 수많은 제자 중에서 자하와 함께 오직 두 사람만 인정받았던 점에서 보면 그 학문적 깊이를 알 수 있다. 자유는 무성 출신으로 공자의 인정받는 제자가 되었고, 출신지의 읍재까지 되었으니 세상의 기준으로도 큰 성공을 거두었다. 그런 그가 스승인 공자에게 추천했던 담대멸명 역시 뛰어난 인물임을 짐작할 수 있다. 자유는 그의 인재됨을 말하면서 두 가지 이유를 대는데, 충분히 공감이 간다. "지름길을 가지 않고, 공적인 일이 아니면 상사의 방을 찾지 않는다." 공자도 그 말을 듣고 담대멸명에 대해 다시 평가했을 것이다. 주자는 《소학집주》에서 이렇게 풀이했다.

자신을 바르게 대하는 마음으로 남을 대하라

지름길을 가지 않는 것은, 행동을 올바르게 하여 작은 이익을 보거나 빨리하려는 뜻이 없다는 것이다. 공적인 일이 아니면 읍재를 만나지 않는다는 것은, 스스로 지킴이 있어 자기 몸을 굽혀 남을 따르는 사사로움이 없음을 볼 수 있다.

담대멸명은 공직자로서의 소신과 함께 그 과정조차도 바르게 하려는 뜻이 있었다. 이런 사람이 눈앞의 이익과 빠른 출세에 연연하지 않는 것은 당연하다. 만약 이를 원한다면 지름길을 찾았을 것이다. 성공을 위해 편법과 불법을 쓰고, 실력보다는 상사의 마음에 들기 위해 아부와 아첨을 하게 된다. 뇌물로 그 마음을 잡으려는 짓도 서슴지 않게 된다.

근본 없이 겉모습만 자랑하면 곧 바닥이 드러난다

이처럼 세상에 자신의 큰 이상을 펼치려는 사람은 눈앞의 작은 이익에 연연하지 않는다. 공자가 "군자는 의리에 밝고, 소인은 이익에 밝다"라고 말했던 것과 같다. 이렇게 곧게 자기 길을 가는 사람은 결국 자기 이상을 이룬다. 당장은 남보다 늦을지도 모르지만, 더디게 한 발 한 발 내딛는 걸음이 크고 멀리 갈 수 있기 때문이다. 《사기》〈중니제자열전〉에서는 그의 훗날을 이렇게 말하고 있다.

그는 용모가 매우 못생겨서 가르침을 받으러 왔을 때, 공자는 재능이 모자라는 사람이라 여겼다. 그러나 수업을 받은 후 물러나면 열심히 실천하며 수양했고, 길을 갈 때는 절대로 지름길로 가지 않았고, 공적인 일이 아니면 재상과 대부를 만나지 않았다. 남으로 내려가 양자강에 이르렀을 때는 따르는 제자가 3백 명이나 되었고, 주고받는 것과 나아가고 물러나는 것이 분명하여 제후들에게까지 이름이 알려졌다. 공자는 이런 소문을 듣고 "나는 말하는 것으로 사람을 판단했다가 재여宰予에게 실수를 했고, 외모로 사람을 판단했다가 자우子羽(담대멸명)에게 실수를 했다"고 하였다.

재여는 잘 알려진 대로 말의 능력은 있으나 행동이 따르지 못해 공자에게 많은 질책을 받았던 제자다. 공자는 누구나 인정하듯이 사람 전문가이다. 하지만 공자는 재여로 인해 말만으로 사람을 판단하는 것의 위험성을 절실히 깨달았다. 바탕이 없는 말은 아무리 번드르르해도 곧 한계를 드러내고 만다.

공자가 사람을 판단하는 데 어려움을 겪은 사례로는 담대멸명도 마찬가지다. 재여와는 달리 담대멸명은 외모가 흉하게 생겨서 공자에게 인정받지 못했다. 높은 학식과 깊은 수양의 공자조차도 담대멸명을 멀리했을 정도이니 그 외모가 어땠을지 짐작할 수 있다. 하지만 담대멸명은 외모의 제약에서 벗어나 보란 듯이 성공하여 스승인 공자가 자책하도록 만들었다.

오늘날은 말을 잘하는 사람이 성공하는 시대다. 외모가 출중하면 사람의 마음을 얻는 데 크게 도움이 된다. 그래서 사람들은 말의 능력을 키우기 위해 노력하고, 외모를 다듬기 위해 노력을 아끼지 않는다. 금전적인 투자에도 아낌이 없다. 하지만 말의 능력과 외모만으로는 한계가 있

자신을 바르게 대하는 마음으로 남을 대하라

다. 당장 사람의 마음을 끌 수는 있다. 하지만 내면의 바탕과 실력이 뒷받침되어야 한다. 든든한 사람됨의 근본이 없이 겉모습만 자랑한다면 곧 그 밑바닥이 드러나고 만다.

외모나 태도만으로 사람을 평하지 않는다

마지막으로 하나 더 새길 점은 자유의 도량이다. 자유는 공자조차 멀리했던 담대멸명을 부하로 발탁했다. 사심 없이 그를 중용했고, 바른 태도를 보고 그를 인정했다. 여기서는 나오지 않지만 담대멸명은 자신에게 맡겨진 일에서도 능력을 발휘했을 것이다. 어떤 지도자도 외모나 태도만으로 자기 부하를 평가하지 않는다. 일의 능력이 있어서 맡겨진 일을 잘 처리해야 인정받을 수 있다. 상사를 대할 때 곧고 바르다면 그는 어떤 일도 공정하게 처리할 것이다. 자유는 바로 이런 점을 정확하게 보고 판단할 수 있는 사람이었다. 사람을 정확하게 보고 훌륭한 인재를 등용할 수 있는 능력은 지도자에게 반드시 필요하다.

공자는 평생을 두고 사람 공부를 했던 사람이다. 사람을 알려면 말을 알아야 한다고 말하기도 했다. 하지만 《논어》를 보면 거듭해서 사람을 잘못 본 자신을 한탄하는 장면이 나온다. 이처럼 사람을 제대로 보는 것은 누구에게나 어려운 일이다. 말로 현혹당하기도 하고, 외모에 넘어가기도 한다. 우리같이 평범한 사람들에게는 더욱 어려운 것이 사실이다.

그때 우리가 배워야 할 것은 공자의 태도이다. 공자는 자기가 잘못을 할 때마다 잘못을 인정하고 반성하고 고쳐나갔다. 부족함을 한탄하며 자신을 질책하기도 했다. 날마다 자신을 돌아보고, 작은 잘못도 그냥 넘기지 않고 고치는 사람은 성장을 거듭할 수 있다.

사람을 보는 통찰력은 하루아침에 얻어지는 것이 아니다. 공부를 통해 내면을 채우고, 경험을 통해 스스로 다듬어나간다면 사람을 보는 눈을 얻을 수 있다. 특히 인문 고전은 큰 힘이 된다. 사람됨의 근본을 알고, 자기 스스로에 대해서도 성찰할 수 있는 수천 년 된 지혜이기 때문이다.

사람을 다스리는 지도자의 자리에 섰을 때, 사람 공부는 선택이 아닌 필수다. 사람을 알면 세상을 알 수 있고, 사람을 얻으면 세상을 얻을 수 있다.

군자는 의리에 밝고,
소인은 이익에 밝다.

주변의 사물도
배움을 얻는 통로가 된다

知者樂水 仁者樂山
지자요수 인자요산

지혜로운 사람은 물을 좋아하고, 인한 사람은 산을 좋아한다.
_〈옹야〉

요즘 흔히 쓰이는 '요산요수樂山樂水'라는 말이 있다. 산과 물을 좋아해서
즐긴다는 뜻으로 자연을 좋아하는 사람을 말한다. 이 글의 원전이 앞의
예문이다. 이어서 이렇게 덧붙여 그 이유와 소득을 말해준다.

　지혜로운 사람은 동적이고, 인한 사람은 정적이다. 지혜로운 사람은 즐겁게
　살고, 인한 사람은 장수한다(지자동 인자정 지자락 인자수知者動 仁者靜 知者樂 仁者壽).

　물은 낮은 곳으로 향한다. 웅덩이를 만나면 다 고인 후에야 흘러가고,
막힌 곳이 있으면 둘러서 간다. 어떤 상황에서도 고정되지 않고 적절하

게 변화하며 상황을 해결해나간다. 지혜로운 모습이다. 산은 초목이 언제나 변함없이 자리 잡고 있어, 새와 짐승을 품어준다. 세상을 떠나 자연 속에서 살고자 하는 사람에게도 넉넉하게 살 수 있는 터전을 준다. 만물을 품는 모습이다. 이는 사람에 대입해봐도 들어맞는다.

지혜로운 사람은 어떤 장소, 어떤 상황에서도 잘 대처하며 살아간다. 상황에 주저앉지 않고 그 상황을 뛰어넘는다. 그 힘은 바로 긍정적인 마음과 변화할 수 있는 능력이다. 인한 사람은 다툼 없이 만물을 포용한다. 다른 사람은 물론이고 스스로에게도 마찬가지다. 자신이 가진 것에 만족하며 외적인 형편이 아니라 마음으로 풍요로움을 느낀다. 노자가 말했던 "만족을 아는 자는 부유하다(지족자부知足者富)"가 그것이다. 진정한 부는 상황이 아니라 마음에 달려 있다. 아무리 부자라고 해도 끝없는 탐욕에 시달리면 그는 풍요롭지 않은 사람이다. 가진 것이 적어도 스스로 만족하며 나눌 수 있는 사람이 진정으로 풍요롭다.

또 한 가지 "인한 사람은 오래 산다(인자수仁者壽)"도 오해해서는 안 된다. 인한 사람이 오래 산다는 것은 생물학적인 수명을 말하는 것이 아니다. 인하게 살면서도 단명하는 사람은 주위에 얼마든지 있다. 심지어 공자가 "가장 인하다"라고 인정했던 수제자 안연도 30대 초반에 죽었다. 인은 사랑을 말한다. 사랑은 어느 시대, 어떤 상황에서도 변함없이 자신을 베푼다. 영원불변의 가치이므로 "오래 간다(수壽)"는 것이다. 당연히 사랑의 사람도 오래 사는 것이다. 영원불변의 가치를 마음에 품고 있으므로, 주어진 수명에 관계없이 그 삶은 영원할 수 있다.

자신을 바르게 대하는 마음으로 남을 대하라

물을 닮기 위해
성찰한다

공자는 특히 물을 좋아해서 항상 물을 가까이하기를 즐겼다. 그리고 제자들에게도 물을 닮아야 한다는 가르침을 줬다.《순자》에는 공자와 제자 자공과의 대화를 이렇게 싣고 있다.

공자가 동쪽으로 흐르는 물을 유심히 바라보고 있자, 자공이 물었다. "군자가 물을 볼 때 유심히 관찰하듯이 보는 것은 무슨 까닭입니까?"

공자가 대답했다.

"물은 모든 생물에게 두루 미치면서도 마치 아무것도 한 것 같지 않으니 그것은 곧 덕이 있는 사람과 같다. 낮은 곳으로 구불구불 흐르면서도 이치에서 벗어나지 않으니 의로운 사람과 같다. 계속 솟아 나오면서도 다함이 없으니 도를 깨친 사람과 같다. 백길 골짜기로 떨어지면서도 두려워하지 않으니 용감한 사람과 같다. 움푹한 곳을 평평하게 하니 법도를 지키는 것이고, 어느 곳이든 가득 채워 튀어나온 곳이 없으니 공정하다. 들어오는 자를 모두 깨끗하게 만드니 좋은 가르침을 주는 사람과 같고, 굽이굽이 만 번을 꺾여도 반드시 동쪽을 향하니 지조를 지키는 사람과 같다. 그래서 군자는 큰물을 볼 때 반드시 깊이 관찰한다."

어느 하나 모자란 곳 없이 최고의 경지에 다다른 성인聖人을 물에 비유했다. 이러한 물의 성품을 보면서 공자는 물을 닮기 위해 끊임없이 성찰하고 자신을 성장시켜나갔다.

무위자연의 철학자이자 도가의 시조인 노자도 물을 "최고의 선"이라고 했다. 〈도덕경〉 8장에 실려 있는 글이다. "최고의 선은 물과 같다. 물은 만물에게 이로움을 주지만 서로 다투지 않고, 뭇 사람이 싫어하는 곳에 기꺼이 자리하니 이를 도라고 할 수 있다."

'상선약수上善若水'라는 사자성어로 잘 알려진 이 글은 노자가 추구했던 도를 물에 비유하고 있다. 세상 모든 것에 차별 없이 유익을 주되 자신을 내세우지 않고, 세상 모든 것을 쓸어버릴 수 있는 큰 힘이 있지만 스스로 낮은 곳에 임하는 겸손이 노자가 추구했던 '무위자연無爲自然'의 철학사상을 잘 말해주고 있다. 그래서 노자는 세상을 이끄는 지도자들은 모두 물을 닮아야 한다고 말했다. 상선약수 구절의 뒤에 실려 있는 말이 바로 지도자들에게 주는 말이다.

"낮은 곳에 머물고, 마음은 깊게 쓰고, 사랑으로 베풀고, 말은 믿음으로 하고, 바르게 다스리고, 일은 능숙하게 하고, 때에 맞춰서 움직이고, 오직 다투지 않으니 허물이 없다."

지도자는 이 같은 물의 유익을 배워서 겸손과 사랑으로 사람을 다스리라는 노자의 가르침이다. 물은 생명의 근원이라고 한다. 이는 단순히 생리적인 면만이 아니다. 물이 주는 가르침은 우리 심령도 살아나게 한다. 겸손하고 신중하며, 사랑과 믿음으로 우리를 사람답게 살게 해주는 것이 물이다.

자신을 바르게 대하는 마음으로 남을 대하라

곁에서 배우고
스스로 얻고자 한다

주변을 살펴보면 우리에게 유익을 주는 것이 많다. 산과 물처럼 높은 이상을 주는 것도 있지만, 일상의 작은 깨달음이 크게 울림을 주는 경우도 있다. 그 해답을 맹자가 알려준다. 《맹자》 〈이루 하〉에 실려 있다.

> 군자가 학문과 수양을 깊이 파고드는 데 도리에 맞게 하는 것은 스스로 경험하여 얻으려는 것이다. 스스로 경험하여 얻게 되면 그것에 거하는 것이 안정되고, 안정되면 자질이 더 쌓여 깊어지고, 쌓인 것이 깊어지면 좌우 가까운 데서 취하더라도 그 근원을 얻을 수 있다(좌우봉원左右逢源). 그래서 군자는 스스로 체득하여 얻고자 하는 것이다(욕기자득欲其自得).

같은 것을 보더라도 깨달음을 얻는 사람이 있고, 무심코 지나치는 사람이 있다. 날마다 산을 타고, 강과 바다에서 낚시를 하지만 그 삶에 아무런 변화가 없는 사람도 있다. 이렇게 되면 등산과 낚시는 소일거리에 불과한 것이다. 몸의 건강은 얻을지 몰라도 인생을 바꾸는 깨달음은 없다. 만약 물과 산이 주는 깨달음을 얻을 수 있다면 삶의 모든 것이 배움의 근원이 된다. 이렇게 할 때 안정되어 흔들림이 없고, 내면에 깊이 쌓여 내공이 깊은 사람이 될 수 있다.

공자와 노자, 이들은 본래 탁월해서 산과 물의 이치를 단번에 깨우친 것이 아니다. 산과 물을 접하면서 얻은 배움을 소중히 쌓아나갔기에 위대한 학자가 될 수 있었다. 내 몸의 바로 곁에서 배움을 얻는 '좌우봉원左右逢源', 스스로 얻고자 하는 선한 욕심(욕기자득欲其自得)이 이들을 만들었다. 주변에 있는 모든 것들, 내 삶을 방해하는 훼방꾼이 아니라 나를 돕는 조력자들이다.

물과 산에게서 깨달음을 얻을 수 있다면
삶의 모든 것이 배움의 근원이 된다.

검소함은 재산이 아니라
마음을 쌓는 것이다

子曰 奢則不遜 儉則固 與其不遜也 寧固
자왈 사즉불손 검즉고 여기불손야 영고

사치스럽게 하다 보면 공손함을 잃게 되고, 검소하게 하다 보면 고루하게 된다.
공손함을 잃기보다는 고루한 것이 낫다.
〈술이〉

검소에서 사치로 들어가기는 쉽고, 사치에서 검소해지기는 어렵다(유검입사이

유사입검난由儉入奢易 由奢入儉難).

《자치통감》의 저자 사마광司馬光이 아들 사마강司馬康에게 근검절약의
정신을 훈계하기 위해 썼던 구절로 〈훈검시강訓儉示康〉에 실려 있다. 〈훈
검시강〉에서는 사마광이 말하고자 하는 핵심을 이렇게 썼다.

덕이 있는 사람은 모두 검소함에서 유래한다. 무릇 검소하면 욕심이 적은 법
이다. 군자가 욕심이 적으면 외물外物에 부림을 당하지 않기 때문에 바른 도로

행할 수 있다. 소인이 욕심이 적다면 근신하고 절약할 수 있어 죄를 짓지 않으며 집안을 번창하게 할 수 있다. 반대로 사치하면 욕심이 많아지는데, 군자가 욕심이 많으면 부귀를 탐하여 도에서 어긋나게 되고 재앙을 부른다. 소인이 욕심이 많으면 많은 것을 구하여 함부로 낭비하기에 패가망신하기 쉽다.

군자든 소인이든 검소함은 지켜야 할 일상의 덕목이다. 군자가 검소하면 바른 도를 지킬 수 있고, 소인이 검소하면 집안을 번창시킬 수 있다. 반대로 사치하게 되면 군자는 도에서 벗어나게 되고, 소인은 패가망신하게 된다. 이처럼 옛 선비들은 보편적인 도리로서 검소함을 지켜나갔고, 자녀들에게도 중요한 덕목으로서 검소함을 가르쳤다. 삼국지의 영웅 제갈량 역시 아들에게 보낸 편지 〈계자서誡子書〉의 맨 첫머리에서 검소함을 강조했다.

"무릇 군자의 행실은 평온한 마음으로 수신하고, 검약하는 마음으로 덕을 함양하는 것이다. 마음이 맑지 않으면 뜻이 밝아질 수 없고, 마음이 안정되지 않으면 뜻을 크게 이룰 수 없다."

제갈량이 아들에게 편지를 보낸 시대는 삼국 전쟁이 치열했던 혼란의 시기였다. 그때 제갈량은 아들에게 그 무엇보다도 마음의 평안함과 생활의 검소함을 강조했다. 평안한 마음이 없으면 수신할 수 없고, 검소하지 않으면 덕을 함양할 수 없다는 것이다.

다산 정약용이 두 아들에게 당부한 것도 검소함(검儉)과 부지런함(근勤)이다. 다산은 〈두 아들에게 보여주는 가계〉에서 이렇게 말했다.

"나는 논밭을 너희에게 남겨줄 수 있을 만한 벼슬은 하지 않았다만

자신을 바르게 대하는 마음으로 남을 대하라

삶을 넉넉히 하고 가난을 구제할 수 있는 두 글자를 너희에게 주노니 소홀히 여기지 말아라. 한 글자는 '근'이요, 또 한 글자는 '검'이다. 이 두 글자는 좋은 전답이나 비옥한 토지보다 나은 것이니 평생토록 다 쓰지 못할 것이다.

'근'이란 오늘 할 일을 내일로 미루지 말며 아침에 할 수 있는 일을 저녁까지 미루지 말며, 갠 날에 할 일을 비 오는 날까지 끌지 말며, 비 오는 날에 할 일을 날이 갤 때까지 지연시켜서는 안 된다. (…) 그러면 '검'이란 무엇인가? 의복은 몸을 가리기 위한 것을 취할 뿐이니, 가는 베로 만든 옷은 해어지기만 하면 세상없이 볼품없어지고 만다. 그러나 거친 베로 만든 옷은 비록 해어진다 해도 볼품이 없지 않다. 한 벌의 옷을 만들 때마다 모름지기 이후에도 계속하여 입을 수 있느냐의 여부를 생각해야 하는데 만약 그렇게 하지 못하면 가는 베로 만들어 해어지고 말 뿐이다. 생각이 여기에 미치면 고운 베를 버리고 거친 베로 만들지 않을 사람이 없을 것이다. 음식이란 생명만 연장하면 된다. 아무리 맛있는 횟감이나 생선도 입안으로 들어가기만 하면 더러운 물건이 되므로 목구멍으로 넘기기 전에 사람들은 더럽다고 하는 것이다."

다산은 부지런함과 함께 검소함을 집안을 일으킬 수 있는 소중한 덕목이라고 가르친다. 폐족廢族이 된 집안을 되돌리기 위해 두 글자를 반드시 마음에 새겨 지키라는 것이다.

생활의 검소함은
마음의 겸손함이다

이처럼 많은 학자들은 검소함을 일상에서 반드시 지켜야 할 도리로서 강조했다. 이를 보면 검소함이란 단순히 재물을 아껴 부자가 된다는 의미가 아니라는 것을 알 수 있다. 검소함이란 마음의 자세를 말한다. 생활의 검소함은 곧 마음의 겸손함과 통한다. 생활의 검약을 통해 마음을 가다듬고, 덕을 키워나간다는 수양의 의미다. 공부는 지식을 통해 덕을 키우는 것이라면 검소함이란 생활의 태도로써 덕을 함양하는 것이다.

공자는 예문을 통해 검소함과 사치함을 비교하며 실감 나게 설명하고 있다. "사치스럽게 하다 보면 공손함을 잃게 되고, 검소하게 하다 보면 고루하게 된다. 공손함을 잃기보다는 차라리 고루한 것이 낫다." 여기서 사치스럽다는 것은 단순히 재물을 낭비하는 것이 아니라, 자신을 높이려는 교만한 마음을 말한다. 나를 과시하기 위해, 나를 드러내기 위해 본분에 벗어난 행동을 하는 것이다. 당연히 재물도 자기 수준에 맞지 않게 낭비하게 된다. 이런 사람은 사람을 대할 때도 분수에 맞지 않게 함부로 행동한다. 검소함이란 재물이나 시간을 아껴서 절제하는 것으로 사람이 지켜야 할 소중한 덕목이다. 하지만 예문에서의 검소함이란 스스로에게 적용하는 것이 아니라, 다른 사람에게 인색한 것을 말한다. 주어야 할 것을 주지 않고, 베풀어야 할 때 베풀지 않는다. 그렇게 아낀 것을 자신에게는 풍족하게 쓰니 결국 제대로 된 검소함이 아니다.

공자는 두 가지 폐단 중에 차라리 사치함보다는 고루함이 낫다고 했

자신을 바르게 대하는 마음으로 남을 대하라

다. 물론 둘 다 바람직한 것은 아니지만, 교만함으로 갈 수 있는 사치를 더욱 경계하고 금한 것이다. 《안씨가훈》의 저자 안지추는 이렇게 풀어서 말해준다.

"그러므로 검소한 것은 좋으나 인색해서는 안 된다. 검소하다는 것은 쓸데없는 것을 줄여서 예의 정신에 합치되는 것을 말한다. 인색하다는 것은 몹시 곤궁한데도 도와주지 않는 것을 말한다. 그런데 지금 세태는 베푸는 데는 사치스럽고, 검소한 경우는 인색하다. 만약 베풀되 사치스럽지 않고, 검소하되 인색하지 않을 수 있다면 이상적이다."

검소함도 베풂도 지나치거나 잘못 적용하면 개인의 수양에는 해악이 된다. 좀 더 이해하기가 쉽게 정리하면 이렇다.

"나 자신에게는 검소하라. 하지만, 어려운 사람을 도와 베푸는 데 인색해서는 안 된다. 어려운 사람에게는 베풀어라. 하지만 나를 내세우는 마음으로 하지 마라. 나를 높이는 마음은 교만함이 된다."

베풀되 사치스럽지 않고,
검소하되 인색하지 않다.

가까운 인재를 알아보면
멀리서도 인재가 찾아온다

先有司 赦小過 擧賢才
선유사 사소과 거현재

"먼저 실무자에게 일을 분담해 맡기고, 작은 잘못은 용서해주며,
현명한 인재를 등용하라."

_〈자로〉

중궁이 계씨의 가재家宰(유력한 집안의 관리)가 되어 공자에게 정치에 대해 묻자 공자가 한 대답이다. 중궁은 이 말을 듣고 "어떻게 현명한 인재를 등용합니까?"라고 물었고, 공자는 이렇게 대답한다.

"네가 아는 사람을 등용하거라. 네가 알지 못하는 사람을 다른 사람이 내버려두겠는가?"

중궁은 수제자 안연과 함께 공자로부터 칭찬을 많이 받은 제자다. 심지어 공자는 "옹雍(중궁의 이름)은 임금의 자질이 있다"는 말로 정치에 뛰어난 제자를 칭찬하기도 했다. 중궁은 다른 유학자들로부터도 인정을 받았는데, 순자는 자신의 책에서 "성인聖人 중에 권세를 잡지 못했던 인

물은 공자와 중궁만이 유일하다"라고 말하기도 했다. 공자와 중궁을 거의 동격에 둔 극찬이다.

일을 시킬 때는 솔선수범하고
부하들에게는 관대하라

예문은 좋은 관리가 되기 위한 세 가지 방법으로, 오늘날도 유용하다. 먼저 공자는 '선유사先有司', 즉 "부하직원에게 일을 시킬 때 솔선수범하라"고 가르친다. 높은 자리에 있다고 해서 가혹하게 일만 시키고 자신은 권위만 내세운다면 아무도 따르지 않는다. 공자의 말이 핵심을 찌른다.

> "군자는 섬기기는 쉽지만 기쁘게 하기는 어렵다. 소인은 섬기기는 어렵지만
>
> 기쁘게 하기는 쉽다(군자이사이난열야 소인난사이이열야君子易事而難說也 小人難事而易說也)."

　군자는 부하들의 능력에 맞춰 일을 시키고, 모든 일을 공평무사하게 처리하므로 밑에서 일하기는 쉽다. 반면에 소인은 부하에게 일을 시킬 때 그의 능력을 보지 않는다. 무조건 성과 내기를 강요하기에, 부하가 상사의 명령에 따르기 위해서는 편법과 불법을 동원할 수밖에 없다. 상사는 그 과정의 정당성은 고려치 않고 일의 성과만을 기뻐한다. 설사 능력이 없어도 달콤한 감언이설이나 비위를 맞추는 행동에 상사가 쉽게 넘어가기 때문에 기쁘게 하기는 간단한 일이다.

그다음 '사소과赦小過'는 "부하의 작은 잘못은 관대하게 용서하라"는 뜻이다. 사람은 누구나 크고 작은 잘못을 저지른다. 그 잘못을 거듭하기도 한다. 심지어 공자까지도 "잘못을 고치지 못하는 것이 잘못이다"라고 말했을 정도다. 잘못을 저질렀을 때 가장 중요한 것은 그 잘못을 고치는 것이다. 그리고 더 좋은 방법을 찾아 개선해나가는 것이다. 만약 부하의 작은 잘못까지 마음에 두고 잊지 않는다면 그 사람은 만회할 기회를 찾지 못하고, 그 앞날까지 막히게 된다. "물이 너무 맑으면 고기가 없고 사람이 너무 엄격하면 따르는 사람이 없다."《명심보감》에 실려 있는 말이다. 자신이 깨끗하다고 해서 부하에게 지나치게 엄격하게 대한다면 원망이 생기게 되고 결국 아무도 따르지 않게 된다.

《장자》에는 이와 관련한 고사가 있다. 우리가 잘 아는 관중과 포숙아의 이야기다. 관중은 애초에 제환공의 반대편에 섰던 인물이다. 활로 쏘아 환공을 죽이려고까지 했지만, 다행히 허리띠에 맞아 환공은 목숨을 구했다. 훗날 관중은 환공에게 사로잡히지만 포숙아의 간청으로 목숨을 구했고, 포숙아의 적극적인 추천으로 재상으로 발탁되어 제나라의 전성기를 구가한 인물이었다. 여기까지는 잘 알려진 내용인데, 그다음 내용이 압권이다.

훗날 관중이 죽을 때가 되자 환공은 그 후임으로 포숙아를 쓰면 어떻겠느냐고 물었다. 그 능력이나 그들의 친밀한 관계로 보아서 당연히 찬성할 줄 알았지만 뜻밖에도 관중은 반대했다. 의외의 대답에 환공이 그 이유를 묻자 관중은 이렇게 대답했다. "포숙아는 모든 능력에 뛰어나지만 한 가지 단점이 있습니다. 누군가 잘못을 하면 평생 그것을 기억하니

자신을 바르게 대하는 마음으로 남을 대하라

이 어찌 두려운 일이 아니겠습니까?" 아무리 능력이 좋아도 다른 사람의 잘못을 용납하지 못한다면 재상이 되는 데는 심각한 결격사유가 된다는 것이다. 그것은 임금에게도 적용되니 환공은 더욱 두려웠을 것이다. 결국 환공은 포숙아를 등용하는 것을 포기한다.

능력을 검증한 다음에
등용하라

마지막 말 '거현재擧賢才', "현명한 인재를 등용하라"는 나중에 논란이 되기도 했던 구절이다. 중궁이 그 방법을 물었을 때 공자가 대답한 말, "네가 아는 사람을 등용하거라. 네가 알지 못하는 사람을 다른 사람이 내버려두겠는가?" 때문이다. 요즘도 흔히 문제가 되는 혈연, 학연, 지연 등 연고가 있는 사람만 기용하는 편협한 인재 등용의 폐단이 생길 수도 있는 말이 아니냐는 지적이다.

하지만 공자가 이 말을 했던 뜻은 그와는 상반된다. 공자의 이 말은 반드시 그 능력을 검증한 다음에 등용하라는 취지였다. 그 당시는 요즘과 달리 교통과 통신이 발전하지 않아서 멀리 있는 현명한 사람을 찾는 것은 쉬운 일이 아니었다. 또한 한두 번 보고 사람을 정확하게 파악하기도 어려웠다. 따라서 먼저 가까운 곳에 있는 사람 중에서 뛰어난 사람을 찾고, 여러 가지 시험을 거쳐 잘 살펴본 다음, 확신이 섰을 때 등용하라는 것이다. 여기에 성공한다면 다른 사람이 자신이 아는 현명한 사람을 추천할 것이고, 멀리 있는 인재도 찾아올 것이기 때문이다. 초나라 섭공이 좋은 정치를 묻자 공자가 대답했던 '근자열 원자래近者悅 遠者來', "가까운데 있는 사람이 기뻐하면 멀리 있는 사람이 찾아온다"가 바로 이것을 말한다.

공자가 중궁에게 주었던 세 가지 방법은 비단 그 당시에만 해당하는 것이 아닌, 오늘날의 모든 지도자가 새겨야 할 말이다. 정치뿐 아니라 사람들을 이끄는 사람이라면 반드시 새겨야 한다. 운이나 재력, 비열한 권모술수로 지도자가 된 엉터리가 아니라 진정한 리더를 판가름하는 기준이 될 것이다.

공자는 그 당시 정치인에 대해 제자 자공이 묻자, "한두 줌밖에 안 되는 사람들을 말해 무엇하겠는가?"라고 말했다. 오늘날 정치인을 두고 공자가 뭐라고 말할지 궁금하다.

사람을 알아보는 눈이 있다면
애써 모으지 않아도 인재는 스스로 찾아온다.

———————

모두에게 인기가 많은 사람은
군자가 아니다

衆惡之 必察焉 衆好之 必察焉

중오지 필찰언 중호지 필찰언

여러 사람이 미워하더라도 반드시 살펴야 하고,

여러 사람이 좋아하더라도 반드시 살펴야 한다.

_〈위령공〉

"사람들과 좋아하는 바가 같으면 이루지 못할 것이 없고, 사람들과 미워

하는 바가 같으면 한마음으로 따를 것이다(여중동호미불성 여중동오미불경

與衆同好靡不成 與衆同惡靡不傾)."《삼략》에 실려 있는 글로 공감의 힘을 말해준다.

지도자라면 사람들이 좋아하고 미워하는 바를 살펴 거기에 합당하게 다

스려야 성공한다는 말이다. 하지만《논어》에서는 사람들이 좋아하거나

미워하더라도 거기에 휩쓸려서는 안 된다고 말한다. 예문의 글인데, 〈헌

문〉에 실려 있는 춘추시대의 명재상 관중의 예를 보면 잘 알 수 있다.

"제나라 환공이 공자 규를 죽이자 소홀은 그를 위해 죽었습니다. 하지

만 관중은 죽지 않았으니, 그는 인한 사람이라 할 수 없겠습니다."

자로의 말에 공자가 대답했다. "환공이 제후들을 규합하면서 군사력만으로 하지 않은 것은 관중의 힘이었다. 그만큼만 인하면 되리라!" 환공이 제후들을 규합하여 패왕이 되는데 오직 군사력에만 의존하지 않았고, 덕으로 통치하는 데도 힘을 기울였기 때문에 관중은 그것만으로도 인한 사람의 자격이 있다는 말이다. 뒤이어 자공이 "관중은 인한 사람이 아닙니다. 환공이 공자 규를 죽였는데, 따라 죽지도 않고 오히려 환공을 도왔습니다"라고 같은 말을 하자, 공자는 다음과 같이 대답했다.

"관중이 환공을 도와 제후의 패권을 잡게 하여 천하를 바로잡았고, 백성들이 지금에 이르도록 그 은혜를 받고 있다. 관중이 없었더라면 우리는 오랑캐가 되었을 것이다. 어찌 평범한 사람들이 사소한 신의를 지키기 위해 스스로 목매어 죽은 뒤, 아무도 알아주는 사람이 없는 것과 같겠느냐?" 공자는 관중이 보통 사람들과 같이 가볍게 죽을 사람이 아니라는 것이다. 관중은 이후로 제나라를 부강한 나라로 만들었고, 강한 군대를 육성하여 패권국으로 우뚝 서게 만들었다.

이 대화들에서 제자들은 자신이 모시던 공자 규가 죽었는데도 따라 죽지 않았던 하나의 사건만으로 관중을 평가했다. 하지만 공자는 관중의 단편적인 면이 아니라 관중의 삶의 전체를 보고 긍정적인 평가를 내린다. 비록 관중이 공자 규를 따라 죽지는 않았으나, 그것은 오히려 큰 꿈을 가진 사람이 함부로 취할 행동은 아니라는 것이다. 그렇게 살아남은 관중은 제나라의 재상이 되어 제나라를 부국으로 만드는 큰일을 할 수 있었다. 제나라 환공을 춘추5패 중의 하나로 만들었고, 제나라의 백성들이 평안하고 풍족한 삶을 누릴 수 있게 했다.

자신을 바르게 대하는 마음으로 남을 대하라

"곳간이 가득 차야 예절을 알고, 먹고 입는 것이 풍족해야 영예와 치욕을 알며, 군주가 예법을 잘 지켜야 부모, 형제, 처자가 화합한다"라고 주장하며 '예의염치禮義廉恥'를 기반으로 하는 문화정책을 펼침으로써 제나라의 전성기를 만들었음은 물론 이웃 나라들까지 도움을 받게 했다. 따라서 후세의 나라들이 문화국가가 될 수 있었다고 공자는 인정했다.

하지만 공자가 관중의 모든 면을 긍정적으로 평가한 것은 아니었다. 〈팔일〉에서 공자는 관중을 이렇게 평가하기도 했다.

"관중은 집이 셋이나 있었고, 필요 없이 많은 가신을 두었으니 검소하지 않았다. 나라의 임금만이 병풍으로 문을 가릴 수 있는데 관중은 자신도 병풍으로 문을 가렸고, 두 임금이 연회를 할 때 임금만이 술잔을 놓을 자리를 둘 수 있는데 관중도 술잔을 놓을 자리를 만들었으니 어찌 관중이 예를 안다고 할 수 있겠는가?"

앞에서 관중을 좋게 평가했던 것과는 완전히 다른 평가다. 실제로 관중은 임금의 권력보다 더 막강한 권력을 휘두르면서 많은 월권을 행사했다. 공자는 권력을 잡고 난 후에 관중이 교만해졌음을 질타했다.

군자는 조화를 이루지만 휩쓸리지 않는다

여기서 우리는 사람을 평가하는 올바른 방법을 배울 수 있다. 우리는 흔히 내가 경험했던 일면이나 사건, 혹은 흘려들은 풍문이나 소문을 가지고 사람을 평가하기 쉽다. 주위에 있는 사람들의 의견에도 큰 영향을 받는다. 사람들이 모두 좋아하거나 미워한다면 쉽게 그 의견에 동조하게 되는 것이다. 공자는 사람들의 그런 성향에 대해 많은 가르침을 주었는데, 예문도 그중의 하나다.

　사람을 평가할 때, 특히 사람에 대해 좋고 나쁨의 감정을 가질 때는 반드시 확실한 근거에 따라 판단해야 한다. 사람에 대한 평가는 그 사람에게도 가장 중요한 일이지만, 나아가 사회나 나라 전체에도 영향을 미치기 때문이다. 특히 지도자의 경우는 어떤 사람을 뽑아서 쓰느냐에 따라 경영의 성패를 좌우한다. 좋은 사람을 찾아서 뽑아 쓰는 것이 바로 지도자의 가장 중요한 일이 되는 것은 그 때문이다.

　〈자로〉에 실려 있는 자공과 공자의 대화는 예문을 쉽게 풀어준다.

　자공이 "마을 사람이 모두 좋아하는 사람은 어떻습니까?"라고 묻자, 공자는 "그 정도로는 안 된다"라고 대답해준다. 이어서 "모두 미워하는 사람은 어떻습니까?"라고 묻자, 공자는 역시 "그 정도로는 안 된다"라고 대답하면서 이렇게 말해준다. "마을의 선한 사람은 모두 그를 좋아하고, 그 마을의 선하지 않은 사람은 모두 미워하는 것만은 못하다."

　다른 말로 하자면 '크로스 체크'라고 할 수 있다. 진정으로 선한 사람은 모두가 좋아하는 사람이 아니라, 선하지 못한 사람에게는 미움을 받아야 한다. 변함없이 바른길을 가는 사람은 반드시 악한 사람들과 마찰이 있기 마련이다. 모두에게 호감을 받는 사람은 "어떤 일이든 좋은 게

자신을 바르게 대하는 마음으로 남을 대하라

좋은 우유부단한 사람"일 가능성이 높다.

《중용》에는 '군자화이불류君子和而不流'의 성어가 실려 있다. "군자는 조화를 이루지만 휩쓸리지는 않는다"는 뜻이다. 무리가 가는 대로 휩쓸려 가는 사람은 그들과 한통속이 될 뿐이다. 사람들과 조화롭게 지내되, 옳고 그름에 대해서는 분명한 주관이 있어야 한다. 함께하는 사람들과의 화목이 아무리 중요하더라도 옳고 바른 길에 대해서 양보해서는 안 된다. 그것이 바르게 선 사람, 주관이 뚜렷한 사람의 모습이다.

바른길을 가는 사람은
악한 사람과 마찰이 있기 마련이다.

恕而行之

서이행지

동정하는 마음에 그치지 말고 사랑을 실천하라

어려운 것을 먼저 하면
격은 저절로 따라온다

樊遲問知 子曰 務民之義 敬鬼神而遠之 可謂知矣
問仁 曰 仁者先難而後獲 可謂仁矣
번지문지 자왈 무민지의 경귀신이원지 가위지의
문인 왈 인자선난이후획 가위인의

번지가 지혜知를 묻자 공자가 말했다. "사람이 지켜야 할 도리에 힘쓰고,
귀신은 공경하되 멀리하면 지혜라고 할 수 있다." 인仁에 대해 묻자 공자가 말했다.
"어려운 것은 먼저 나서서 하고 얻는 것을 뒤에 하면 인자라고 할 수 있다."
_〈옹야〉

〈자로〉에 실려 있는 공자와 제자 번지의 대화다.

번지가 농사짓는 법을 가르쳐달라고 하자 공자가 말했다. "나는 늙은 농부만 못하다." 채소 기르는 법을 가르쳐달라고 하자, "나는 늙은 채소 농사꾼보다 못하다"라고 대답했다. 번지가 나가자 공자가 말했다. "소인이로다, 번지여. 윗사람이 예를 좋아하면 백성들은 감히 공경하지 않을 수 없고, 도를 좋아하면 감히 복종하지 않을 수 없으며, 신의를 좋아하면 백성들이 감히 진실되게 행동하지 않을 수 없다. 이렇게 하면 사방에서 백성들이 모여들 것인데, 곡식 기르는 법은 어디에 쓰겠느냐?"

공자의 가르침은 백성을 이끄는 지도자를 양성하는 것이다. 하지만

번지는 백성의 일인 곡식 기르는 법을 물었고, 공자는 한탄했다. 물론 백성의 직업에 대해서도 지도자는 알아야 하지만 그것이 우선은 아니라는 것이다. 물론 번지는 공자는 모르는 것이 없다고 생각했을 것이다. 하지만 공자는 선비의 공부에서 농사일은 우선이 아니라고 완곡하게 가르쳤다. 꼭 알고 싶다면 전문가인 농사꾼에게 배우고, 자신과는 지도자가 되는 길을 함께 배우자는 가르침이다.

공자의 제자는 3천 명에 달한다. 수많은 제자 중에는 소수의 탁월한 제자도 있었을 것이고, 어리석고 미련한 제자도 있기 마련이다. 번지는 그중에서 좀 모자라는 제자에 속했다. 하지만 《논어》에는 심심치 않게 등장한다. 어리석은 제자였지만, 배움에서 평범하지 않은 일면이 있었음을 짐작할 수 있다. 한번에 깨우치는 명철함은 없을지라도 배우고자 하는 열정과 의지가 있었다. 공자는 그것을 높이 평가하여 열성을 다해 가르쳤을 것이다. 이에서 미루어보면 오늘날 평범한 우리가 오히려 더 소중한 배움을 얻을 수 있는 제자라고 할 수 있다.

선함을 추구하려
최선을 다하다

번지는 예문에서 공자 철학의 핵심이라고 할 수 있는 지식과 사랑에 대해 물었다. 〈안연〉에서도 같은 질문을 했던 것을 보면, 한번에 이해를 못해도 알고자 하는 성의를 잘 알 수 있다. 번지는 《중용》에서 이르는 중요

동정하는 마음에 그치지 말고 사랑을 실천하라

한 배움의 법칙, "배우지 않은 것이 있으면 그것을 배우되, 다 배우지 못했으면 그만두지 않는다. 묻지 않은 것이 있으면 묻되, 알지 못했으면 그만두지 않는다"를 실천했다고 할 수 있다. 공자는 번지의 수준에 맞게 알기 쉽게, 그리고 삶에서 실천할 수 있도록 말해준다.

먼저 사람이 지켜야 할 도리에 힘쓰는 것은 선을 지키고 악을 멀리하는 것이다. 원문의 '무민지의務民之義'에서 의義가 말해주는 바이다. 그리고 무務는 전력을 다하는 것이다. 사람은 이익 앞에서 흔들리기 마련이다. 따라서 매사에, 특히 어려움에 처할수록, 유혹이 강력할수록, 바른길을 갈 수 있도록 스스로를 돌아보아야 한다. 물론 높은 경지에 올라 애쓰지 않아도 자연스럽게 의의 길을 갈 수 있으면 좋다. 하지만 평범한 사람에게는 불가능한 일이기에 우리는 매사에 전력을 다해 노력해야 한다. 의義는 사람이 사람다울 수 있는 마음이라고 맹자는 정의했다. 그리고 "사람이 이를 지키지 못한다면 사람이라고 할 수 없다(무수오지심 비인야無羞惡之心 非人也)"라고까지 말했다. 사람이 사람답게 될 수 있는 것은, 어떤 상황에서도 선함을 추구하려고 최선을 다하는 것이다.

원문의 다음 구절 "귀신은 공경하되 멀리하는 것"은 허황된 것을 믿지 말고 현실에 충실해야 한다는 뜻이다. 공자는 자로를 가르치면서 "아는 것을 안다고 하고 모르는 것을 모른다고 하는 것이 아는 것이다"라고 말했다. 귀신이란 현재를 살아가는 사람들이 알 수 없는 미지의 세상이다. 따라서 누구나 알기를 원하고 호기심을 갖게 된다. 사람들이 알 수 없는 것에 의지하는 것을 '미신'이라고 한다. 그리고 미지의 것을 알고자 하는 마음을 이용해서 현혹시키는 것을 '이단異端'이라고 한다. 지혜란 바로 이런 것에 이용당해 미혹에 빠지지 않는 것이다.

사랑과 배려 후에
인을 이룬다

그다음 구절 "어려운 것은 먼저 나서서 하고 얻는 것을 뒤에 하면 인자라고 할 수 있다"는 말 그대로 이해하기보다는 좀 더 깊은 의미를 생각하는 것이 좋다. 유학자 공안국은 "수고롭고 괴로운 것을 먼저하고, 소득과 공이 되는 것을 나중에 하면 인을 행하는 것이다"라고 했다. 이굉보의 주장은 유치하다. "물 뿌리고 쓸고 더러운 걸 청소하기를 남보다 먼저 하면 인이고, 술과 고기 등을 남보다 양보하여 뒤에 먹으면 인이다." 물론 이런 일들은 인을 행하는 사람이 자연스럽게 생활에서 드러내는 모습이겠지만, 단순히 이런 행동이 인의 핵심이라고는 할 수 없다. 다산 정약용은 이렇게 주장했다. 인의 핵심에 근거한 정확한 해석이다.

인이란 남을 향한 사랑이요, 수고롭고 괴로운 것의 소득과 공은 모두 자신에게 속한다. 그런데 첫닭이 울면 일어나 부지런히 자신에게 이로운 일을 하는 것을 어찌 인이라고 이를 수 있겠는가? 밭 가는 농부는 김매는 데 힘을 다하고, 장사하는 상인은 바람과 파도에 모험을 하고, 장차 그 어려운 바를 먼저하고 이득이 되는 바를 뒤에 하지 않음이 없는데, 어떻게 이들을 모두 인한 사람이라고 하겠는가? 오직 사랑과 배려(서恕)를 행한 후에 인을 이룰 수 있으니,

동정하는 마음에 그치지 말고 사랑을 실천하라

이는 공자가 항상 말하던 바다.

어떤 일을 하든지 수고와 노고를 먼저 행한 후에야 소득을 얻는 것이 당연하다. 세상의 이치일 뿐 그렇게 한다고 해서 인한 사람은 아니다. 단지 열심히 생업에 임하는 사람일 뿐이다. 인이란 그런 단순한 경지가 아니라 먼저 사랑과 배려를 베푸는 것이다. 이는 자기를 희생해야 하기에 어렵고 힘든 일이다. 그리고 그다음에 즐거움과 행복을 취하는 것이 바로 인한 사람이 할 일이다. 실제로 즐거움과 행복은 열심히 추구해야 할 것이 아니라 사랑과 배려를 베푸는 사람이라면 노력하지 않아도 자연스럽게 얻게 되는 보상이다.

지혜란 사람을 알고, 사람의 도리에 맞게 행동하는 것이다. 인이란 서로 사랑하라는, 하늘이 보편적으로 부여한 소명을 이루어가는 것이다. 이를 삶의 목적으로 삼고, 일상의 생활에서도 그러한 삶을 살아내려고 노력하는 사람. 진정한 지혜와 사랑의 사람이다. 당연히 그의 삶은 행복하다.

**사랑과 배려가 몸에 익은 사람은
노력하지 않아도 행복을 얻게 된다.**

사람에 대한 평가는
사람을 살리기도, 죽이기도 한다

吾之於人也 誰毁誰譽 如有所譽者 其有所試矣
오지어인야 수훼수예 여유소예자 기유소시의

내가 누구를 비난하고 누구를 칭찬하겠는가?
칭찬한 사람이 있다면 그는 이미 시험해본 것이다.
_〈위령공〉

사람을 평가하는 일은 어렵다. 특히 칭찬이나 비난은 조심해야 한다. 사
적인 감정이나 이해관계에 의해 치우칠 수 있기 때문이다. 그것을 전해
듣는 사람 역시 자신의 신념이나 개인적인 친분 등의 이해관계로 인해
제각기 다르게 받아들일 수 있다. 객관적인 평가라고 해도 개인적인 관
계가 있는 사람의 경우는 공정하게 받아들이기 쉽지 않다. 공자 역시 최
고의 학자이자 사람 전문가였지만, 사람에 대한 칭찬이나 비난에 대해
서는 조심스러울 수밖에 없었다. 가장 존경받는 한 시대의 스승이었기
에 더욱 그렇다. 공자의 평가 한 마디는 그 사람의 평판을 좌우할 수 있
기 때문이다.

동정하는 마음에 그치지 말고 사랑을 실천하라

《논어》에서 공자는 사람의 올바른 도리에 대해서는 엄격하게 말했지만, 개인에 대한 평가는 자주 말하지 않았다. 드물게 사람을 칭찬하거나 비판하는 일이 있었지만, 반드시 그 이유를 함께 말해주었다. 〈공야장〉에서는 두 사람에 대해 칭찬하고 있는데, 정나라의 재상 자산과 제나라의 재상 안자이다.

"자산은 군자의 도 네 가지를 갖추고 있었다. 처신에는 공손하고, 윗사람을 섬김에는 공경스럽고, 백성에게는 은혜롭고, 부릴 때는 의리에 맞게 했다." "안평중은 사람과의 교제를 잘하였으니, 사귄 지 오래되어도 변함없이 공경스러웠다."

노나라의 대부 장문중에 대해서는 비판을 했는데, 명확한 이유를 제시했다. "장문중은 집에 큰 거북을 모셔두고, 기둥머리 나무에는 산 무늬를 조각하고, 동자기둥에는 수초를 그렸으니, 어찌 그를 지혜롭다고 하겠는가?" 종묘에서 점을 치는 물건들을 대부의 집에 두는 것은 부당한 처신이기에 예를 중시하는 공자는 화가 났지만, 최대한 절제해서 말했다. 공적인 분노이지 개인적인 감정이 아니기 때문이다.

칭찬은 감정이 아니라
확인을 거치는 작업이다

예문에 관련한 내용은 〈위령공〉에 실려 있다.

곧구나, 사어史魚여! 나라에 도가 행해질 때도 화살처럼 곧았고, 나라에 도가 행해지지 않을 때도 화살처럼 곧았다. 군자로다, 거백옥이여! 나라에 도가 행해지면 벼슬을 하고, 나라에 도가 행해지지 않으면 능력을 거두어 감출 수 있었구나!

거백옥은 《논어》에도 몇 차례 등장한 인물이지만 사어에 대해서는 잘 알려져 있지 않다. 사어도 역시 위영공 시대에 벼슬을 했던 사람인데, 죽어서도 나라를 위한 간언을 했다는 고사에 등장한다. 〈한시외전韓詩外傳〉, 〈공자가어孔子家語〉에 실려 있는데 여기서 거백옥은 직접 등장하지는 않지만 핵심적인 인물이라고 할 수 있다.

위영공은 무도한 인물이지만, 좋은 신하가 있었기에 위나라를 큰 문제없이 잘 이끌었다. 하지만 한때 그도 실수했던 적이 있었는데, 간신 미자하를 등용했던 일이다. 사어는 미자하를 내치고 충신인 거백옥을 등용해야 한다고 계속 간언을 올렸지만 위영공은 받아들이지 않았다. 결국 사어는 뜻을 이루지 못했고, 죽을 때가 되자 아들에게 말했다. "내가 위나라의 관직에 있으면서 거백옥을 등용하지 못했고 미자하를 내치지 못했으니 이는 신하로서 제 역할을 못 한 것이다. 내가 죽어도 예법에 맞추어 장례를 치르지 마라. 내 시신은 창문 아래에 두고 장례를 치르도록 하라."

위영공이 조문을 와서 그 이유를 물었고, 아들은 부친의 유언을 그대로 전했다. 위영공은 깜짝 놀라 자신의 허물을 인정했고, 결국 거백옥을 등용하고 미자하를 내쳤다. 공자는 이 말을 듣고 칭찬했다. "사어는 자

동정하는 마음에 그치지 말고 사랑을 실천하라

신의 시신으로 주군을 감동하게 하고 나랏일을 바로잡았으니 그는 과연 정직하구나!"

하지만 공자의 말이라고 해서 모두가 긍정적으로 받아들인 것은 아니었다. 이 말에 대해서도 공자가 사람을 편파적으로 좋아해서 부당한 칭찬을 한다고 비판하는 목소리가 나왔다. 이를 듣고 공자는 예문의 말로 입장을 스스로 밝혔다. "내가 누구를 칭찬하는 것은 감정이 아니라 반드시 직접 확인과 시험을 거친 것이다. 누구를 비판하는 것도 마찬가지다."

영향력 있는 사람의 한마디는 공정해야 한다

공자과 같이 권위 있고 존경받는 인물의 한마디는 사람들에게 큰 영향을 끼친다. 하지만 공자 역시 잘못을 저지르는 사람이었기에, 그의 말에도 잘못이 있을 수 있다. 공자 역시 자신의 한계를 알았기에, 앞의 예문에 이어서 몇 가지 방법을 일러준다.

나는 그래도 사관이 의심이 가는 글을 빼놓는 것과 말을 가진 사람이 남에게 빌려주어 타게 하는 것을 보았었는데, 지금은 그런 일이 없구나!

확실히 모르는 사실은 미루어두었다가 사실을 확인한 후에 기록하거나 말해야 한다. 역사를 다루는 사관의 경우에는 더욱 신중해야 한다. 또한 말馬의 주인이라고 해도 자신이 그 말을 잘 모르면 전문가에게 맡겨야 한다. 그래야 말도 지키고 자신도 지킬 수 있다.

"많은 사람이 미워한다고 해도 반드시 살펴야 하며, 많은 사람이 좋아한다고 해도 반드시 살펴보아야 한다"는 말처럼, 사람을 판단하는 일은 여론이나 주위의 분위기에 쉽게 따라서는 안 된다. 반드시 직접 판단하고 확인하는 과정을 거쳐야 한다.

"칭찬은 고래도 춤추게 한다"는 말이 있다. 칭찬은 사람을 움직이게 하는 동력이 되므로, 리더는 격려하고 응원하고 기쁘게 하는 칭찬을 아끼지 말아야 한다. 하지만 지켜야 할 것이 있다. 칭찬이든 비판이든 반드시 공정해야 한다. 공정하지 못한 칭찬은 그 사람은 물론 듣는 사람까지 흔들리게 할 수 있다. 대상이 되는 사람은 교만에 빠지게 되고, 다른 사람들은 실망과 좌절을 느끼게 된다. 공정한 경쟁의 기회가 사라졌다는 절망감에 자포자기하게 되는 것이다.

칭찬은 리더십의 요체다. 하지만 양면의 날이 있는 검과 같다. 잘 쓰면 좋은 결과를 얻을 수 있지만 잘못 쓰면 나는 물론 전체를 흔드는 약점이 된다. 사람은 누구나 자신의 검을 가지고 있다. 그것을 어떻게 쓰는가는 자신에게 달려 있다.

칭찬이나 비판을 할 때는
확인과 시험을 거쳐야 한다.

신념은 올곧음이 아니라
바른길을 위한 선택이다

君子貞而不諒
군자정이불량

군자는 바른길을 따를 뿐이지, 무조건 신념을 고집하지는 않는다.
_〈위령공〉

공자는 신의를 사람의 중요한 덕목 중의 하나로 강조했다. 개인의 품성
은 물론 나라를 다스리는 데에도 백성들의 믿음이 없으면 안 된다고 강
조했다.

〈안연〉에 나오는 고사가 이를 잘 말해준다.

자공이 정치를 묻자, 공자가 말했다. "식량, 군사력, 그리고 백성들의 신뢰다."
이 말을 들은 자공이 "그중에 한 가지를 버려야 한다면 어떤 것을 먼저 버려야
합니까?" 묻자, 공자가 대답했다. "군대를 버리고, 그다음은 식량을 버려야 한
다. 예로부터 모두에게 죽음은 있는 것이지만, 믿음이 없으면 나라는 존립하

지 못한다."

'무신불립無信不立'의 성어로 유명한 고사다. 그만큼 공자에게 믿음은 지켜야 할 덕목이었다. 하지만 예문에서 공자는 좀 다르게 말한다. 군자는 무조건 신념을 고집해서는 안 된다는 것이다. 물론 여기서 말하는 신념은 그 의미가 다르다. 《사기》에 나오는 '미생지신尾生之信'의 고사가 잘 말해준다.

미생은 신의가 두터운 사람으로 한번 한 약속은 반드시 지키는 사람이었다. 그에게는 사랑하는 여인이 있었는데, 어느 날 두 사람은 다리 아래에서 만날 약속을 했다. 여느 연인들이 그렇듯 사람이 없는 호젓한 장소를 찾았던 것 같다. 하필 만나기로 했던 날 엄청난 폭우가 쏟아졌다. 미생이 먼저 와 기다리는 시간에도 물은 계속 불어났고, 미생은 다리 난간을 붙잡고 버티다가 물에 빠져 죽고 말았다.

물이 불어나면 하천을 벗어나는 것은 상식이다. 그랬다면 다리 위 안전한 곳에서 사랑하는 사람과 만났을 것이다. 하지만 미생은 "어떤 상황에서도 약속을 지켜야 한다"는 신념을 지키다가 목숨을 잃고 말았다. 미생은 신의가 깊은 사람이 아니라 어리석은 사람일 뿐이다. 약속은 아무리 작은 약속이라도 지켜야 한다. 하지만 상황이 바뀌었는데도 끝까지 약속에 집착하다가 목숨까지 잃는 것은 정말 지켜야 할 것이 무엇인지 모르는 한심한 사람이다.

동정하는 마음에 그치지 말고 사랑을 실천하라

부당한 약속은
지키지 않아도 된다

공자도 바로 전에 했던 약속을 저버린 적이 있다. 지키지 않아도 될 약속이 어떤 것인지 말해주는 고사다. 역시 《사기》에 실린 글이다.

공자가 천하를 주유하던 시절에 포 지역을 지나 위나라로 들어가려고 했다. 그때 그 지역 사람들이 공자가 위나라로 들어가려는 것을 막았다. 그러자 공자의 용감한 제자 공량유가 그들과 맞서 싸우려고 했고, 그의 위세에 눌린 포 지역 사람들이 한 가지 절충안을 냈다. 위나라로 들어가지만 않으면 공자 일행을 풀어주겠다는 것이다. 공자는 흔쾌히 수락했고, 그들로부터 풀려날 수 있었다.

그리고 포를 벗어나 걸음을 재촉했는데, 갑자기 공자가 말했다. "자, 이제 위나라로 들어가자꾸나!" 제자들은 당황해서 물었다. "스승님, 그들과의 약조를 어찌 그리 쉽게 어길 수 있는지요?" 공자가 대답했다. "불의한 방법에 의해 강압적으로 맺은 약속은 지킬 필요가 없다."

제자들은 믿음을 강조했던 공자가 쉽게 약속을 어기는 것을 보고 의아했다. 심지어 예전에 했던 평상시의 작은 약속도 반드시 지켜야 군자가 될 수 있다고 강조했던 사람이 아니던가. 제자들은 한번 했던 약속은 어떠한 상황에도 결코 어길 수 없는 고정불변의 신의라고 생각했다. 바로 미생의 신의와 같은 것이다. 하지만 공자는 더 큰 대의大義를 추구했다. 약속은 반드시 지켜야 한다. 하지만 약속이 더 큰 대의를 저해하거나, 불의하거나, 강압적으로 맺어졌다면 지키지 않아도 된다.

군자는 상황에 따라
유연하게 대처한다

또 한 가지는 상황에 따라 적절하게 약속을 바꿀 수 있어야 한다. 상황이 바뀌었거나 기준이 달라졌다면 기존의 원칙을 적용할 수 없다. "한 자도 짧을 때가 있고 한 치도 길 때가 있다(척유소단 촌유소장尺有所短 寸有所長)"라는 말이 있다. 도구란 그 용도에 따라 맞게 쓰여야 한다. 무조건 길다고 좋은 것이 아니고, 짧다고 쓸모없는 것이 아니다. 사람도 도구도 적재적소에 있을 때 가장 빛이 난다. 공자는 자신의 생각을 '군자불기君子不器'라는 말로 표현했다. 직역을 하면 "군자는 그릇이 아니다"가 되는데, 그 뜻은 "군자란 그릇처럼 한 가지 용도로만 쓰이는 사람이 아니라 다양한 식견을 갖춘 폭넓은 사람"이라는 것이다.

군자라면 자신을 한 가지 틀에 제한하는 것이 아니라 상황에 따라 적절히 변화할 수 있어야 한다. 군자가 사람을 쓰는 것도 마찬가지다. 사람을 판단하거나 평가할 때 전에 가졌던 선입견, 편견으로 한다면 그 사람은 능력을 발휘할 수 없다. 그 사람은 물론 지도자 자신도 망치고 만다. 지도자는 아랫사람의 성과로 평가받는 존재이기 때문이다.

일상생활에서는 물론 일에서도 지나치게 원칙에 집착하는 사람이 간혹 있다. 사람 자체는 확실하고 도덕성은 훌륭하지만, 상황에 따라 융통성 있게 일 처리는 하지 못한다. 물론 쉽게 원칙을 저버리고 시세에 영합하는 풍토에서 자기 일에 확고한 소신을 지닌 사람도 반드시 필요하다. 하지만 지나치게 원칙에 집착할 경우 소통이 단절되고, 오히려 일을 망

동정하는 마음에 그치지 말고 사랑을 실천하라

치기도 한다.

내가 했던 약속과 원칙은 반드시 지켜야 한다. 큰 것이 아니더라도 지켜나가는 것이 나의 신뢰도를 결정한다. 하지만 때와 상황에 따라 적절히 적용할 수 있어야 한다. 미생이 다리 난간을 붙잡고 죽었던 것처럼 꼭 붙잡고 놓지 않는 것은 무모함이다. 강압에 의한 불의한 약속을 지키는 것은 어리석음이다. 시대와 상황이 바뀌었는데도 예전의 것을 고집하는 것은 헛된 집착이다.

내가 지키고자 하는 신념은 '정도正道에 맞는 것인가?', '대의에 맞는 것인가?', '지금 상황에 시의적절한가?', '나의 감정이나 욕심을 신념으로 오해하고 있는 것은 아닌가?' 생각해볼 일이다. 예전에 정했던 신념을 무조건 고집하는 것이 아니라, 과감히 포기하는 것이 진정한 신념이다.

때로는 신념을 포기하는 것이
신념에 가장 가까운 행동이 된다.

여러 사람의 힘은
같음이 아닌 어울림에서 온다

君子和而不同 小人同而不和
군자화이부동 소인동이불화

군자는 조화를 추구하되 같음을 강요하지 않고,
소인은 같음을 추구하되 조화를 이루지는 않는다.
_〈위정〉

《주역》에는 '이인동심기리단금二人同心其利斷金'의 성어가 담겨 있다. "두 사람이 힘을 합치면 그 날카로움은 쇠를 자른다"라는 뜻으로 인화의 힘을 잘 말해준다. 두 사람이 힘을 합쳐도 이렇게 놀라운 결과를 만들 수 있는데, 한 팀이 혹은 조직 전체가 힘을 합치게 되면 과연 어떨까? 하지만 힘을 합친다는 것은 모두가 같은 생각을 하고 일사불란하게 움직이도록 한다는 것은 아니다. 예문에 있는 "군자는 조화를 추구하되 같음을 강요하지 않고, 소인은 같음을 추구하되 조화를 이루지는 않는다"가 인화를 이루는 올바른 방법이다.

비슷한 말로 〈위정〉에 실려 있는 "군자는 여러 사람과 어울리며 조화를 이루고 당파를 이루지 않지만, 소인은 조화를 이루지 못하고 당파를 이룬다"도 있다. 이념에 종속되어 몸과 생각의 일사불란함을 강요하는 것이 아니라, 구성원 각자의 개성과 강점을 살리면서 하나의 목표를 위해 힘을 합치는 것이 바로 조화다.

아첨만 있는 나라에
어울림은 없다

《좌전》에는 제나라의 명재상 안자(안영)의 고사가 실려 있는데, 예문의 탁월한 비유다.

제나라 경공이 사냥에서 돌아오자 안자가 망루에서 모시고 있었다. 그때 제나라 대부 양구거梁丘據가 말을 달려오는 것이 보이자 경공이 말했다. "양구거만이 나와 마음이 화합하는 것 같소." 그러자 안자가 대답했다. "제가 보기에 두 사람은 오직 '같음(동同)'만 있을 뿐 '어울림(화和)' 은 없습니다. 양구거는 폐하의 뜻에 따르기만 할 뿐인데 무엇이 잘 맞는다는 말씀인지요?" 이 얘기를 들은 경공이 의아해하며 다시 물었다.

"같음과 어울림의 차이가 도대체 무엇이요?"
안자가 대답했다. "잘 어울린다는 것은 양념이 조화를 이뤄야 맛있는 탕을 끓여낼 수 있는 것과 같습니다. 싱겁지도 않고, 짜지도 않으면서 적절하게 재료들이 어우러져야 제맛이 나는 것입니다. 임금과 신하의 관계도 마찬가지입니다. 임금이 옳다고 한 것도 그것이 잘못되었으면 신하가 그 잘못을 말씀드려 틀린 것을 고쳐나가야 합니다. 또 임금이 그르다고 한 것도 그것이 옳으면 신하가 그 옳은 것을 말씀드려 틀린 것을 고쳐나가야 합니다. 이렇게 해야 정치가 공평해져서 서로 충돌이 없고, 백성도 다투는 마음이 없어집니다."

경공이 고개를 끄덕이자 안자는 소신을 마저 밝혔다. "양구거가 군주의 뜻을 무조건 받드는 것은 부화뇌동과 다르지 않습니다. 군주의 마음이 기우는 쪽을 먼저 알아차리고 무조건 옳다고 맞장구치는 것입니다. 이것은 짠 국물에 계속 소금을 넣는 꼴이니 누가 그 음식을 먹겠으며, 거문고가 한 가지 소리만 내는 것과 같으니 누가 그 소리를 듣겠습니까? 동同이 옳지 않음이 이와 같습니다."

양구거는 안자 바로 다음의 신하로 제나라의 2인자라고 할 수 있다. 임금인 경공이 가장 신임하는 신하였을 것이다. 자신의 마음을 알아차려 언제나 듣기 좋은 소리만 하는 신하이기 때문이다. 경공이 안자에게 양구거 이야기를 했던 것은 이런 의도가 있었을 것이다. "양구거는 언제나 내 마음에 합치되는 말만 하는 신하요. 임금인 내 마음에 딱 맞는 소리만 하니 얼마나 훌륭하오? 안영 당신 역시 언제나 내 마음에 합치되는 신하가 될 수 없겠소?"

경공은 안자가 덕망이 훌륭하고, 능력이 탁월한 신하이기는 하지만 임금인 자신에게 언제나 바른 소리만 하는 것이 못마땅했다. 하지만 안자는 임금에게 쓴소리를 하더라도 바른길로 이끄는 것이 진정으로 임금을 위하고, 나라를 위하는 길이라는 분명한 소신이 있었다. 바로 앞의 고사

동정하는 마음에 그치지 말고 사랑을 실천하라

가 이를 여실히 말해주고 있다. 임금의 마음에 들지 않더라도 경공이 잘 못 생각하고 있는 것을 고쳐줌으로써 바른 신하의 길을 직접 보여준다.

조화를 이룰 줄 알아야
성공 확률이 높다

사람은 누구나 제각각의 개성과 특징과 장점이 있다. 조화를 이룬다는 것은 다양한 사람들이 모여 자신의 개성과 능력을 발휘하여 전체의 목적을 이루어나가는 것이다. 그리고 지도자는 부하들에게 자기 생각만을 강요하는 것이 아니라, 부하들의 다양한 개성과 능력을 마음껏 발휘하게 해야 한다. 그리고 그것을 조화롭게 합치시켜 조직의 목적을 이룰 수 있어야 한다. 쉽지 않겠지만 그 결과는 엄청나다.

《맹자》〈공손추 하公孫丑 下〉에 실려 있는 "하늘의 때는 지리적 이점만 못하고, 지리적 이점도 인화보다는 못하다(천시불여지리 지리불여인화天時不如地利 地利不如人和)"가 이를 말해준다. 맹자는 사랑으로 나라를 다스려야 한다는 평화주의자이지만, 그 방법은 달랐다. 평화를 지키고 다른 나라를 압도하려면 먼저 자신의 힘을 길러야 한다는 것이다. 그 최상의 방법은 사람들이 조화를 이루는 것이다. 하늘이 주는 기회보다, 지리적인 이점보다도 조직원들이 한마음으로 인화를 이루는 것이 가장 강력하다.

'하늘의 때'는 시기적으로, 상황적으로 절호의 기회를 잡은 것이다. '지리적 이점'이란 내부적인 힘을 말한다. 기업의 예를 보면 재정이 튼튼

하고, 우수한 경영진과 열정적인 직원, 남다른 기술력을 가지고 있는 것이다. 이런 기업은 승승장구하게 마련이다. 개개인에게 대입해보면 높은 학력과 많은 경험을 바탕으로 하는 능력과 자질이 좋은 경우다. 이런 사람은 뛰어난 성공을 거둘 수 있는 확률이 높다.

하지만 뛰어난 인재가 모여 있다 해도 서로 반목하고 사람들 간의 갈등이 끊이지 않는다면 그 조직은 발전할 수 없다. 조직원들의 능력이 뛰어나지 않더라도 같은 목표를 공유하고 힘을 합쳐 그것을 이루기 위해 노력한다면 훨씬 더 좋은 결과를 만들어낼 수 있다. 아무리 좋은 자질을 가진 사람이라고 해도 인간관계가 좋지 않다면 성공하기 어려운 것과 같다. 특히 오늘날은 좋은 인맥과 인간관계가 성공을 좌우하는 큰 힘이 된다고 해도 과언이 아니다. 다른 사람의 입장을 이해하고, 배려하고 협동할 수 있는 사람은 다른 누구보다 성공 확률이 높다. 바로 조화의 능력을 갖춘 사람이다.

한 사람의 명령에 일사불란한 조직보다
각자의 앙상블을 이루는 조직이 힘이 세다.

무도한 권력자 앞에서는
자신을 지켜야 한다

人之過也 各於其黨 觀過 斯知仁矣
인지과야 각어기당 관과 사지인의

사람의 허물은 그가 어울리는 무리를 따른다.
그 허물을 보면 그가 얼마나 인한지 알 수 있다.
_〈리인〉

《논어》를 비롯한 많은 고전에서 계속 가르침을 주는 말이다. 사람들은 자기가 속하는 환경, 자신과 함께하는 사람에게 영향을 받으므로 좋은 환경을 택해서 살아야 한다. 하지만 자신이 접하는 사람, 속해 있는 환경을 마음대로 결정할 수 없는 경우도 많기에 사람들은 많은 고민을 하게 된다. 이때 우리는 선택해야 한다. 한 가지는 과감하게 결단해서 나쁜 환경을 떠나는 것이다. 떠날 수도 없는 상황이면 그 상황을 이겨낼 방법을 찾아야 한다. 둘 다 쉽지 않은 일이다.

영리한 새는 나무를 살펴서 보금자리를 짓고, 현명한 신하는 군주를 가려서

섬긴다(양금상목이서 현신택주이사良禽相木而棲 賢臣擇主而事).

공자도 즐겨 했던 이 말이 신하로서 나라와 군주를 선택하는 방법을 말해준다. 공자가 14년간이나 천하를 떠돌며 뜻을 펼칠 나라를 찾았던 것 역시 영리한 새가 자신이 머물 나무를 살피듯이, 함께할 군주를 찾기 위한 것이었다. 그중에 위나라 영공이 있다. 위나라 영공이 공자에게 진법陣法(병법 이론)을 묻자, 공자가 대답했다. "제사에 관한 일은 일찍이 들어 알고 있지만, 군사에 관한 일은 배우지 못했습니다."

그리고 이튿날 위나라를 떠나버렸다. 그리고 공자는 많은 고생을 하게 된다. 심지어 따르는 제자들로부터 원망을 받기도 했다. 잠깐 뜻을 굽히면 융숭한 대접과 높은 관직을 받을 수 있었을 텐데, 그것을 박차버린 것에 대한 원망이다. "왜 고생을 사서 하느냐?"는 것이다. 하지만 공자는 뜻이 다른 군주와는 함께 일할 마음이 없었다. 덕으로 다스리는 나라보다는 전쟁으로 강한 나라를 추구하는 군주를 택할 수 없었던 것이다.

조화로우면서도
한계를 벗어나지 않아야 한다

부도덕한 군주를 자발적으로 떠난 공자와 달리 여러 가지 사정으로 부득이 함께해야 하는 경우도 있다. 〈장자〉에 실린 고사다. 역시 위령공이 등장한다. 노나라의 안합顏闔이 태자부太子傅(태자의 스승) 부임을 앞두고 현

동정하는 마음에 그치지 말고 사랑을 실천하라

자 거백옥에게 물었다.

"예를 들어 여기 어떤 사람이 있다고 칩시다. 그의 성품은 태어날 때부터 거칠고 각박합니다. 그를 멋대로 내버려두면 나라가 위태로워질 것이고, 올바른 규범을 가르치자니 제 몸을 보존하기 어려울 것 같습니다. 그 사람은 남의 잘못은 잘 알아보지만 자기 잘못은 알지 못합니다. 이런 사람을 어떻게 대해야 할까요?"

위나라의 영공은 앞의 고사에서도 나오는 바와 같이 전형적으로 무도한 권력자다. 이러한 사람의 대표적인 성향은 남의 허물은 잘 찾아내지만 자기 잘못은 성찰하지 못하는 것이다. 요즘 유행하는 소위 '내로남불'이라고 할 수 있겠다. 안합은 태자의 스승을 명 받고 고민이 많았을 것이다. 태자를 그냥 두자니 나라를 망칠 것 같고, 올바른 도리를 가르치자니 가르침은커녕 자신의 목숨을 부지하지 못할 것 같았다. 고민하던 안합은 누구라고 명시하지 않고 거백옥에게 질문했는데, 이미 질문에서부터 안합의 두려움이 느껴진다. 행여 이 말이 당사자의 귀에 들어갈까 두려웠을 것이다. 거백옥은 이렇게 대답했다.

> "그것 참 훌륭한 질문이네. 자네는 주의하고 조심하면서 몸을 단정하게 해야 하네. 겉모습은 그를 따라 순종적으로 하고, 마음은 그와 조화롭게 해야 하네. 하지만 순종적이되 일방적으로 따라서는 안 되고, 조화로우면서도 한계를 벗어나지 않아야 하네."

거백옥의 가르침은 자신을 바르게 지키는 것이 먼저라는 것이다. 거칠고 무도한 사람과 함께하면서 그를 닮아가는 것은 안타까운 일이다. 하지만 그에게 약점을 잡혀서도 안 된다. 겉모습은 그 사람에게 맞추되 주관을 지켜야 하고, 마음은 그와 조화롭게 하되 겉으로 드러내서는 안 된다. 사람들에게 알려지게 되면 자신을 망칠 수도 있기 때문이다. 그리고 가르침을 쉽게 이해할 수 있도록 세 가지 고사를 말해준다.

자신을 바르게 지키는 것이 중요하다

먼저 '당랑거철螳螂拒轍'의 고사다. "사마귀가 큰 수레를 막아선다"는 뜻으로 "자기 분수를 모르고 강한 상대에게 무모하게 덤비는 것"을 비유적으로 일컫는 말로 쓰인다. 장자는 이렇게 말한다. "팔을 치켜들고 수레바퀴를 막으면서 자기가 감당할 수 없다는 것을 알지 못한다. 이는 자기 재주가 뛰어나다고 믿기 때문이다." 폭군을 바른길로 이끌기 위해서는 먼저 폭군의 권력을 인정하고 지혜롭게 대처할 수 있어야 한다. 자기의 재주를 과신하거나 함부로 드러내게 되면 분노를 사게 되고 결국 위험에 빠지게 된다.

다음은 호랑이의 고사다. "호랑이 사육사는 호랑이에게 살아 있는 것을 함부로 주지 않는다. 호랑이가 그것을 죽일 때 포악해지기 때문이다. 그리고 사육사는 함부로 호랑이에게 한 마리를 통째로 주지 않는다. 호랑이가 그것을 찢을 때 포악해지기 때문이다." 호랑이가 사육사에게 순

동정하는 마음에 그치지 말고 사랑을 실천하라

종하며 애교를 부리는 것은 사육사가 호랑이의 본성에 맞춰주기 때문이다. 호랑이의 마음을 거스르게 되면 호랑이의 야수성이 드러나 사육사를 해치게 된다.

그다음은 말의 고사다. "말을 사랑하는 사람은 광주리로 대변을 받아내고, 자개로 장식한 그릇으로 소변을 받아낸다. 그런데 어쩌다가 모기나 등에가 말 몸에 붙어 있는 것을 보고 갑자기 찰싹 때리면, 말은 재갈을 끊고 사람의 머리를 부수고 가슴을 부러뜨린다." 말을 사랑하는 사육사의 마음은 지극하지만, 말은 순간적인 감정으로 그것을 잊어버린다. 은혜를 받을 만한 자격도, 성품도 갖추지 못한 것이다.

물론 오늘날의 무도한 권력자는 당시와는 다르다. 옛날과 같은 무소불위의 권력은 아니지만 오히려 다양하고 수법도 교묘하다. 지위·부·지식·명성·권한 등을 내세워 말로, 폭력으로, 성性적으로 억압한다. 물론 이들과 상종하지 않는 것이 가장 좋다. 하지만 부득이하다면 가장 중요한 것은 자신을 지키는 것이다. 거백옥의 가르침처럼 "주의하고 조심하고 몸을 단정히 해야" 한다. 혼자 힘으로 맞서기 어렵다면 이들을 밝은 곳으로 이끌어내야 한다. 그들은 어두운 곳에서만 감춰진 본모습을 드러내기에 밝은 곳으로 나오면 곧 모습을 바꾼다. 마치 빛으로 나오면 숨는 바퀴벌레와 같은 습성이다.

어둠을 힘으로 이길 수 없다면
그들이 스스로 부끄러움을 느낄 수 있도록
밝은 빛으로 인도하라.

좋은 충고는 말이 아닌
마음으로 상대를 감복시킨다

事君數 斯辱矣 朋友數 斯疏矣
사군삭 사욕의 붕우삭 사소의

군주에게 자주 간언을 하면 곧 치욕을 당하고,
친구에게 번거롭게 자주 충고하면 곧 소원해진다.
_〈리인〉

상대가 누구든 충고란 쉽지 않다는 것은 누구나 공감할 것이다. "남의
잘못이나 허물을 충심으로 타이름", 국어사전에 나와 있는 뜻처럼 상대
에게 잘못이나 허물이 있다는 것을 전제로 하기 때문이다. 인간관계를
맺으면서 가능한 한 충고를 절제하는 것이 좋겠지만 충고를 하지 않을
수 없을 때가 있다. 진심으로 좋아하는 사람이 잘못된 길로 가고 있다면
가만히 있기가 어렵다. 모시고 있는 임금은 물론 절친한 친구에게도 마
찬가지다. 이런 고민은 철학자들도 마찬가지로 했기에 많은 고민과 연
구를 거쳐 제각각 나름대로의 방식으로 가르침을 주었다. 앞의 예문 역
시 공자의 제자 자유가 준 가르침이다.

예문의 원문에서 '삭數'은 숫자를 가르치는 수數와 같은 한자로, '빈번하다', '빠르다', '촘촘하다'의 뜻을 가지고 있다. 빈번하게 수시로 찾아가 만난다든지, 말이 간결하지 못하거나 싫어하는 데도 계속해서 말하는 것이 모두 삭이다. 따라서 예문에서 뜻하는 바가 단순히 자주, 그리고 많이의 문제가 아님을 짐작할 수 있다.

관계가 나빠지더라도 반드시 해야 할 충고가 있다

당나라 태종의 명신 위징은 간언을 많이 한 것으로 유명했다. 당 태종은 도덕성을 내세우면서도 현실을 중시하는 실용적인 통치 철학을 구가했다. 위징과 같은 반대편 인물까지 중용했고, 그들의 의견을 적극 반영함으로써 당대 최강국을 건설할 수 있었다. 위징은 황제에게 의견을 제시하는 역할을 하는 간의대부諫議大夫로 일하면서 당 태종에게 수백 번이 넘는 간언을 했다. 이를 통해 천하를 통일하고 천자의 자리에 오른 당 태종이 가질 수 있는 교만함을 견제하고, 겸손함과 올바른 자세로 백성을 평안하게 이끌도록 했다. 위징은 심지어 당 태종이 이미 명령을 내렸던 사안에 대해서도 문제가 있으면 개선을 강력하게 간언함으로써, 무소불위의 권력을 가진 당 태종의 전횡을 막았다.

한번은 당 태종이 가까운 남산으로 사냥을 가려고 수레와 말을 준비시켰다가 취소했다. 위징이 이유를 묻자 당 태종은 이렇게 대답했다.

"원래는 사냥을 가려고 했으나 그대에게 꾸중을 들을 일이 두려워 포기했소."

물론 조직의 장이 자신과 마음이 맞고 함께 일하기 편한 사람을 곁에 두고 싶은 것은 인지상정일 것이다. 심리학에서도 사람은 자신과 비슷한 것에 안정과 끌림을 느낀다고 설명한다. 또한 이런 사람이 곁에 있으면 마음을 합쳐서 더 큰 일을 할 수 있다고 스스로 위안하기도 한다. 하지만 이럴 때마다 묵자가 말했던 "뛰어난 인재는 부리기는 쉽지 않지만, 자신이 모시는 군주는 훌륭하게 보필한다"는 말을 염두에 두어야 한다. 당 태종은 언제나 직언을 해대는 위징이 미워서 "저 노인네를 죽여버리고 싶다"고 황후 앞에서 외쳐 황후를 당황하게 만들기도 했다.

하지만 당 태종은 위징이 죽은 후 자신의 실정失政이 있을 때마다 "위징이 살아 있었다면 이렇게 하지는 않았을 텐데…"라고 하며 위징이 그리워 눈물을 흘렸다고 한다. 그 대표적인 사례가 바로 위징의 반대에도 무릅쓰고 고구려 정벌을 떠났다가 참패를 하고, 자신은 눈에 부상을 당해 붕대로 싸매고 처량하게 돌아올 때였다.

위징의 고사에서 보면, 진정한 충고는 어때야 하는지를 생각해볼 수 있다. 충고란 충심忠心, 즉 진실한 마음이 바탕이 되면 그 방식은 크게 문제가 되지 않는다. 친구 간에도 마찬가지다. 만약 내 몸처럼 아끼는 친구가 마약이나 도박과 같은 죽음에 이르는 길에 빠져 있다면 그 어떤 일을 해서라도 막아야 한다. 설사 절교를 당하더라도 끝까지 막는 것이 올바른 도리일 것이다. 모시는 임금이 나라가 망하는 길로 가려는 경우도 마찬가지다.

동정하는 마음에 그치지 말고 사랑을 실천하라

겸손을 전제로 한 충고에는
진심이 있다

고전에서는 지혜로운 충고에 대해 가르침을 주고 있다.

> "진실한 마음으로 조언을 해주고 잘 인도하되, 그래도 할 수 없다면 그만둘 일
> 이지, 스스로 욕을 보지는 말아라."

〈안연〉에 실려 있는 글로 자공이 벗에 대해 묻자, 공자가 해준 말이
다. "친구 사이는 간곡하게 선을 실천하고 악을 멀리하도록 권하며 형제
는 화목하고 즐겁게 지내야 한다." 역시 공자가 자로에게 선비의 자격을
말해준 것으로 〈자로〉에 실려 있다.

공자는 친구 간에는 간곡하고 절실한 마음으로 충고해야 한다고 말
했지만, 충고는 사실 쉽지 않다. 아무리 진실한 마음으로 하더라도 내 마
음을 제대로 전달하는 것은 쉬운 일이 아니다. 충고란 아무리 좋은 내용
이어도 듣는 사람에게는 자존심이 상하는 일이기 때문이다. 심하면 열
등감을 불러일으키기도 한다. 역으로 충고하는 사람에게는 내가 상대보
다 더 낫다는 교만한 마음이 무의식에 있기 마련이다. 따라서 친구에게
충고를 할 때는 나의 부족함을 먼저 인정하는 겸손을 전제로 해야 한다.
나의 부족함을 깨닫는 바탕이 없이 함부로 던지는 충고는 교만함이고,
듣는 사람에게 상처로 남게 된다.

공자는 임금에게 행하는 간언에 대해 이렇게 말했다.

충신이 주군에게 간언하는 데에는 다섯 가지 방법이 있다. 첫째는 휼간譎諫(속여서 간언함), 둘째는 당간戇諫(꾸미지 않고 간언함), 셋째는 항간降諫(비굴하게 간언함), 넷째는 직간直諫(직접적으로 간언함), 다섯째는 풍간諷諫(비유로 간언함)이다. 다만 군주의 성질을 헤아려 간언해야 하는데, 나는 풍간을 택하겠다.

군주의 성격과 성향을 잘 헤아리되, 비유와 풍자로 깨닫게 하라는 것이다.

《근사록》에서는 구체적인 방법을 알려준다. "군주의 마음을 얻으려면 반드시 그 마음의 밝은 곳에서부터 시작해야 한다(결어군심 필자기소명처 내능입야結於君心 必自其所明處 乃能入也)." 여기서 '밝은 곳'이란 그 사람이 잘 아는 것 혹은 장점을 말한다. 바로 '라포르'를 먼저 형성하는 것인데, 일단 공감대가 형성되면 그 어떤 말도 받아들이기 쉽다.

역시 《근사록》에 실려 있는 "충고, 정성은 남음이 있고, 말은 부족해야 한다(책선지도 요사성유여이언부족責善之道 要使誠有餘而言不足)"도 역시 상대를 가리지 않고 통하는 귀한 가르침이다. 굳이 말이 아니라 마음으로 서로 통할 수 있다면 어떤 말도 받아들일 수 있게 된다.

충고란 참 어렵다. 가장 쉬우면서도 가장 어려운 충고, 나를 지키고 벗을 지키고 나아가 나라를 지키는 가장 귀한 일이다.

마음으로 통할 수 있다면
어떤 충고도 받아들일 수 있다.

사람에 따라 다른 가르침을
주는 것이 사람 공부다

由也問 聞斯行諸 子曰 有父兄在 求也問 聞斯行諸 子曰 聞斯行之
유야문 문사행저 자왈 유부형재 구야문 문사행저 자왈 문사행지

"왜 자로와 염유의 같은 질문에 다른 대답을 하십니까?"
_〈선진〉

'과유불급過猶不及', "지나침은 미치지 못함과 같다"는 공자가 제자들의 성향에 따라 중용의 도를 가르쳤던 것과 관련해 유명한 고사다. 예문도 제자 자로와 염유의 성향에 따라 가르침을 준 것인데, 〈선진〉에 실려 있는 이 문장의 전문은 이렇다.

자로가 공자에게 "들으면 곧 실천해야 합니까?" 묻자, 공자가 답했다. "부모 형제가 있는데 어찌 듣는 대로 바로 행하겠는가?"

염유가 같은 질문을 하자, 공자가 대답했다. "들으면 곧 행해야 한다."

공서화가 옆에서 듣고 물었다.

"왜 자로와 염유의 같은 질문에 다른 대답을 하십니까?" 공자가 대답했다.

"염유는 소극적인 성격이라 적극적으로 나서도록 한 것이고, 자로는 지나치게 적극적이어서 물러서도록 한 것이다."

상대의 성향에 따라
지혜롭게 처신한다

자로와 염유, 두 제자 역시 중용의 덕에는 부족하다. 자로는 지나치게 적극적이어서 한 걸음 물러서는 법을 배워야 하고, 염유는 지나치게 소극적이어서 적극적으로 실천하는 자세가 필요했다. 이들의 성향은 《논어》에 거듭 실려 있는데, 대표적인 사례를 들자면 다음과 같다.

〈옹야〉에서 염유는 "스승님의 도를 좋아하지 않는 것은 아니지만 힘에 부칩니다"라고 말했다. 도전하기도 전에 지레 물러서는 염유의 소극적인 성향이 안타까웠던 공자는 "하다가 지치면 쓰러지게 된다. 어쩔 수 없이 물러서게 되는데 너는 도전할 생각조차 하지 않는구나!" 하며 한탄했다. 높은 이상을 목표로 삼아 도전하지 못하고 지레 포기하게 되면 어떤 의미 있는 일도 이루기 어렵다. 안타깝게도 이런 사람은 일상에서도 충실하지 못하다. 결국 고만고만한 인생, 무의미한 삶을 살게 되는 것이다.

자로는 용감하고 충직한 성품을 지녀 어떤 일에도 쉽게 물러서지 않았다. 불의를 보고 참지 않았고, 착한 것을 듣고 나서 이를 행하기 전에

동정하는 마음에 그치지 말고 사랑을 실천하라

또 다른 것을 듣지 않을까 두려워했을 정도다. 공자는 제자의 이런 성품을 항상 걱정해서 "자로는 제명에 죽지 못할 것이다"라고 염려했다. 공자는 자로의 미래를 예언했던 것이 아니라, 자로의 성향으로 인해 미칠 수도 있는 일을 염려했던 것이다.

이 고사에서는 여러 인물이 등장하는 만큼 우리에게 다양한 가르침을 준다. 먼저 성향에 따른 처신의 방법이다. 자로와 같은 성품이라면 한 걸음 물러서서 생각할 수 있는 여유가 필요하다. 설사 자로와 같이 과한 성품이 아니더라도 결정적인 순간이 오면 신중하게 처신하는 것이 좋다. 좋은 기회를 만났다고 지나치게 흥분해서 무턱대고 뛰어들었다가 기회가 불행이 되는 경우도 많이 있다. 나쁜 일도 마찬가지다. 힘든 상황에 처했다고 해서 그것을 회피하려고 성급하게 행동했다가는 더 힘든 상황에 빠지게 된다.

염유는 다재다능한 인물로 정치에 뛰어났다. 공자는 그의 재능을 인정하여 그 당시 실권자였던 계강자의 가신으로 추천하여 길을 열어주었다. 하지만 염유는 몇 번이나 공자의 제자답지 않은 행동을 해서 공자를 실망시켰다. 자신이 모시던 계강자가 정도를 걷지 않고 교만한 길을 갈 때 신하로서 바른 충고를 하지 못했다. 그럴 만한 담대함이 없었고, 현실에 타협해서 좋게 넘어가려고 했던 것이다. 결국 상전의 눈치만 보던 염유는 백성들을 수탈함으로써 공자로부터 파문을 당하는 비극을 맞게 된다.

소극적인 성품이 그 자체로 나쁜 것은 아니다. 하지만 그런 성품을 스스로 용인하고, 고치려고 노력하지 않으면 인생의 걸림돌이 될 수도 있다. 작은 어려움을 쉽게 포기하고, 편법을 써서 쉽게 해결하려다가 더 나쁜 결과를 만들고 만다. 소극적인 성품이라면 적극적이고 도전적인 정신을 함양해야 하고, 주관을 바로 세우고 쉽게 흔들리지 않는 마음의 중심을 잡아야 한다. 무엇보다도 '융통성'이라는 핑계로 편법을 용인해서는 안 된다. 융통성 있게 일을 처리하는 것은 장점이지만, 자칫하면 편의주의로 흘러 정도를 걷지 못하게 된다.

또 한 가지는 공자에게 배우는 가르침의 지혜다. 제자를 바르게 가르치기 위해서는 반드시 제자의 성향과 수준을 정확하게 파악해야 한다. 무턱대고 똑같은 정답을 강요하거나 성향에 맞지 않는 가르침을 주게 되면 가르침이 아니라 해악을 끼치게 되는 것이다. 우리는 흔히 좋은 말을 듣게 되면 망설이지 말고 행하는 것이 옳다고 생각한다. 하지만 자로와 같이 지나치게 적극적인 성품이라면 그 가르침은 해악이 될 수도 있다. 자로의 마지막이 그것을 말해준다.

위나라에서 괴외의 난이 일어났을 때 자로는 앞뒤 가리지 않고 불의를 꾸짖기 위해 반란의 현장으로 달려갔다. 동문 후배였던 자고가 "일단 몸을 피한 다음에 대책을 생각해보자"라고 권했지만, 자로는 "불의를 보고 참는 것은 군자의 도리가 아니다"라고 하며 반란의 현장으로 달려가 비극을 당하고 말았다. 결국 더 큰 일을 이룰 수 있었던 자신의 꿈을 접어야 했고, 스승인 공자의 큰 아픔이 되고 말았다. "나는 무모하게 용감한 자가 아니라 신중하게 계책을 잘 세우는 사람과 함께하겠다"는 스승의 가르침을 새기지 못해 인생의 비극을 만들고 만 것이다.

동정하는 마음에 그치지 말고 사랑을 실천하라

지혜는 상대를 아는 것이지만
명철함은 나를 아는 것이다

마지막으로 우리가 새길 가르침은 '강점혁명'의 관점이다. 다른 사람을 평가하고 가르치기 위해서도 상대의 강점과 약점을 정확히 파악하고 있어야 한다. 하지만 그 밑바탕은 나 자신의 강점과 약점을 정확하게 파악하는 것이다. 흔히 "나 자신에 대해서는 내가 가장 잘 알고 있다"라고 생각하기 쉽지만, 사실은 나 자신을 아는 것이 가장 어려운 일이다.

노자는 자신의 책《도덕경》에서 '지인자지 자지자명知人者智 自知者明'이라 말했다. "다른 사람을 아는 것은 지혜이지만, 나 자신을 아는 것은 명철함이다." 명철함이란 단순한 지식이 아니라 사람과 세상을 제대로 볼 수 있는 밝음, 즉 통찰력이다. 나의 장단점과 성품을 정확히 파악하고, 스스로 높아지려는 교만을 절제하고 나를 낮출 수 있는 겸손으로 나의 지식을 뒷받침할 때 이를 얻을 수 있다. 이러한 통찰력을 기반으로 나의 강점을 키워나가고, 약점을 고쳐나갈 때 타고난 능력을 헛되이 소비하지 않고 아낌없이 발휘할 수 있다.

벤저민 프랭클린은 "인생에서 진짜 비극은 천재적인 재능을 타고나지 못한 것이 아니라, 이미 가진 재능을 제대로 발휘하지 못하는 것이다"라고 말했다. 인생을 행복하게 만드는 비결은 나의 재능을 마음껏 발휘해서 꿈을 이루는 것이다.

**나의 강점과 약점을 정확히 안다면
사람과 세상을 보는 통찰이 생긴다.**

사람 공부는 상대에 대한 급변하는 마음을 붙잡는다

愛之欲其生 惡之欲其死 旣欲其生 又欲其死 是惑也
애지욕기생 오지욕기사 기욕기생 우욕기사 시혹야

사랑하면 그가 살기를 바라고 미워하면 그가 죽기를 바란다.
이미 그 살기를 바랐다가 또 죽기를 바라는 것이 미혹됨이다.

_〈안연〉

예문은 자장이 덕을 숭상하고 미혹됨을 분별하는 것에 대해 묻자, 공자가 한 답으로 그 전문은 이렇다.

"충성과 신의를 위주로 하고 도의를 실천하며 사는 것이 덕을 숭상하는 것이다. 사랑하면 그가 살기를 바라고 미워하면 그가 죽기를 바란다. 이미 그 살기를 바랐다가 또 죽기를 바라는 것이니, 이는 미혹된 것이다."

덕을 숭상하는 것은 자신의 삶에서 덕을 쌓는 일에 충실한 것을 말한다. 그것을 위해서는 가장 먼저 자신을 바로 세우고(충忠), 사람들과의 관계에서 신의를 지켜야 한다(신信). 의를 실천하는 것은 불의한 자신을 버

동정하는 마음에 그치지 말고 사랑을 실천하라

리고 의로 옮겨가는 것이다. 즉 공자가 항상 강조했던 인의仁義의 삶을 사는 것이 덕을 숭상하는 삶의 태도라고 할 수 있다. 중심이 바로 서 있어 상황에 따라 흔들림이 없는 사람, 사람들 사이에 믿음이 있어서 존경받는 사람, 바로 이러한 사람이 덕에 충실한 사람이며 인격이 훌륭한 사람이다. 시대가 흐르고 문화가 발전하고 변화하지만 이러한 도리에 있어서는 변함이 없다. 여기까지는 별다른 이견이 있을 수 없다. 하지만 그 뒷구절 "미혹을 분별하는 것"에 대한 가르침은 좀 이해하기가 힘들다.

모든 큰 문제는
작은 일에서 비롯된다

공자는 한 사람을 두고 살기를 바라고, 죽기를 바라는 감정을 함께 가지는 것을 미혹이라고 보았다. 사람을 좋아하고 미워하는 것은 감정이다. 많은 사람을 접하고 그들과 관계를 만들어가는 것이 바로 사람의 삶이며, 이는 예나 지금이나 다름이 없다. 모든 이들과 좋은 관계를 맺으면 가장 좋겠지만 그중에는 필연적으로 좋은 사람과 미운 사람이 생기기 마련이다. 설사 미운 사람이라고 해도 관계를 단절할 수 없기에 사람과의 관계가 힘든 것이다.

하지만 미워하는 감정과 좋아하는 감정이 언제나 변함 없을 수는 없다. 지금은 좋지만 상황이 변하면 그 사람이 미워질 수도 있다. 마찬가지로 미운 사람이라고 해도 그 사람이 베푼 작은 도움이나 친절에 의해 그 사람이 좋아지기도 한다. 미워했다가 좋아지면 그 좋은 감정이 더 커질 수도 있다. 그때 우리는 흔히 "원래 좋은 사람인데 내가 그 사람을 오해했어…"라고 말한다. 마찬가지로 좋은 감정이 미워지면 그 미움은 더욱 커진다. "믿었던 사람인데…" 하는 마음이 사무쳐 점점 더 미워지는 것이다.

하지만 같은 사람을 두고 좋아하고 미워하는 감정이 동시에 있다는 것은 언뜻 생각하면 이해하기 힘들다. 심지어 그 사람이 살기를 바라면서 또 죽기를 바라는 것은 조금 심하다. 하지만 이런 마음은 의외로 쉽게 일어날 수 있는 감정이다. 오히려 가장 친밀한 사람, 부모나 둘도 없는 친구, 자기 목숨보다 더 사랑했던 연인에게서 일어난다. 목숨도 아끼지 않을 만큼 사랑했던 감정이 목숨을 뺏을 정도의 미운 감정으로 바뀌는 다소 황당한 일이 현실에서도 많이 일어나고 있지 않은가. 공자가 제자 번지에게 주었던 미혹에 대한 해답에서 우리는 좀 더 쉽게 짐작할 수 있다.

번지가 무우대 아래를 거닐다가 공자에게 "미혹을 분별하는 일"을 물었을 때 공자가 가르친 말이다.

"잠시 분노해서 자신을 잊고 부모를 잊는 것이 미혹됨이다(일조지분 망기신 이급기친 비혹여一朝之忿 忘其身 以及其親 非惑與)."

순간적으로 화가 나서 그 화를 폭발시키는 사람을 보면 대부분 얼굴이 이지러지고 눈동자가 흐려진다. 원래의 자신을 잃어버린 것이다. 이

동정하는 마음에 그치지 말고 사랑을 실천하라

사람은 자신의 안위를 걱정하는 부모까지 잊었다고 할 수 있다. 심지어 화가 극에 달하면 자기 부모까지 그 화의 대상이 될 수 있다. "제 부모도 몰라보는 놈"이 가장 심한 욕이 되는 것이 바로 그 이유다. 자신을 잊는 것은 물론 부모도 잊는 것은 사람됨의 근본을 부정하는 것이기 때문이다. 하지만 이런 감정은 안타깝게도 대부분 사소한 일이나 상황에서 일어난다. 공자가 하루아침의 감정, '일조지분一朝之忿'이라고 표현한 데서도 알 수 있듯이 모든 큰 문제는 작은 일에서 비롯된다. 우리가 감정을 절제하지 못했을 때 가장 후회하는 일이 그것이다. 얼마든지 참을 수 있는 일, 잠깐이면 잊힐 일 때문에 인생에서 가장 큰 흠을 만들기 때문이다.

사람을 사랑할 줄 알면
감정에 치우치지 않는다

공자는 자장에게 감정을 조절할 줄 아는 것이 바로 미혹됨에서 벗어나는 길이라고 가르친다. 특히 사랑과 미움의 감정을 강조했다. 성격이 급하고 지나친 면이 많은 자장이 가장 빠지기 쉬운 감정이라고 생각했을 것이다. 이러한 문제는 자장만이 아니라 오늘을 살아가는 우리에게도 절실하다.

특히 오늘날은 감정을 절제하지 못해, 그중에서도 분노를 참지 못해 수많은 사건이 일어난다. 공자는 오늘을 예견한 듯 분노를 절제하는 힘, 그 분노를 유발하는 유혹에서 벗어날 수 있는 방법을 가르쳐준다.

먼저 '지자불혹知者不惑'이다. 지식은 미혹됨에서 벗어날 수 있는 가장 큰 힘이다. 무지가 만드는 것이 바로 미혹이기 때문이다. 사람들은 누구나 다가올 미래를 궁금해한다. 어떤 사람은 호기심으로 미래를 기다리지만, 어떤 사람은 두렵다. 그래서 미래를 알려준다는 미신을 찾는다. 그런 두려움을 이기는 분별력을 주는 것은 바로 지식이다.

그다음은 '사십이불혹四十而不惑'이다. 사십까지 살면서 겪었던 경험과 배움이 미혹을 이기는 힘이 된다. 물론 나이가 들었어도 미혹됨을 벗어나지 못하는 사람도 있다. 공자는 그런 사람은 "두려워할 존재가 아니다"라고 말한다.

그리고 마지막으로 〈이인〉에 실려 있는 "오직 인한 사람만이 사람을 좋아할 수 있고 미워할 수 있다(유인자 능호인 능오인唯仁者 能好人 能惡人)"이다. 인이란 끊임없는 성찰의 삶을 통해, 인생이란 "나 자신을 사랑하고, 다른 사람을 사랑하는" 과정임을 깨닫는 것을 말한다. 바로 이런 사람에게 사람을 미워하고, 좋아할 자격이 생긴다. 사심 없이 감정을 조화롭게 발산할 수 있기 때문이다.

중심이 굳건히 서서 상황에 따라 쉽게 흔들리지 않는 사람, 다른 사람을 배려하며 변함없이 사랑을 베푸는 사람, 자신의 미래를 확신하며 눈앞의 작은 일에 의심하지 않는 사람의 삶은 언제나 평온하다. 그 바탕은 배움이다.

사람됨을 배우는 목적은
사람을 사랑하는 것에 있다.

3부

—

誠 ^성

꾸준한 사람은 결코 실패하지 않는다

正心誠意

정심성의

마음을 가다듬는 사람에게는 어떠한 허식도 없다

태도가 바르지 않으면
이 모든 공부가 소용없다

君子所貴乎道者三
군자소귀호도자삼

군자가 귀하게 여기는 도 세 가지가 있다.
_〈태백〉

증자는 잘 알려진 대로 유교의 계승자로 꼽힌다. 공자의 정통성을 이은 유일한 제자인 것이다. 하지만 증자가 처음부터 공자에게 인정받은 제자는 아니었다. 오히려 "우둔하다"고 질타를 받기도 했다. 이러한 열등생이 유교의 계승자로 성장하기까지 그 노력과 각오가 어떠했을까? 그동안 증자가 했던 말에서 그 근거를 짐작할 수 있다.

"나는 하루에 세 번 나를 반성한다(오일삼성오신吾日三省吾身)." 증자가 했던 이 말이 그 첫 번째 이유다. 날마다 스스로 반성하며 자신을 가다듬은 사람은 성장을 멈추지 않는다. 그 시작이 어떠하든 좋은 결과를 만들어 낸다.

"선비는 뜻이 크고 의지가 강인해야 하니, 책임은 무겁고 갈 길은 멀기 때문이다. 인을 자신의 임무로 삼으니 또한 책임이 무겁지 않은가? 죽은 뒤에야 그만두는 것이니 또한 갈 길이 멀지 않은가?"

'임중이도원任重而道遠'이라는 원문으로도 잘 알려진 이 글은 그 두 번째 이유가 될 수 있다. 자신에게 주어진 책임과 나아갈 방향을 명확히 한 사람은 흔들리지 않고 그 길을 갈 수 있다. 증자는 선비의 길을 말했지만, 어떤 일을 하든 마찬가지다. 특히 이 구절은 그 각오의 엄정함과 표현의 유려함으로 많은 명사의 좌우명으로도 유명하다. 우리에게는 특히 민족의 영웅 안중근 의사가 하얼빈 의거 후 감옥에서 쓴 글로 남다르게 다가온다.

"어린 임금을 부탁할 수 있고, 한 나라의 정치를 맡길 수 있고, 나라의 큰일을 당했을 때 그의 뜻을 빼앗을 수 없다면 군자다운 사람인가. 군자다운 사람이다."

"군자는 학문으로 벗을 모으고, 벗을 통해서 인의 덕을 수양한다."

군자의 세 가지 도는
몸, 얼굴, 말의 태도에 있다

날마다 이런 각오를 새기고 말했기에 증자는 자신을 끊임없이 성찰하고 성장시켜나갈 수 있었다. 하지만 이런 각오와 사명이 단순히 말이나 이론에 그쳐서는 그 결과를 만들어내기 어렵다. 반드시 하루하루의 평범

마음을 가다듬는 사람에게는 어떠한 허식도 없다

한 일상에서 실천할 수 있어야 한다. 그리고 어떤 순간에도 나아갈 좌표가 있어야 길을 잃지 않는데, 예문에서 말하는 세 가지 도리가 바로 그것이다. 그 전문은 이렇다.

증자가 병이 들자 맹경자(노나라의 대부)가 문병을 갔다. 증자가 말했다.

"새가 죽으려 할 때면 그 울음소리가 슬퍼지고, 사람이 죽으려 하면 그 말이 선해집니다. 군자가 귀하게 여기는 도가 셋 있으니, 몸을 움직일 때는 사나움과 거만함을 멀리해야 합니다. 안색을 바로 잡아 신의에 가까워지도록 해야 합니다. 말을 할 때는 도리에 벗어남을 멀리해야 합니다. 제기를 다루는 일과 같은 소소한 예법은 담당자가 있으니 그들에게 맡겨두면 됩니다."

증자가 죽을 무렵에 맹경자에게 했던 말은 자신이 평생을 지켜온 인과 충정과 같은 높은 이상이 아니었다. 오히려 평범하고 보편적인 일상의 도리를 말하고 있다. 마치 부모가 자식을 앞에 앉혀두고 해줄 법한 평범한 가르침이다.

먼저 '몸을 움직일 때(동용모動容貌)'의 마음가짐이다. 평상시의 거동은 항상 온유하고 겸손한 자세를 유지해야 한다. 어떤 상황에서도 마찬가지다. 급한 일을 당하면 사람들은 마음이 조급해지고 행동이 거칠어지기 마련이다. 아무리 온유한 사람도 마찬가지인데, 자신의 몸가짐에도 흠이 가고, 일도 이룰 수 없다. 특히 자기 힘을 믿고 교만해서는 안 된다. 교만은 어떤 일을 하든지 간에 자신을 망치는 지름길이다. 학문과 수양을 망치고, 지도자는 사람을 잃게 된다.

'안색을 바로잡는 것(정안색正顏色)'은 사람들의 신뢰를 받는 가장 좋은 비결이다. 사람들은 처음 만난 사람이 깨끗한 복장과 잘 정돈된 외모를 지니고 있으면 좋은 인상을 받게 된다. 믿음이 가는 것이다. 몇 번 만난 사람, 잘 알던 사람도 마찬가지다. 헝클어진 외모를 보면 그 사람에 대한 신뢰는 사라지게 된다. 그동안 좋은 인상을 가졌던 사람도 마찬가지다. "저 사람, 그렇게 안 봤는데…." 용모는 사람을 대하는 첫 번째 예절이며, 자신의 품격을 드러내고 신용을 얻는 좋은 방법이다.

'말을 하는 것(출사기出辭氣)'은 말 그대로 나를 말해주는 것이다. "말은 그 사람 자신이다"라는 말은 옛날부터 지금에까지 통하는 진리다. 증자는 천박한 말, 도리에서 벗어나는 말, 올바르지 않은 말, 진실하지 않은 말은 반드시 피해야 한다고 말해준다.

바르지 못한 언행은 그 사람의 장점까지 가리운다

다산 정약용은 일상에서 반드시 이를 지켜야 한다고 두 아들에게 강조했다. 귀양 생활을 하면서 오랜만에 만난 아들의 자세가 바르지 못한 것을 보고 실망해서 엄중하게 꾸짖은 것이다.

"지난번에 너를 보니 옷깃을 여미고 무릎 꿇고 앉으려 하지 않아, 단정하고 엄숙한 빛이 전혀 보이지 않았다. 이는 나의 병통이 한 번 옮겨가서 너의 이 못된 버릇이 된 것이니, 이는 성인이 '먼저 외모로부터 수

· **279** ·
마음을 가다듬는 사람에게는 어떠한 허식도 없다

습해나가야 바야흐로 마음을 안정시킬 수 있다'고 가르친 이치를 모르는 것이다. 세상에 비스듬히 눕고 삐딱하게 서서 큰 소리로 지껄이고 어지러이 보면서 공경함의 마음을 지킬 수 있는(주경존심主敬存心) 자는 없다. 그러므로 '몸을 움직이는 것(동용모)', '말을 하는 것(출사기)', '얼굴빛을 바르게 하는 것(정안색)'이 학문에서 가장 먼저 해야 할 것이니, 진실로 이 세 가지에 힘쓰지 못한다면 아무리 하늘을 꿰뚫는 재주와 남보다 뛰어난 식견을 가지고 있더라도 끝내 발을 땅에 붙이고 바로 설 수 없다."

증자가 말했던 것과 일치한다. 아마 다산은 예전에 읽었던 《논어》에서 이 말을 깊이 새겼던 것 같다. 다산 역시 젊은 시절 바르지 못한 자세와 겉멋을 추구하는 태도를 지닌 적이 있었다. 그래서 젊은 시절 자신의 못된 태도가 아들에게 옮겨간 것이 아닌가 한탄하며, 반드시 고치라고 강조했다. 다산은 학문을 이루는 방법으로 이 가르침을 주었지만, 사실은 어떤 일을 하더라도 반드시 지켜야 할 일상의 덕목이다. 특히 학교를 졸업하고 사회생활을 시작할 때 이러한 자세를 반드시 지켜야 한다.

젊은 시절 창의와 패기는 반드시 가져야 할 좋은 장점이다. 하지만 이런 장점을 바르지 못한 언행과 태도로 반감시켜서는 안 된다. 자칫하면 내가 가진 모든 장점을 가리는 치명적인 단점이 될 수도 있다.

아무리 하늘을 꿰뚫는 재주가 있어도
사람됨이 없으면 땅에 발을 붙일 수 없다.

사람을 아끼는 마음은
반드시 열매를 맺는다

子曰 苗而不秀者 有矣夫 秀而不實者 有矣夫
자왈 묘이불수자 유의부 수이부실자 유의부

싹이 솟아도 꽃을 피우지 못하는 것이 있구나!
꽃은 피어도 열매를 맺지 못하는 것이 있구나!
_〈자한〉

안연은 공자의 수제자로 《논어》에는 그에 관한 글이 많이 실려 있다. 학문의 뛰어남, 수양의 높은 경지, 안빈낙도의 삶의 자세 등 유학자로서 흠잡을 데 없는 모습이다. 하지만 알려진 대로 그는 단명했다. 30대 초반의 나이에 굶주림을 못 이겨 아사餓死한 것이다.

공자는 자신의 학문을 이을 수제자를 잃은 아픔을 여러 번 언급하며 안타까워했다. 예문의 바로 앞에 실린 글은 공자가 안연을 잃고 난 후 느끼는 심경을 말한 것이다.

"일러주면 게을리하지 않는 사람이 바로 안회(안연의 이름)다."

"애석하구나. 나는 그가 진보하는 것만 보았지 그가 멈추어 있는 것을 본 적이 없다."

안연은 공자의 가르침을 언제나 기쁘게 받았고, 그 가르침을 배우고 실천하기 위해 노력했다. 이처럼 성장을 멈추지 않는 사람은 높은 경지에 도달할 수 있다. 실제로 안연은 공자로부터 "나보다 더 뛰어나다"라는 평가를 받기도 했다. 하지만 스승의 위대함을 알았기에 언제나 자신의 부족함을 인식했고, 겸손한 자세를 취했기에 오히려 공자의 더 큰 사랑을 받았다.

다음은 〈자한〉에 실린 안연의 글이다.

"우러러볼수록 더욱 높고, 파고 들어갈수록 더욱 견고하며, 바라보면 앞에 계신 듯하다가 어느새 뒤에 와 계신다. 스승님께서는 사람들을 잘 이끌어주시어, 학문으로 우리를 넓혀주시고, 예로써 우리를 단속해주신다. 그만두고 싶어도 그만둘 수 없고, 비록 나의 재주를 다하여도 스승님의 가르침은 우뚝 서 있어 아무리 따르려 해도 따라갈 수 없구나."

스승을 향한 존경과 스스로 낮추는 겸손이 절절하다. 비록 스승으로부터 크게 인정을 받았지만, 도저히 따를 수 없는 스승의 경지를 진심으로 드러내고 있다.

화려한 꽃에 그친다면
허망한 결과가 된다

예문은 이러한 제자를 잃은 아픔을 자연에 비유해 시적으로 표현한 것이다. '묘苗'란 식물이 자라는 가장 최초의 단계다. 어떤 식물이든지 씨를 뿌리면 싹을 틔우는 것이 당연한 이치지만 모두 싹을 틔우는 것은 아니다. 거친 땅속에서 얼 수도 있고, 땅의 무게에 굴복해 마를 수도 있다. 애써 땅을 뚫고 나왔지만 더 이상 자라지 못해 그 상태로 굳을 수도 있다. 사람으로 본다면 삶의 의지를 잃은 것이다. 더 나은 삶을 위한 공부도, 경험이나 노력도 없이 하루하루 소일하는 인생이다. 공자는 이런 인생을 두고 이렇게 말했다. "배부르게 먹고 온종일 마음 쓰는 데가 없으면 곤란하다! 장기나 바둑 같은 것이라도 있지 않은가! 그런 것이라도 하는 것이 아무것도 하지 않는 것보다는 낫다."

꽃을 피운 것은 그다음 단계로 공자는 '수秀'라고 표현했다. 갖은 풍파와 시련을 이겨내고 마침내 빼어난 상태까지 이룬 단계다. 이 상태에 이르면 식물은 보기 좋은 모습을 갖춘다. 아름다움을 뽐내며 사람들에게 보는 기쁨을 준다. 그 단계가 되면 사람들은 꽃 주위에 모여든다. 사람의 경우로 보면 화려한 성공을 거둔 것이다. 학문과 경험을 통해 식견을 넓히고, 다양한 관문을 통과하고, 성공이라는 꽃을 피운다. 부를 쌓고, 높은 관직에 올라 사람들의 추앙을 받는다. 공자의 제자로 보면 자공과 같은 인물이다.

대부분의 사람들은 이러한 단계에서 만족한다. 공자가 살던 옛날에

마음을 가다듬는 사람에게는 어떠한 허식도 없다

도 마찬가지였다. 자공은 사람들로부터 큰 추앙을 받았다. 일부의 사람들이기는 하지만 "자공이 공자보다 더 뛰어나다"라는 평가가 나오기도 했다. 하지만 공자는 이 상태로 완성된 것은 아니라고 보았다. 열매를 맺어야 한다는 것이다. 아름답고 화려한 꽃에만 그친다면 얼마 지나지 않아 허망한 결과를 맞는다. 꽃은 때가 되면 시들기 마련이고, 땅에 떨어져 주변을 어지럽히고 만다.

하늘이 돕지 않더라도
사람은 열매를 맺어야 한다

'열매를 맺는 것(실實)'은 식물이 자라는 최종 단계다. 사람들에게 때에 맞게 식량을 주고, 풍요롭게 해준다. 이러한 단계까지 이를 수 있어야 식물은 그 존재 의미와 목적을 다하는 것이다. 하지만 안타깝게도 이러한 최종 단계에 이르지 못하는 식물도 있다. 병충해나 비바람으로 인해 꽃이 떨어지면 결국 열매를 맺지 못하게 된다.

사람도 역시 마찬가지다. 아니 식물보다 훨씬 더 어렵다. 뛰어난 실력과 자질을 갖추어도 세상에 뜻을 펼치지 못하는 사람도 있다. 안연이 그랬다. 화려한 꽃을 피우는 단계에까지 도달했으나, 그 뜻을 펼치지 못하고 단명하고 말았다. 공자가 한탄하며 안타까워한 이유가 바로 그것이다. 수많은 제자 중에서 가장 뛰어난 제자, 존경과 존중으로 스승과 대등하게 대화를 할 수 있었던 제자는 학문과 수양의 거의 정점에 이르렀으나 세상에서 뜻을 펼칠 기회를 얻지 못했다. 하늘이 준 수명壽命이 미치지 못했기 때문이다. 공자는 이를 한탄하면서 예문의 말을 했다. 이 속에 담긴 공자의 마음은 이랬을 것이다.

> "이처럼 탁월한 재주와 덕성을 주고도 뜻을 펼칠 기회를 주지 않으니 하늘의 뜻은 정말 알 수 없구나!"

어떤 상황에서든 올바른 길을 가는 것은 평범한 사람에게 쉬운 일이 아니다. 높은 지위에 올랐다면, 화려한 인생의 꽃을 피운 사람이라면 더욱 그렇다. 주위의 추앙과 그로 인해 스스로 높아지려는 교만이 삶의 소중한 결실을 맺지 못하게 한다. 삶의 열매란 그 열매로 사람들을 이롭게 하는 것이다. 공자는 그런 사람을 두고 성인聖人과 같은 사람이라고 했다. 크고 대단한 일을 해서가 아니다. 내가 가진 작은 힘을 나눠주고 사는 사람, 그는 성인의 길을 가고 있는 것이다.

나만 잘 살고, 내 가족만 잘 살려고 자기 권력을 이용하는 사람은 그 결말이 허망하다. 쓰러진 꽃처럼 되고 만다.

세상에서 뜻을 이루지 못할지라도
사람 공부는 계속 이어지며
흔들리는 세상을 바로잡는다.

———————————

고난의 시기를 함께하는
마음이 우정이다

歲寒 然後知松柏之後凋也
세한 연후지송백지후조야

날이 추워진 후에야 소나무와 잣나무의 잎이 더디 시듦을 안다.

_〈자한〉

'군자유어의 소인유어리君子喩於義 小人喩於利', "군자는 의리에 밝고 소인은 이익에 밝다"는 뜻으로 〈이인〉에 실려 있다. 소인은 삶에서 중요시하는 것이 이익인 반면, 군자는 의를 중요시한다. 의란 악함을 미워하고 선함을 추구하는 정신으로 한마디로 하면 '올바름'이다. 이런 사람들은 중심이 굳게 서 있기에 쉽게 변하지 않는다. 빈부나 환경에 영향을 받지 않고 항상 올바름을 추구한다. 사람을 대할 때도 마찬가지다. 교제할 때는 물론 상대가 빈천에 처하거나 고난을 당할 때도 변함없이 그 사람을 대한다. 예문에서 말하는 송백松柏(소나무와 잣나무), 혹독한 겨울에도 변함없이 푸르름을 유지하는 나무를 닮았다.

세상인심과 세태는 자기 이익을 좇아 쉽게 변한다. 한여름 무성한 잎을 자랑하는 나무나 가을의 아름다운 단풍이 차가운 겨울이 되면 앙상하게 변하듯이, 친하게 지내던 사람이 고난에 처하게 되면 차갑게 단절한다. 이런 사람은 자신을 대할 때도 마찬가지다. 권세를 누리며 풍족하게 지낼 때는 의기양양하지만 막상 고난을 당하면 쉽게 무너진다. 자신을 돌아보기 전에 주위 사람들을 원망하고, 하늘을 원망하며 인생을 포기한다. 바로 소인의 행태다.

눈앞의 이익과 세태에
동요하지 않는다

공자는 어렵고 힘든 시기가 오면 사람의 진정한 가치와 품격이 드러난다는 뜻으로 이 말을 했다. 거칠었던 공자 자신의 삶에서 평생 붙들었던 인생의 철학이었을 것이다. 학자로서, 정치가로서, 제자를 가르치던 교육자로서 칠십 평생을 살아왔지만 순탄한 길은 아니었다. 뜻을 이루기 위해 세상과 타협하라는 유혹도 많았지만, 끝까지 선비로서의 꿋꿋한 지조를 지켜나갔다. 특히 56세의 늦은 나이에 뜻을 이루기 위해 떠났던 14년간의 천하 주유의 시간은 공자 생애에서 가장 가혹한 고난기라고 할 수 있을 것이다. 이때 이 구절을 되뇌이며 스스로를 다잡았을지도 모른다.

이 구절은 추사의 〈세한도歲寒圖〉를 통해서 우리에게도 익숙하다. 추

마음을 가다듬는 사람에게는 어떠한 허식도 없다

사는 《논어》에 실려 있는 이 말을 따서 자기 작품에 '세한도'라고 이름을 붙였다. 제주도에서 유배하던 시절 제자 이상적의 의리와 우의에 감사하며 직접 그려 선물로 주었던 작품이다. 역관이었던 이상적은 추사가 권세를 잃고 유배 중이었음에도 잊지 않고 중국에서 구한 귀한 책을 보내주며 교류를 계속했다. 추사는 권력만을 좇는 각박한 세태에서 변함없는 이상적의 의리에 크게 감동했는데, 〈세한도〉에 적어놓은 추사의 글에서 그의 감격을 엿볼 수 있다.

"지금 세상은 권세와 이익만을 좇아 따르는 것이 거부할 수 없는 시대의 풍조이다. 어찌 비싼 값을 주고 산 이 귀한 책을 권세가에게 보내지 않고 먼 바닷가 초라한 처지의 나에게 보냈는가? 사마천이 말하기를 '권력과 이익을 좇아 모인 사람은 그것이 사라지면 멀어진다'고 했는데, 그대도 세간의 한 사람일진데 어찌 그것에서 벗어나 초연한가. 그대는 나를 권력과 이익의 대상으로 보지 않는가, 아니면 사마천의 말이 틀렸다는 말인가? 공자가 '날이 추워진 후에야 소나무와 잣나무 잎이 더디 시듦을 안다'고 했듯이, 송백은 사시사철 시들지 않는다. 추운 겨울이 오기 전에도 송백이요, 추운 겨울이 온 후에도 마찬가지로 송백인데 성인聖人은 특별히 한겨울 이후의 변함없음을 칭찬하였도다."

공자의 때에도, 추사의 시대에도 사람들은 권력과 이익을 좇았지만, 오늘날에는 더욱 절실히 이런 세태를 느끼게 된다. 팽배한 물질주의와 성공주의는 가장 아름다워야 할 사람들 간의 관계 역시 그렇게 만들고 말았다. 사람들은 부와 권력을 좇아 모여들지만, 그 속에 진정한 사귐은 없다. 하지만 어느 시대, 어떤 상황에서도 이루고 싶은 '삶의 진정한 가치'를 꽉 붙잡고 놓지 않는 사람들이 있다. 이런 소중한 가치를 지켜나가는 사람은 눈앞의 이익과 세태의 변화에 쉽게 동요하지 않는다. 그리고 어떤 상황에서도 사람에 대한 의리를 저버리지 않는다. 바로 공자가 말했던 '송백'과 같은 사람이고, 예문의 말을 받기에 합당한 사람이다.

인연을 소중히 하면
인생이 풍족해진다

다산 정약용도 18년간의 혹독한 귀양살이를 하며 진정한 두 사람의 벗을 찾았다. 한 사람은 인근 흑산도에서 역시 귀양살이를 하던 둘째 형 정약전이다. 우리가 아는 《자산어보》의 저자로, 두 사람은 형제로서 이미 오랜 교류를 했던 사이였다. 하지만 다산은 함께 귀양을 하며 새롭게 진정한 우애를 발견했다. 힘들고 거친 귀양살이 중에 서신으로 위로하고, 좌절하지 않도록 격려하고, 학문을 나누고, 〈여유당전서〉라는 위대한 책을 쓰는 데 큰 도움을 얻었다. 정약전이 세상을 떠났을 때 다산은 이렇게 심경을 표현했다.

외로운 천지 사이에 다만 우리 손암異庵(정약전의 호) 선생이 있어 나의 지기였는데, 잃고 말았다. 이제부터는 비록 얻는 바가 있어도 장차 어디에 말하겠느냐? 사람이 자기를 알아주는 이가 없으면 죽은 사람이나 다름이 없다. 아내와 자식도 나의 지기가 될 수 없고, 집안 사람도 모두 지기가 아니다. 지기가 세

다산은 형 정약전의 존재를 '지기知己', "나를 알아주는 존재"라고 표현
했다. 최고의 우정을 뜻하는 '관포지교管鮑之交'의 고사에서 관중이 절친한
친구 포숙을 두고 "나를 알아주는 존재"라고 했던 데서 나온 말이다. 평
상시에는 서로 화목하며 즐겁게 지내고, 고난에 처했을 때는 서로 의지
하며 힘이 되고, 학문과 수양에서는 서로 격려하며 동행하고, 세상에서
오직 나를 알아주는 지기가 될 수 있는 존재가 바로 벗이다. 그 인연을
소중히 할 수 있으면 우리는 더 풍족한 인생을 살 수 있다.

다산이 귀양 중에 만난 또 한 사람은 강진 병영에 근무하던 이중협이
었다. 다산은 이중협이 임지를 떠날 때 아쉬운 마음을 이렇게 표현했다.

"즐거움은 괴로움에서 나온다. 그러니 괴로움은 즐거움의 뿌리다. 괴
로움은 즐거움에서 나온다. 따라서 즐거움이란 괴로움의 씨앗이다. 괴
로움과 즐거움이 서로를 낳는 것은 움직임과 고요함(동정動靜), 그리고 음
과 양이 서로 뿌리가 되는 것과 같다. 통달한 사람은 그러한 연유를 아는
지라 깃들어 숨어 있는 것을 살피고 성하고 쇠하는 이치를 헤아려, 내 마
음이 상황에 응하는 것을 항상 뭇사람과 반대로 한다. 그런 까닭에 두 가
지가 항상 그 취향을 나누고 그 기세를 죽이게 된다."

《주역》의 철학을 바탕으로 이별의 아픔을 이겨낸 다산의 지혜다.

사람은 누구나 자기 이익을 생각하기 마련이다. 본성이기에 위대한
성인이 아닌 이상 벗어나기는 쉽지 않다. 공자가 '견리사의見利思義'를 말
했던 것도 이러한 사람들의 한계를 헤아렸기 때문일 것이다. 이익을 추

구하는 것은 잘못이 아니지만, 이익을 위해 불의를 행하지는 말라는 권유다.

이익만을, 성공만을 추구하는 삶은 천박하다. 이익을 추구하되 재물보다는 인격의 성장을, 성공보다는 품격을, 눈앞의 즐거움보다는 인내의 기쁨을 추구한다면 송백의 지조에 한 걸음 더 다가설 수 있을 것이다.

뜻을 같이 하는 사람은
이익이 아니라 고난에 동참한다.

세상을 품는 마음이
일상의 작은 근심을 이긴다

知者不惑 仁者不憂 勇者不懼
지자불혹 인자불우 용자불구

지혜로운 사람은 미혹되지 않고, 인한 사람은 근심하지 않으며,
용기 있는 사람은 두려워하지 않는다.
_〈자한〉

오늘날 사람들에게 가장 큰 인생의 장벽은 근심과 두려움, 그리고 유혹
이라고 할 수 있다. 사람마다 정도의 차이는 있지만 크게 다름이 없을 것
이다. 하루하루 계속되는 크고 작은 걱정거리들이 마음을 내리누르고,
현실의 어려움과 미래에 대한 불확실성 때문에 두렵다. 이처럼 불안한
마음에 잠식되다 보면 삶을 뒤흔드는 유혹에 빠져들기도 한다. 시간이
지나면, 한 걸음만 물러서서 차분히 생각하면 충분히 이겨낼 수 있는 유
혹 때문에 많은 사람들이 큰 어려움을 겪고 후회하게 된다.

군자의 도를 추구하는 것은
공자에게도 쉽지 않다

오늘날 이러한 현상은 개개인의 어려움을 넘어서 사회적인 문제로 자리 잡고 있다. 우울증, 강박증, 불안장애 등 마음의 병이 만연하여 사회에 고통이 가득한 것이다. 이러한 현상은 오래전에도 마찬가지였다. 특히 전쟁과 빈곤이 일상이 된 현실이 더욱 사람들을 짓눌렀을 것이다. 이를 안타깝게 여긴 공자는 예문을 통해 마음의 병을 유발하는 근심과 두려움, 그리고 쉴 새 없이 마음을 흔드는 유혹을 이겨낼 수 있도록 가르쳤다. 예문은 〈헌문〉에도 실려 있는데, 제자 자공이 등장하는 스토리가 있어서 더 재미있다.

공자가 군자의 도에 대해 말하자, 자공이 대답했다.

"군자의 도가 세 가지가 있는데 나는 그것을 실천하지 못하고 있다. 인한 사람은 근심하지 않고, 지혜로운 사람은 미혹되지 않고, 용감한 사람은 두려워하지 않는다는 것이다."
"스승님께서는 스스로에 대해 말씀하신 것이다."

여기서 공자는 같은 방법을 제시하면서 한 가지를 덧붙인다. 자신도 역시 벗어날 힘이 되는 지식은 있으나 제대로 실천하지 못한다는 안타까움이다. 이 말에 자공은 "스승님의 겸손의 말씀이다"라고 말한다. 성인으로까지 불리는 공자가 평범한 사람들이나 하는 근심이나 두려움에 흔들릴 리가 없다는 확신이다.

하지만 제자의 눈에 어떻게 비춰질지언정 공자 역시 이러한 어려움을 겪었을 거라고 짐작할 수 있다. 《중용》에서도 "군자의 도가 네 가지가 있는데, 나는 한 가지도 제대로 실천하지 못한다"라고 한탄했듯이, 공자에게도 군자의 도를 추구하는 것이 쉬운 일은 아니었다. 공자는 스스로에게 새기고 다짐하듯이 몇 번이고 되뇌고 상기하고 마음을 다잡았을지도 모른다.

잠시 멈춰 옳고 그름을 생각하면 유혹에 쉽게 넘어가지 않는다

공자가 근심을 이기는 힘이라고 말했던 인은 자신을 수양하고, 세상을 평안하게 만드는 근본이다. 공자의 핵심 철학이라고 할 수 있는데, 한마디로 하면 사랑이다. 사랑은 가장 부드럽고 아름다운 단어지만 그 힘은 가장 강력하다. 사랑의 마음은 그 어떤 것도 이겨낼 수 있는 능력이 있기 때문이다. 사랑의 마음을 가진 사람에게는 가난이나 고난과 같은 환경의 어려움, 사람과의 관계에서 유발되는 일상의 근심은 큰 문제가 아니다. 물론 전혀 영향을 받지 않을 수는 없겠지만, 곧 사랑으로 해야 할 일에 몰두하며 잊어버린다. 사람을 사랑하고, 세상을 평안하게 만들기 위한 큰 근심은 일상의 작은 근심을 무의미하게 만들기 때문이다.

그다음 두려움을 이겨낼 힘은 용기다. 여기서 용기란 우리가 흔히 알고 있는 것과는 다르다. 자신이 가진 힘을 자랑하고, 그 힘으로 다른 사람을 제압하고, 어떤 어려움도 이겨낼 수 있는 힘이 아니다. 진정한 용기란 그 어떤 것도 두려워하지 않는 무모함이 아니라, 두려워하지 않아야 할 것은 두려워하지 않고, 두려워해야 할 것을 두려워하는 것이다. 내 삶의 의미와 가치를 높이고, 높은 이상을 향해 도전하는 자신이 뒤처지지 않을까 두려워하는 것이 참된 두려움이다. 이때는 사소한 다툼이나, 쉽게 발현되는 값싼 자존심에 좌우되지 않는다. 그리고 좌우의 이목에 흔들리지 않는다. 그것들은 두려워할 대상이 아니라는 것을 인식하고 있기 때문이다.

마지막으로 유혹은 지식의 힘으로 이겨낼 수 있다. 맹자가 말했듯이 지식은 '시비지심是非之心', 즉 "옳고 그름을 아는 마음"이다. 선택하고 행동하는 순간이 닥쳤을 때, 잠깐 멈춰서 옳고 그름을 생각할 수 있는 사람은 쉽게 유혹에 넘어가지 않는다. 일확천금의 환상이나 은밀한 유혹도 한 걸음 물러서서 생각할 수 있다면 이겨낼 수 있다.

작은 근심으로 인생을 낭비하기보다
큰 꿈을 위해 온 마음을 다한다

이러한 고전의 가르침을 너무 힘들다고 느끼는 사람도 있을 것이다. 아니, 그렇게 생각하는 것이 당연하다. 오죽하면 탁월한 학문과 수양의 경지에 이른 공자도 내면으로는 어려움을 겪었다고 고백하고 있을까. 이

마음을 가다듬는 사람에게는 어떠한 허식도 없다

글을 쓰고 있는 나 자신도 마찬가지다. 근심과 두려움, 그리고 유혹은 항상 내 곁에 있고, 날마다 치열하게 싸워야 했다. 물론 지금도 자유롭지는 않다. 단지 나의 경험으로 비추어보자면, "지금 하는 일에 온 힘을 다해 집중하라!"고 제안하고 싶다. 현재 하고 있는 일을 이루기 위해 온 힘을 다한다면 주변에 눈 돌릴 시간도, 여유도, 마음도 없다.

《맹자》에는 이렇게 실려 있다. '군자유종신지우 무일조지환야君子有終身之憂 無一朝之患也.' "군자에게는 평생의 근심은 있지만 하루아침의 근심은 없다."

큰 뜻을 위해, 인생의 목표를 이루기 위해 근심한다면 작은 일상의 근심은 걸림돌이 되지 않는다. 다음 날 아침에 눈을 뜨면 물거품처럼 사라지는 경우가 많다. 작은 근심에 매달려 인생을 낭비할지, 더 큰 꿈을 이루기 위해 온 마음을 다할지는 나 자신에게 달려 있다.

군자에게는 평생의 근심은 있지만
하루아침의 근심은 없다.

중용이란 최적의 것을 찾아
수양하는 과정이다

過猶不及
과유불급

지나침은 모자람과 같다.
_〈선진〉

중용과 그 수양에 관한 책《중용》은 단일한 덕목을 다룬 유일한 고전이다. 그만큼 중용은 옛 선비들이 중요시한 덕목이라는 것을 알 수 있다. 중용은 보편적이고 일상적인 도리에서부터 지극한 이치에 이르는 가장 심오하면서도 한편으로는 가장 쉬운 덕목이다.《중용》에는 이렇게 실려 있다.

"평범한 부부의 어리석음으로도 알 수 있으나, 지극한 이치에 이르러서는 설사 성인聖人이라도 모르는 것이 있다. 평범한 부부도 행할 수 있으나, 지극한 이치에 이르러서는 설사 성인이라도 행할 수 없는 것이 있다." 아무리 어리석은 사람이라고 해도 일상에서 행할 수 있을 만큼, 그

마음을 가다듬는 사람에게는 어떠한 허식도 없다

리고 그 도리를 충분히 이해할 만큼 중용은 쉽다. 하지만 그 깊은 이치에 이르면 아무리 뛰어난 성인이라고 해도 알기 어렵고, 당연히 행하기도 어려운 것이 바로 중용이다.

《논어》에서 공자는 "중용의 덕은 지극하다. 하지만 이 덕을 지닌 사람이 드물게 된 지 오래되었다"고 말했다. 또한 "중도를 실천하는 사람과 함께할 수 없다면, 꿈이 큰 사람이나 주저하는 사람과 함께하리라. 꿈이 큰 사람은 진취적이고, 주저하는 사람은 하지 않는 바가 있다"라고 말하기도 했다. 중용의 사람을 찾기 힘들기에 그 대안의 인물을 제시한 것이다. 꿈이 있으면 과감하게 도전할 수 있고, 주저함이 있으면 불의한 일을 하지 않는다. 심지어《중용》에서는 좀 더 현실적인 기준을 제시한다.

"천하의 국가를 다스리는 것도 가능하고, 작위나 녹을 사양하는 것도 가능하며, 시퍼런 칼날 위에 서 있는 것도 가능하나, 중용을 행하는 것은 불가능하다." 중용이란 권력이나 명예, 그리고 용기와는 다르며 좀 더 고차원적인 덕목이기에 쉽게 도달할 수 없다는 것이다.

과하지도 부족하지도 않은
적절함이 있어야 한다

이쯤 되면 중용이 어떤 것인지 궁금해지는데, 공자가 제자들을 가르친 고사에서 중용의 진정한 의미를 좀 더 쉽게 생각해볼 수 있다. 다음은 〈선진〉에 실려 있다.

제자 자공이 공자에게 물었다. "자장과 자하는 누가 더 현명합니까?" "자장은 지나치고 자하는 부족하다." 자공이 다시 묻자 공자가 대답했다. "그러면 자장이 더 낫습니까?" "지나침은 모자람과 같다(과유불급 過猶不及)."

'과유불급'이라는 성어로 잘 알려진 대목이다. 여기서 자공은 모자란 것보다는 조금 과하더라도 지나친 것이 낫다고 생각했다. 많은 사람이 공감할 것이다. 기준에 도달하지 못한 것보다 초과 달성한 것이 좋게 보이니까. 하지만 공자는 과하지도 부족하지도 않은 적절함이 있어야 한다고 가르쳤다. 이와 관련해서《중용》에서는 좀 더 상세하게 그 이유를 말해준다.

도가 행해지지 않는 이유를 나는 알겠다. 똑똑한 사람은 지나치고 어리석은 사람은 미치지 못하기 때문이다. 도가 밝혀지지 않는 이유를 나는 알겠다. 현명한 사람은 지나치고 모자라는 사람은 미치지 못하기 때문이다.

그 당시 도는 모든 학자의 수양과 학문의 목적이자 이루고자 하는 가장 높은 차원의 경지였다. 심지어 공자는 "아침에 도를 들으면 저녁에 죽어도 좋다"고까지 말했다. 그런 도를 이루는 데는 지나침도 모자람도 모두 장애가 되는 것이다.

자장은 능력도 있고 적극적인 성품이지만 수양이 부족하고 의욕도 지나쳤다. 함께 수학하던 동문들로부터 "능력도 있고 당당하지만 더불어 인을 행하기는 부족하다"는 평가를 듣기도 했다. 자신감이 넘쳐서 상

마음을 가다듬는 사람에게는 어떠한 허식도 없다

대방에 대한 배려가 부족했던 것이다. 자하는 차분하고 신중한 성격으로 학문에는 큰 진전을 얻었지만 고지식하고 소극적인 면이 있었다. 요즘으로 치면 공부는 열심히 하지만 다른 분야에는 관심이 없어 눈을 돌리지 않는 외골수적인 성품이었다고 볼 수 있다. 그래서 공자는 자하에게 "너는 군자와 같은 선비가 되어야지 소인과 같은 선비가 되어서는 안 된다"고 지적하기도 했다. 공부에만 파묻혀 인간관계를 소외시킨다면 폭넓고 당당한 사람이 될 수 없다는 가르침이다. 결국 공자는 두 제자 모두 중용의 도에는 미치지 못하는 것을 안타까워했던 것이다.

성장하는 사람의 삶의 기준은
남이 아닌 나에게 있다

여기서 또 한 가지 생각해볼 것은 동문수학하던 두 사람을 비교했던 자공의 성향이다. 자공은 세속적인 능력이 뛰어나 외교와 정치 분야에서 큰 능력을 발휘했다. 탁월한 예지력으로 큰 부를 쌓아 스승인 공자를 돕기도 했다. 하지만 학문과 수양에서는 공자의 기준에 미치지 못해 항상 지적을 받았다. 특히 고사에서도 보듯이 다른 사람을 비교하는 성향이 있었다. 공자는 습관적으로 남을 비교하는 자공에게 "자공아 너는 현명한가 보구나. 나는 바빠서 그럴 겨를이 없다(자공방인 자왈 사야 현호재 부아즉불가子貢方人 子曰 賜也 賢乎哉 夫我則不暇)"라고 질책하기도 했다. 자공의 이러한 모습은 오늘날 우리에게서 많이 발견될지도 모른다. 자신을 돌아보기보다는 다른 사람들을 평가하고, 자신의 기준이 아닌 다른 사람의 기준에 연연하며, 적당히 안도하고 은근히 기뻐하는 모습은 중용과는 거리가 멀다.

자신과 남을 비교하는 습관을 가진 사람은 크게 성장하기 어렵다. 성장의 기준, 이루고자 하는 이상의 높이가 자신이 아닌 남에게 있기 때문이다. 상대방보다 내가 나으면 만족하고, 못하면 실망하고 좌절한다면 오롯이 자신의 삶을 살기 어렵다. 특히 이런 유형의 사람은 자신보다 나은 사람이 아닌 못한 사람의 무리에 끼게 된다. 마음이 편하기 때문이다. 하지만 자신보다 못한 사람들과 함께하는 사람은 큰 성장을 이루기 어렵다. 사람은 주위에서 자주 접하는 사람과 닮아가기 때문이다. 모습은 물론 수준도 마찬가지다. 더 높이 도약하지 못하고 흔히 하는 말로 "그 나물에 그 밥"이 되고 만다.

중용의 도는 수치상으로 단순히 중간을 뜻하는 것은 아니다. 어떤 상황에서든 가장 적절한 것을 찾아 행하는 것이다. 그리고 주위에 눈 돌리지 않고 꾸준히 가고자 하는 길을 가는 것이다. 그 시작은 바로 오늘, 지금 하는 일에 최선을 다하는 것이다. 중용은 높은 도덕적 이상이지만 평상시의 삶에서 실천하는 것을 기반으로 한다.

하루하루의 삶에서 스스로를 돌아보며 날마다 내면의 단단함을 쌓아나가는 것이 바로 중용의 삶, 어른의 삶이다.

꿈이 있으면 도전할 수 있고,
주저함이 있으면 불의한 일을 하지 않는다.

———

근심의 원인은 상황이 아닌
나에게 있다

內省不疚 夫何憂何懼
내성불구 부하우하구

속으로 반성하여 거리낌이 없다면, 무엇을 근심하고 두려워하겠느냐?

_〈안연〉

〈안연〉에는 공자의 제자 사마우에 대한 고사가 거듭해서 실려 있다.

먼저 사마우는 인에 대해 물었고, 공자는 "인한 사람은 말하는 것을 조심한다"라고 가르친다. 사마우는 "말만 조심하면 곧 인한 사람이 되느냐"고 거듭 물었고, 공자는 "실천하는 것이 어려우니 인자가 되고 싶다면 가장 먼저 자기 말을 실천하는 사람이 되어야 한다"고 말해준다. 사마우는 말이 많고 조급한 성품이기에 공자는 그것을 가르친 것이다.

짧게 말했지만 그 속에 담긴 공자의 뜻은 이랬다. "대저 인을 쉽게 말하는 자는 인을 행하지 못하는 자다. 삶에서 인을 열심히 행한 다음에야 인을 행하는 것이 어렵다는 것을 알게 된다. 따라서 가볍게 말할 수 없다." 인은 두 사람의 관계, 즉 부모와 자식, 임금과 신하, 벗과 이웃 등 항상 접하는 사람과의 관계에서 도리를 다하는 것을 기본으로 한다.

따라서 인을 추구하는 사람은 삶의 모든 영역에서 최선을 다해야 한다. 깊은 가르침이었지만 여기서도 사마우의 조급한 성품이 드러난다. 사마우는 "그것만 하면 되느냐"고 즉시 물었다. 공자의 말을 새겨보지도 않고, 자신을 돌아보지도 않고, 바로 해답을 찾는 자세다. 이처럼 생각도 하지 않고 가볍게 말하는 사람은 그 이치를 제대로 알지 못한다. 당연히 앞으로도 알기 어렵다.

스스로 돌아보아 깨끗하다면
근심할 일이 없다

그다음 사마우는 군자에 대해 물었고, 앞의 예문은 공자의 대답에 실려 있다. 전문은 이렇다.

사마우가 군자에 대해 묻자, 공자가 말했다. "군자는 근심하지도, 두려워하지도 않는다." 사마우가 물었다. "근심도 하지 않고 두려워하지도 않으면, 곧 그 사람을 군자라고 할 수 있습니까?" 공자가 말했다. "속으로 반성하여 거리낌이 없다면, 무엇을 근심하고 두려워하겠느냐?" 역시 앞에서 소개했던 고사와 같은 패턴이다.

공자는 항상 근심과 두려움에 싸여 있는 제자가 안타까웠다. 그 이유는 〈술이〉에 실려 있는, "하늘이 나에게 덕을 부여해주었는데, 환퇴가 나를 어찌하겠느냐?"라고 공자가 했던 말에서 짐작할 수 있다. 공자를 해치려고 했던 환퇴가 바로 사마우의 형이었다. 송나라의 대부였던 환퇴는 임금의 총애를 믿고 교만해져서 반란을 일으켰던 인물이었다. 사마우는 이에 가담하지는 않았으나 다른 형제들은 모두 가담했기에 온 집안이 반란에 연루된 것과 같았다. 이러한 사정으로 볼 때 사마우에게는 심각한 콤플렉스가 있었음을 짐작할 수 있다.

공자는 사마우에게 "근심하지도 두려워하지도 말라"라고 말해주며, 그 해답도 말해준다. "스스로 돌아보아 깨끗하다면 무엇 때문에 먼저 근심하고 두려워하느냐?"이다. 천명은 사람의 힘으로 어찌할 수 없는 것이지만, 그것 때문에 근심하고 두려워하면 오히려 삶을 망치는 일이다. 오히려 일상에 충실하고 주어진 소명인 학문과 수양에 힘쓰고, 날마다 자신을 성찰하여 부끄러움이 없는 삶을 살면 염려와 두려움을 이겨낼 수 있다는 가르침이다.

그다음은 동문인 자하와의 대화이다. 사마우가 "남들은 모두 형제가 있는데 저만이 홀로 없습니다" 근심스럽게 말하자, 자하가 답했다. "제가 듣기로 죽고 사는 것은 운명에 달려 있고, 부귀는 하늘에 달려 있다고 합니다. 군자가 공경하는 마음으로 한순간도 소홀함 없이 노력하며, 남에게 공손하고 예의를 지킨다면, 온 세상 사람이 모두 형제입니다. 군자가 어찌 형제 없음을 근심하겠습니까?"

사마우는 앞서 말했다시피 형제가 없는 사람이 아니다. 큰형 환퇴를 비롯하여 반란에 참여했던 두 명의 형제가 더 있었다. 하지만 이들은 반란에 실패하여 뿔뿔이 흩어진 상태이므로 사마우는 "차라리 형제가 없었으면" 하는 마음이었을 것이다. 혹은 마음에서 이미 형제들을 지웠을지도 모른다.

사마우는 이러한 자신의 처지가 힘들어 동문인 자하에게 하소연을 했다. 자하는 소신껏 도움을 주고자 했으나 사마우에게 큰 위로가 되지는 못했던 것 같다. 자하는 "운명은 하늘에 달려 있기에 근심하지 말라. 먼저 자신을 다듬고 다른 사람에게 예를 다하면 세상 모든 사람이 형제가 될 수 있다"고 말하며 사마우를 격려했다. 하지만 사마우는 형제가 없다는 사실을 근심한 것이 아니라, 없는 것만 못한 형제, 있음으로써 오히려 해가 되는 형제를 근심했던 것이다. 자하가 주었던 충고는 보편적으로 통하는 말이기는 하지만 사마우에게 크게 도움이 되지는 않았을 것이다.

어려움이 있을수록
일상에 몰두한다

사마우는 자신의 근심과 두려움, 그리고 그것을 야기했던 콤플렉스를 이겨내고자 많은 노력을 했다. 하지만 지혜롭게 처신하지는 못했다. 형인 환퇴가 반란에 실패하여 위나라로 가면 사마우는 그를 피해 제나라로 갔고, 형이 제나라로 가면 사마우는 오나라로 피했다. 형을 멀리하면 자신은 안전할 거라고 생각했지만, 오나라가 받아주지 않아서 노나라로 가다가 그 도성 문밖에서 죽었다. 사마우는 근심과 두려움의 근원을

마음을 가다듬는 사람에게는 어떠한 허식도 없다

자신이 처한 상황, 자신이 있는 장소라고 생각했다. 스승이 줄곧 가르친 "곤궁에 처하거든 마음을 다스리며 조용히 때를 기다리라"를 자신에게 적용하지 않았던 것이다. 결국 위험을 이리저리 피하다가 길에서 목숨을 잃고 말았다.

오늘날 사람들은 누구나 마음의 병을 가지고 살아간다. 평온한 삶을 살다가 뜻하지 않게 마음의 상처를 받기도 한다. 사마우처럼 형제로 인한 것도 있고, 부모로부터 상처를 받기도 한다. 혹은 믿었던 친구로부터 상처를 받기도 한다. 사람들은 이러한 마음의 상처를 덜기 위해 많은 노력을 하지만 사마우가 그랬던 것처럼 쉽게 벗어나지 못한다. 여기서 자유로울 수 있는 사람은 별로 없을 텐데, 우리는 사마우를 가르친 공자에게서 마음의 병을 다스리는 방법을 배울 수 있다.

먼저 어려움이 있을수록 일상에 몰두해야 한다. 마음의 어려움으로 일상의 일에 지장을 받는 것이 아니라 일상에 최선을 다함으로써 마음의 상처를 치유하는 것이다. 그다음은 사랑의 마음으로 사람들을 대하며(인자무후仁者無憂), 두려움 없이 현실에 부딪히고 도전해나가는 것이다(용자불구勇者不懼). 그다음 올바른 지식을 배워 내 마음의 상처를 정확히 알고, 세상에 미혹되지 않고 당당히 살아가면 된다(지자불혹知者不惑).

누구나 자신의 마음을 정확히 알기는 어렵다. 흔들릴 때마다 굳게 마음의 중심을 세우고, 사람과의 관계를 사랑으로 채워나갈 때 근심과 두려움은 걸림돌이 아닌 사소한 일이 된다.

곤궁에 처했다면
마음을 다스리며 조용히 때를 기다린다.

자기 이름에 걸맞음이 없으면
나라가 무너진다

君君 臣臣 父父 子子
군군 신신 부부 자자

임금은 임금답고 신하는 신하답고
아버지는 아버지답고 아들은 아들다워야 한다.
_〈안연〉

예문은 제경공이 정치를 묻자, 공자가 대답했던 말이다. 이 대답에 제경공은 이렇게 맞장구를 친다. "훌륭하십니다! 진실로 임금이 임금답지 못하고 신하가 신하답지 못하며 아버지가 아버지답지 못하고 아들이 아들답지 못하다면, 비록 곡식이 있다 한들 제가 그것을 얻어먹을 수 있겠습니까?"

이 대화에서 공자와 제경공의 관점이 다른 것을 알 수 있다. 공자는 임금에서부터 백성까지 모두 자신이 위치한 곳에서 올바른 도리를 다해야 혼란이 없어지고 제대로 된 정치가 구현되어 좋은 세상이 된다고 말했다. 여기서 그 중요도에 우열은 없지만, 그래도 정점에 있는 임금의 역

마음을 가다듬는 사람에게는 어떠한 허식도 없다

할을 가장 크게 보고 있다.

하지만 제경공은 임금인 자신을 중심으로 생각한다. 나라의 주인인 자신을 잘 모시기 위해 신하는 신하답게 충성을 다해야 하고, 백성들 역시 나라, 즉 임금인 자신에게 열심히 부역해야 한다는 것이다. 여기서 공자가 혼란의 시대인 그 당시 자기 뜻을 제대로 구현하지 못했던 이유를 알 수 있다. 공자가 말하는 가르침에 모두가 고개는 끄덕였지만 정작 제각각 자신의 관점에서 생각하기에 자기 삶에 적용하지도 못하고, 제대로 실천하지도 못했던 것이다. 결국 공자가 바라던 이상적인 사회는 이루어질 수 없었다.

바르게 알지 못하면
말하지 않는다

〈자로〉에는 공자가 자로를 가르치는 장면이 나오는데, 여기서도 공자와 자로의 관점은 다르다.

자로가 물었다. "위나라 임금이 스승님을 모시고 정치를 한다면 장차 무엇을 먼저 하겠습니까?" 공자가 말했다. "반드시 명분을 바로잡겠다." 자로가 다시 묻자, 공자가 한탄한다.

"그런 것도 있습니까? 세상 물정을 모르시는 스승님이여, 어떻게 그것을 바로 잡겠다고 하십니까?"

"어리석구나, 자로야. 군자는 자기가 알지 못하는 것은 가만히 버려두어야 한다. 명분이 바르지 못하면 말이 사리에 맞지 않고, 말이 사리에 맞지 않으면 일이 이루어지지 않고, 일이 이루어지지 않으면 예와 음악이 흥성하지 못하고, 예와 음악이 흥성하지 못하면 형벌이 적절하지 않고, 형벌이 적절하지 않으면 백성은 살아갈 방도가 없다. 그러므로 군자는 명분을 세우면 반드시 그에 대해 말을 할 수 있고, 말을 하면 반드시 실천할 수 있다. 군자는 그 말에 대해서 구차히 하는 일이 없어야 한다."

그 당시 위나라에서는 명분이 어긋나 있었다. 아들인 괴첩剛輒이 위나라의 군주가 되고, 아비인 괴외가 세자로 일컬어지고 있었다. 공자가 강조했던 군신의 올바른 이름, 부자의 올바른 이름이 모두 헝클어져 있었다. 따라서 공자는 위나라에서 가장 중요하고 시급한 것은 "명분을 바로잡는 것(필야정명必也正名)"이라고 자로를 가르쳤다. 하지만 자로는 그 당시 위나라는 도저히 명분을 바로잡을 수 없는 상황이라고 생각했다. 그래서 공자를 두고 명분에 사로잡혀 현실을 모른다고 타박했다.

자로는 정치적인 상황만을 염두에 두었지만, 공자는 근본을 확고히 하지 않으면 상황은 결코 바로잡을 수 없다고 보았다. 국가의 구성원 모두가 각자 자신의 이름에 합당한 역할을 해야 바른 정치가 이루어진다는 '정치의 본질'을 먼저 알아야 한다고 본 것이다. 그래서 자로에게 "자기가 알지 못하는 것은 차라리 가만히 버려두는 것이 낫다"고 가르친다. 바르게 알지 못하면 차라리 말을 하지 않는 것이 더 큰 혼란을 일으키지 않는다는 가르침이다. 모든 혼란은 제대로 알지 못하면서 주장을 굽히지 않는 사람 때문에 일어난다.

사람은 누구나
본분을 벗어나서는 안 된다

그다음 공자는 명분이 바로 서지 못했을 때 생기는 여러 폐단을 말해준다. 나라가 혼란스럽게 되고, 백성이 피폐해지고, 나라의 평안도 장담할 수 없게 되는 것이다.

《논어》를 비롯해 많은 고전에서는 자기 본분을 벗어나서는 안 된다는 가르침이 거듭해서 실려 있다. 개인뿐 아니라 나라의 존위, 더 나아가 세상의 평안까지도 이에 달려 있기 때문이다.

군자는 자신이 맡은 바에서 벗어나지 않는다(군자사불출기위君子思不出其位). _《논어》

그 지위에 있지 않으면 그 일을 도모해서는 안 된다(부재기위 불모기정不在其位 不謀其政). _《논어》

군자는 처해 있는 자리에 따라 할 일을 행할 뿐, 그 밖의 일은 욕심내지 않는다(군자소기위이행 불원호기외君子素其位而行 不願乎其外). _《중용》

이처럼 많은 가르침이 실려 있는 것은 세상 모든 일의 근본이 여기에

정심성의

달려 있다고 본 것이다. 실제로 나라의 막강한 권력자가 자기 본분에서 벗어났을 때 일어나는 일들이 역사에 많이 실려 있다. 그 대표적인 예가 바로 '지록위마指鹿爲馬'의 고사다.

진시황이 천하를 통일한 후 얼마 지나지 않아 죽자, 환관 조고는 진시황의 아들 호해를 황제로 삼는다. 경쟁자였던 승상 이사까지 제거한 다음, 무능한 호해를 허수아비로 만들고 전권을 휘두르던 조고는 많은 신하 앞에서 호해를 농락했다. 사슴을 황제에게 바치며 "참 좋은 말입니다"라고 하자, 황제는 "사슴을 어찌 말이라고 하느냐?" 하고 묻는다. 그러자 조고는 신하들에게 물었고, 신하들은 모두 "말입니다"라고 대답했다. 황제보다 더 강력한 권세를 가진 조고가 두려웠던 것이다. 모든 실권을 빼앗긴 호해는 얼마 지나지 않아 조고로부터 죽임을 당하고 만다. 그리고 곧 진나라도 한나라에게 망한다. 명분이 어긋나자 나라의 존립도 무너지고 만 것이다.

사람은 누구나 부모로부터 자기 이름을 부여받는다. 내가 앞으로 어떤 삶을 살았으면 하는 부모의 바람이 담겨 있는 소중한 이름이다. 그리고 사회에 나가서 내가 하는 일에서도 이름이 있다. 이 이름 역시 내가 해야 할 일을 잘 맡아서 해야 한다는 의무와 바람이 담겨 있다. 이 일을 충실히 하는 사람은 자신은 물론 몸 담고 있는 조직도 발전할 수 있다. 《중용》에 실려 있는 "군자는 어느 곳에 들어가든지 스스로 얻지 못함이 없다"가 그것을 잘 말해준다. 어떤 일을 하든지 자기 몫을 다할 수 있는 사람이 진정한 군자다. 물론 이는 군자에게만 해당하는 말이 아니라 모든 사람에게 동일하게 적용된다.

마음을 가다듬는 사람에게는 어떠한 허식도 없다

언제나 나의 이름을 새기며 그 의미를 돌아보는 사람은 부끄럽지 않은 삶을 살 수 있다. 내 이름에 맞게 아름답게 사는 삶, 그 무엇보다 가치 있는 삶이다.

군자는 어느 곳에 가든지
스스로 얻지 못함이 없다.

작은 이익을 탐하면
큰일을 이룰 수 없다

無欲速 無見小利 欲速則不達 見小利則大事不成
무욕속 무견소리 욕속즉부달 견소리즉대사불성

빨리 성과를 보려고 하지 말고 작은 이익을 추구하지 말아라.
빨리 성과를 보려고 하면 제대로 달성하지 못하고, 작은 이익에 연연하면
큰일이 이루어지지 않는다.

_〈자로〉

공자는 자하에게 "너는 군자다운 선비가 되어야지 소인 같은 선비가 되어서는 안 된다"라고 꾸짖었던 적이 있다. 문장과 학문에 뛰어나고 군자가 되기 위해 공부와 수양을 아끼지 않던 제자에게는 충격적인 지적이었을 것이다. 이 말을 자하의 면전에서 직접 했던 것으로 미루어보면, 글에서는 나타나 있지 않지만 그 전에 있었던 자하의 행동이 공자가 보기에 못마땅했을 수도 있다. 어떤 일인지 정확히 알 수 없지만, 그동안 공자가 군자와 소인을 비교하며 했던 말에서 미루어 짐작할 수 있겠다.

"군자는 의리에 밝고 소인은 이익에 밝다."

마음을 가다듬는 사람에게는 어떠한 허식도 없다

"군자는 여유롭고 소인은 조급하다."

공자가 군자와 소인에 대해 비교해서 말했던 것은 많이 있지만, 자하의 성향으로 미루어보면 이 두 가지가 가장 적합하다고 여겨진다. 자하가 눈앞의 작은 이익에 집착했거나, 매사에 조급한 모습을 보였을지도 모른다. 자하의 이러한 성향을 두고 공자는 "미치지 못한다(불급不及)"라고 표현하기도 했다. 지나치게 적극적이었던 자장과 비교하면서, 자하의 소극적이고 소심한 성향을 말했던 '과유불급過猶不及'의 고사다.

조급한 마음이
속 빈 강정을 만든다

예문에서 공자는 거보의 읍재가 되어 좋은 정치를 묻는 제자에게 가르침을 준다. 그동안 공자는 정치를 묻는 제자들에게 많은 가르침을 주었다. 자로에게는 "솔선수범해서 열심히 일하라"는 가르침을 주었고, 중궁에게는 "부하에게 적절하게 일을 분담하고, 작은 잘못을 용서하며, 현명한 인재를 등용하라"고 구체적으로 해야 할 일을 말해주었다. 하지만 자하에게는 "조급해하지 말고, 작은 이익을 추구하지 말라"고 말해준다. 그리고 "조급해하면 제대로 달성하지 못하고, 작은 이익을 탐하면 큰일을 이룰 수 없다"고 그 이유를 말해준다. 다른 제자를 가르친 것과는 조금 결이 다르다. 매사에 소극적이고 진취적이지 못한 자하의 성향에 꼭 맞는 가르침을 준 것이다.

자하는 오랜 공부를 마치고 드디어 정치에 진출하면서 잘하고 싶다는 의욕이 컸을 것이다. 배운 것을 충실히 실천하여 큰 뜻을 이루고 싶은 마음도 있었을 것이다. 그래서 스승에게 좋은 정치를 물어서 지침으로 삼으려고 했다. 하지만 공자의 대답은 의외였다. 좋은 정치가 무엇인지 알기 전에 걸림돌이 되는 성향을 먼저 고쳐야 한다는 것이다.

"그것만 고치면 너는 훌륭한 정치인이 될 자질이 충분하다." 공자의 속마음이었을 것이다. 학문에 뛰어나고, 반듯한 성품과 바른 인격을 갖춘 자하는 백성을 위하고, 선정을 베풀 수 있는 자질이 충분했다. 하지만 만약 빨리 결과를 만들려고 조급해하거나, 눈앞의 작은 이익에 연연하다가는 다른 좋은 자질들이 모두 묻히고 만다.

주자는 "일을 속히 이루려고 하면 마음이 급해져서 올바른 순서를 밟지 못해 도리어 달성하지 못하고, 작은 일과 작은 이익을 보려고 하면 얻는 것은 작고 잃는 것이 클 것이다"라고 이 문장을 해석했다.

어떤 일이든 빠른 성과를 보려고 하는 마음은 여러 가지 문제를 야기한다. 먼저 마음이 급해져서 평온한 마음을 가질 수 없다. 쫓기는 마음으로 정공법이 아닌 편법을 쓰게 되고, 나아가 불법과 불의한 일을 하게 되는 것이다. 기초를 차곡차곡 쌓지 않은 건물이 무너지듯이, 조급한 마음에 겉모습만 그럴듯하게 만들어놓으면 속 빈 강정이 되고 만다.

작은 이익을 탐하는 것은 '소탐대실小貪大失'이라는 성어가 말하는 바와 같다. 눈앞의 이익에 급급하다 보면 그 뒤에 있는 큰 이익을 볼 수 없다. 힘겹게 작은 이익은 손에 쥐었을지 몰라도 큰 성과는 거둘 수 없게 된다.

마음을 가다듬는 사람에게는 어떠한 허식도 없다

공자가 말했던 "멀리 내다보지 못하면 반드시 가까운 곳에 근심이 생긴다(인무원려 필유근우人無遠慮 必有近憂)"가 이것을 잘 말해준다. 크게 멀리 꿈꾸고 치밀하게 준비하지 않으면 눈앞의 작은 일도 오히려 이루지 못하게 된다.

더 큰 미래를 위해
잠시 멈추고 멀리 내다본다

요즘은 '무한경쟁의 시대'라고 할 만큼 치열한 경쟁을 이겨내야 하는 시기이다. 조금만 방심하면 크게 뒤처지고, 변화에 둔감해도 역시 마찬가지다. 이러한 시기에 빠른 성과를 거두지 말고, 이익에 연연하지 말라는 것은 시대착오적이라고 생각할 수도 있다. 하지만 오히려 이때 필요한 것이 잠시 멈출 줄 아는 지혜다. 잠시 멈추고 멀리 내다보면 막힌 담이 열리고 가야 할 길이 보인다. 오직 남보다 먼저 가기 위해 빠른 길을 찾는 데 집착하면 온전한 결과를 만들지 못한다. 길을 잘못 들어 헤매기도 하고, 지름길을 찾다가 낭떠러지에 떨어지기도 한다.

빠리 가고 싶은 마음이 절실할수록 반드시 잠시 멈추고 바른길을 찾아야 한다. "모로 가도 서울만 가면 된다"는 빠른 성공을 보장하는 말이 아니다. 오히려 삼천포로 빠지는 길이 될 수도 있다. "천천히 서두르라(페스티나 렌테Festina Lente)." 로마 황제 아우구스투스가 즐겨 했던 말이라고 하는데, 역설적이기는 하지만 바로 이러한 상황에서 꼭 필요한 말이다.

특히 이 말 속에는 일에 임하는 지혜가 있다. 신중함과 과감함, 이 둘이 적절히 조화할 수 있어야 남다른 결과를 만들 수 있다.

인생이라는 긴 장정에서는 더욱 그렇다. 겉으로 보기에는 화려하지 않고, 능력이 탁월한 것도 아니지만 꾸준함으로 자신의 일을 충실하게 해내는 사람이 최후의 승리자가 된다. 당장 무언가를 보여주기 위해 급급하지 말라. 작은 이익에 목매달기보다는 더 큰 미래를 위해 잠깐 멈출 수 있을 때 더 큰 일을 이룬다. 《사기》에 실려 있는 글이 핵심을 찌른다.

주저하는 준마보다 꾸준히 가는 둔마가 낫다(기기지국촉 불여노마지안보騏驥之跼躅
不如駑馬之安步).

경쟁에서 앞서는 것보다
나만의 속도를 찾는 것이 중요하다.

至誠感天

지성감천

작은 일에도 정성을 다하면 반드시 일이 풀린다

부의 가치는 나를 얼마나
갈고닦느냐에 달려 있다

未若貧而樂 富而好禮者也
미약빈이락 부이호례자야

가난하면서도 즐겁게 살고 부유하면서도 예의를 좋아하는 것만은 못하다.
_〈학이〉

《순자》에는 "부자가 되고 싶은가? 치욕을 참고, 목숨을 걸고, 의로움을
버려라"라는 말이 실려 있다. 부자가 되려면 이런 일을 해야 하는데 이
러고도 부자가 되고 싶으냐는 역설적인 물음이다. 하지만 사람들은 부
와 권력 앞에서 쉽게 무너지고 만다. 부와 권력이 주는 쾌락이 그만큼 강
렬하기 때문이다. 그래서 제나라의 명재상 안자는 "부유하지만 교만하
지 않은 자는 아직 들어보지 못했다(부이불교자 미상문지富而不驕者 未嘗聞之)"라
고 말했다. 그만큼 부와 권세 앞에서는 겸손하기 어려우므로 스스로 자
중하라는 가르침이다.

하지만 공자의 관점은 달랐다. 《논어》〈헌문〉에서 공자는 "가난하면

서 원망하지 않기는 어렵지만, 부자이면서 교만하지 않기는 쉽다(빈이무원난 부이무교이貧而無怨難 富而無驕易)"라고 말했다. 부자이면서 교만하지 않은 것은 수양의 문제다. 도와 덕을 추구하는 선비라면, 어렵기는 하지만 당연히 취해야 하는 자세다. 하지만 가난은 선비가 아닌 백성의 고충이다. 이들은 항상 가난에 시달리고, 배를 곯는 처자식을 보면서 원망을 하게 된다. 자신을 착취하는 지배계층을 탓하고 이를 해결해주지 않는 하늘을 원망하게 된다. 가난은 처절한 현실이다.

부자가 되는 것보다
부의 가치관이 중요하다

예문은 공자와 자공과의 대화를 통해 부와 가난에 대한 공자의 관점을 말해준다. 하지만 부를 주제로 시작한 글은 수양의 단계로 옮겨간다. 이로써 보면 부에 대한 관점은 수양의 관점과 다르지 않다는 것을 알 수 있다. 치열하게 노력하는 사람이 높은 수양의 경지에 도달할 수 있고, 그런 사람만이 올바른 부의 가치관을 가질 수 있다는 뜻이다. 예문의 전문은 이렇다.

자공이 묻자, 공자가 대답했다. "가난하면서도 남에게 아첨하지 않고, 부유하면서도 다른 사람에게 교만하지 않는다면 어떻습니까?" "그 정도면 괜찮은 사람이다. 그러나 가난하면서도 즐겁게 살고 부유하면서도 예의를 좋아하는 것

작은 일에도 정성을 다하면 반드시 일이 풀린다

만은 못하다."

이 말을 들은 자공이 다시 물었다. "《시경》에 말하기를 '칼로 자르는 듯, 줄로 가는 듯, 정으로 쪼는 듯, 숫돌로 광을 내는 듯하도다'라고 했는데, 이를 말씀하시는 것입니까?" 그러자 공자가 이렇게 칭찬했다. "사(자공)야, 비로소 더불어 시를 이야기할 만하구나. 지나간 일을 말해주니 알려주지 않은 것까지 아는구나."

자공은 공자의 제자 중에서 가장 세속적인 능력이 뛰어난 사람이다. 탁월한 언변과 정치력, 그리고 부의 감각으로 가장 큰 성공을 거두었다. 아마 오늘날로 치면 가장 존경받은 멘토가 되었을 것이다. 공자의 문하에서 배운 높은 학식, 강대국의 재상을 역임했던 이력, 그리고 탁월한 감각으로 엄청난 재력을 쌓은 것은 누구나 바라는 일이고, 그는 가장 닮고 싶은 인물로 추앙을 받았음에 틀림이 없을 것이다. 하지만 사람이 모든 것을 갖추지 못하듯이 자공은 수양의 면에서는 공자의 기준에는 미치지 못했다. 《논어》에서도 몇 번에 걸쳐서 꾸지람을 받는 장면이 나온다.

그러나 여기서는 공자의 마음에 꼭 드는 대답을 함으로써 큰 칭찬을 받게 된다. 부와 가난을 대하는 자세에 대해서는 공자의 인정을 받지 못했지만, 그것을 비유해서 학문과 수양의 관점으로 말했던 것이 공자의 인정을 받은 것이다. 특히 《시경》의 시에 나오는 '절차탁마切磋琢磨'를 인용하여 자기 생각을 말했던 것이 칭찬을 받은 가장 큰 이유다. 바로 "칼로 자르는 듯, 줄로 가는 듯, 정으로 쪼는 듯, 숫돌로 광을 내는 듯하도다"가 절차탁마의 뜻으로 선비들의 수양의 자세를 말한다.

공자는 스스로도 시를 좋아했고, 《시경》의 시를 인용해서 자기 뜻을 말하는 것을 좋아했다. 공자는 제자가 가장 적절한 때에 가장 적절한 시의 구절을 인용해서 자기 생각을 밝힌 것이 대견했고, 그래서 큰 칭찬을 했다. "비로소 더불어 시를 이야기할 만하구나." 함께 시를 주제로 대화를 나눌 정도가 되었다는 것으로 대단한 칭찬이다. 공자와 자공의 대화를 하나하나 살펴보면 이런 뜻이 담겨 있다.

"가난하면서도 남에게 아첨하지 않고, 부유하면서도 다른 사람에게 교만하지 않는다"는 자공의 관점에서는 대단한 경지라고 할 수 있다. 가난하면서도 비굴하지 않고, 부유하면서도 겸손하다는 것은 보통사람은 쉽게 할 수 있는 일이 아니다. 자공은 이 구절에서 은근히 자부심을 드러낸다. 큰 부자이면서도 겸손한 자신을 드러내면서, 스승에게 칭찬받고 싶은 마음이었을 것이다. 하지만 공자는 "그 정도면 괜찮다" 하고 평가한다. 괜찮은 정도이지 대단하지는 않다는 것이다. 그리고 공자는 더 높은 수준을 제시한다.

"가난하면서도 즐겁게 살고 부유하면서도 예의를 좋아하는 것만은 못하다." 부유하든 가난하든 상황에 얽매이지 않고 즐겁게 살며, 사람의 도리를 지키는 안빈낙도의 삶이다. 자공은 스승의 뜻을 제대로 파악했고, 그것을 수양의 자세와 연결해서 말한다.

"혹시 선생님이 말씀하시는 것이 시에 있는 '절차탁마'를 뜻하는 것인지요?"라고 물었고, 공자는 "지나간 것을 알려주니 알려주지 않은 것까지 아는구나"라며 큰 칭찬을 한다. 부와 가난의 올바른 가치관을 말해주자 진정한 수양의 길을 유추해낸 것을 칭찬한 것이다.

작은 일에도 정성을 다하면 반드시 일이 풀린다

사람들은 누구나 부자가 되고 싶다. 아무리 청빈한 사람이라도 부자가 되는 것을 싫어하는 사람은 없을 것이다. 부자가 되면 삶의 자유를 누릴 수 있으니 당연하다. 하지만 누구나 쉽게 이 경지에 이르기는 어렵다. 치열한 공부와 수양이 필요하기 때문이다. 공부로 지식을 쌓으면 어쩌면 부자가 될 수 있고, 수양을 통해 올바른 사람됨을 알면 그 부를 가치 있게도 쓸 수도 있을 것이다. 하지만 오직 부자가 되는 것에만 목적을 두면 수단과 방법을 가리지 않게 된다. 설사 부자가 될 수 있을지언정, 부의 진정한 가치는 누릴 수 없다.

부자로 사는 것의 목적을 다르게 두면 그 수단과 방법도 달라진다. 사람답게 벌 수 있게 되는 것이다. 부를 통해 누리는 것은 똑같을지 모르나 그 가치는 하늘과 땅 차이가 된다.

사람답게 벌면
사람답게 쓰는 법을 알게 된다.

군자는 무슨 일이든 해낼
준비가 되어 있다

君子不器
군자불기

군자는 그릇이 아니다.

_〈위정〉

요즘은 흔히 사람을 '그릇'에 비유한다. "그릇이 크다", "그릇이 작다" 심지어 "그릇이 간장 종지만 하다"라고 비유하기도 한다. 고전에서는 '대기만성大器晚成', "큰 그릇은 늦게 이루어진다"라고 말한다. 예문에서는 "군자는 그릇이 아니다"라고 하는데 기존의 비유와는 조금 다르다. 군자는 그릇처럼 한 가지 용도에만 쓰이는 편협한 사람이 아니라 폭넓은 식견과 다양한 재능을 갖춘 통합적 인물이라는 것이다. 바로 이해하기는 좀 어려운데, 이 말은 공자 자신의 태생과 깊은 관련이 있다. 공자는 찢어지게 가난한 집에서 태어난 유복자였다. 아버지가 없었기에 소년 가장의 역할을 해야 했다. 청년이 되어서도 마찬가지였다. 생계를 위해 어렵고

작은 일에도 정성을 다하면 반드시 일이 풀린다

힘든 일을 계속해야 했다.

《맹자》〈만장 하萬章下〉에는 공자가 이런 직업에 어떤 자세로 임했는지를 말해주는 구절이 나온다. "공자는 곡식 창고 관리가 되어서는 '회계를 정확하게 했을 뿐이다'라고 하시고, 가축을 기르는 관리가 되어서는 '소와 양이 잘 자라게 했을 뿐이다'라고 말했다."

공자는 그 어떤 일이든 맡은 일에 최선을 다했다는 것을 알 수 있다. 지금 하는 일을 두고 "내가 누군데 이런 일까지…"라고 생각하는 건 교만이다. 작은 일에 최선을 다하지 못하면서 큰일로 나아갈 수 없다. 맡겨주지 않을뿐더러 요행히 맡아도 제대로 해낼 수 없다. 무슨 일을 하든 그 일에 최선을 다할 때, 그 경험은 다재다능함의 바탕이 되고 위대함으로 가는 시작점이 된다. 그 이유를 공자는 〈자한〉에서 직접 말해준다.

태재가 자공에게 "공자는 성인이신가, 어찌 그리 다재다능하신가?"라고 묻자, 자공이 말했다. "하늘이 장차 그분을 큰 성인으로 삼고자 하므로, 또한 다재다능한 것입니다." 공자가 이 말을 듣고 말했다.

"태재가 나를 아는가? 내가 어렸을 때 천하게 살았기에 비천한 일에 능한 것이다. 군자가 능한 것이 많겠는가? 그렇지 않다."

탁월함은 하늘로부터 받은 천성이 아니다. 다양한 경험과 주어진 일에 최선을 다하는 성실함이 어우러져 이루어지는 것이다. 학문의 길에 들어서서도 공자는 오직 공부만 하는 서생이 아니라 활쏘기, 마차 몰기, 음악, 시 등을 특별히 좋아하는 다재다능한 모습을 보인다. 사고방식이

고리타분하고 답답한 사람을 '공자'라고 일컫는, 오늘날 우리가 막연히 생각하던 공자의 모습과는 많이 다르다. 오히려 다양한 재능을 갖춘 팔방미인과 같은 사람이 공자다. 단지 오늘날의 팔방미인과 다른 점은 공자에게는 '품격'이 바탕이 된다는 점이다.

공부와 수양뿐 아니라
시와 예술을 즐긴다

이런 공자를 한마디로 표현하면 '통합형 인간'이라고 할 수 있다. 학문의 완성을 추구하는 학자, 인재 양성에 힘썼던 교육자, 좋은 나라를 세우고 훌륭하게 국민을 이끄는 소망을 가진 정치인, 감성적인 예술가, 진리를 좇아 추구하는 도인道人의 모습을 공자는 모두 갖추고 있다. 그래서 그는 진정한 삶의 가치를 "시에서 감흥을 일으키고, 예를 통해 바로 서고, 음악으로 완성을 이룬다"라고 표현했다. 또한 자신의 인생을 "도에 뜻을 두고, 덕을 바탕으로 하고, 인에 의지하고, 예술의 세계에서 노닐었다"라고 집약해서 말했다. 평생을 두고 학문을 좋아하고 도를 수양하며 살아왔지만, 예술을 통한 완성을 또한 추구했던 것이다.

'군자불기君子不器'라는 말은 서양의 철학자 막스 베버에 의해 "전문성이 결여된 동양적 사고의 한계"라고 지적되기도 했지만, 전문가의 시대가 저물어가고 있는 오늘날의 관점에서 보면 오히려 이는 막스 베버의 오류라고 할 수 있을 것이다. 20세기 최고의 미래학자이자 현대 경영학

작은 일에도 정성을 다하면 반드시 일이 풀린다

의 아버지로 불리는 피터 드러커는 "21세기는 분야와 전문성을 가로질러 통합적으로 사고하고 협력하는 리더를 필요로 한다"고 말했다. 즉 한 가지 분야에만 정통한 전문가의 시대는 저물고 폭넓은 분야에 지식을 갖춘 통합적인 능력을 가진 사람이 필요한 시대가 되었다는 말이다. 〈뉴욕타임스〉의 칼럼니스트이자 베스트셀러 《렉서스와 올리브나무》의 저자인 토마스 프리드먼 역시 "오늘날에는 정치, 문화, 기술, 금융, 국가안보, 생태학 등의 전통적인 경계선이 급격히 사라지고 있다"고 하며, 요즘 요구되는 인재상을 '버서타일리스트Versatilist(다재다능한 사람)'라고 말하고 있다.

급변하는 시대에는
스스로 변화할 줄 알아야 한다

'군자불기'의 사상은 오늘날 우리의 교육에서 가장 필요로 한다. 부와 권력만을 최고의 가치로 생각해 그것에 필요한 능력만 주입하는 교육에 다양성이란 없다. 경험을 쌓는 시간도 여유도 없고, 그것마저도 입시에 필요한 점수를 따는 도구로 전락했다. 심지어 부모가 자녀의 경험을 대신하는 상황에까지 이르렀고, 소위 사회지도층마저도 아무런 죄의식 없이 그 일을 하고 있다. 이러한 상황의 악영향은 '그릇'의 용도를 보면 잘 알 수 있다. 찻잔에 물을 담아보면 그 물의 형태는 모두 동일하다. 그릇의 한계에서 벗어날 수 있는 물은 있을 수 없다. 공자는 바로 이것을 깨달았을 것이다.

 우리 삶은 운명적으로 새로운 상황과 마주쳐야 한다. 특히 요즘과 같은 급격한 변화의 시대에는 더욱 그렇다. 만약 그릇과 같이 자신의 틀만을 고집한다면 깨질 수도 있다. 다양한 상황에서 생존하고 이겨나가기 위해서는 스스로 변화할 수 있는 능력과 다양성이 필요하다.

 올바른 도덕성을 바탕에 두고, 다양한 경험과 지식으로 내면을 채우고, 날마다 성장해나가기를 멈추지 않는다면 어떤 상황에도 당당히 맞설 수 있다. 바로 오늘, 지금 하는 일에 최선을 다할 수 있는 '정성'이 그 바탕이다.

크기가 정해진 그릇과 같이
자신의 틀만 고집한다면
깨질 수도 있다.

나의 미래는 오늘의 내가
만들어가는 것이다

未知生 焉知死

미지생 언지사

삶도 제대로 알지 못하는데 어찌 죽음을 알겠는가.

_〈선진〉

소크라테스는 《대화편》의 여러 책에서 윤회 사상을 기본으로 한 영혼 불멸을 주장했다. 그에 따르면 죽고 난 후 올바른 삶을 살았던 사람들은 하늘로 올라가고, 불의한 사람들은 자신이 행한 일의 표찰을 달고 아래로 내려가게 된다. 마찬가지로 같은 곳을 통해서 사람들이 다시 땅으로 오기도 하는데, 지난 생에서 자신이 행했던 일들의 열 배를 보상하고 약 천 년 후에 다시 오게 되는 것이다. 그때 우리도 들어본 적이 있던 '레테의 들판(망각의 들판Lethes pedion)'으로 나온다. 그리고 망각의 강에서 일정량의 물을 마심으로써 자신의 모든 일을 잊고 다시 태어난다.

이러한 영혼 불멸의 사상을 통해 소크라테스는 철학자로서, "지혜를 사랑하는 사람들은 죽음을 두려워해서는 안 된다"는 주장을 편다. 죽음은 참된 앎을 획득하는 데 방해가 되는 몸으로부터 영혼이 해방되는 것이므로, "참된 존재에 대한 앎을 추구하는 철학자들은 죽음을 열망한다"는 것이다. 그리고 소크라테스 역시 즐거운 마음으로 독배를 듦으로써 자신이 이론으로만 주장하는 사람이 아니라 앎을 삶으로 실천하는 진정한 철학자라는 것을 증명했다.

"우리는 혼이 불멸하며, 어떤 악도 어떤 선도 감당할 수 있다는 것을 믿고 끊임없이 향상의 길을 나아가며 가능한 방법을 다해 지혜와 정의를 추구해야 한다." 이러한 소크라테스의 주장은 결국 저세상에서의 행복만을 위해서가 아니라 우리가 살아가는 이 세상에서 지혜와 정의를 추구하는 삶을 살아야 한다는 권유다. 지난 생에서 배운 모든 것이 이번 세상에서 살아가는 힘과 지혜가 되는 것이니까.

죽음 이후를 알고 싶다면
현실을 공부한다

죽음은 이처럼 서양 철학자들에게는 가장 중요한 고찰의 대상이었다. 그들은 죽음을 생각하면서 삶을 성찰했고, 삶의 의미를 생각하면서 자신의 삶을 바루어나갔다. 그로부터 약 백 년 전 동양의 철학자인 공자는 '죽음'에 대한 생각이 그와는 달랐다. 앞의 예문에서 짐작할 수 있는데, 〈선진〉에 실려 있는 전문은 이렇다.

작은 일에도 정성을 다하면 반드시 일이 풀린다

자로가 귀신을 섬기는 일에 대해 여쭙자, 공자가 말했다. "사람도 제대로 섬기지 못하는데, 어찌 귀신을 섬길 수 있겠느냐?" 이에 자로가 다시 물었다. "감히 죽음에 대해 여쭙습니다." 공자가 대답했다. "삶도 제대로 알지 못하는데 어찌 죽음을 알겠는가?"

그동안 공자는 귀신이나 죽음에 대해서는 거의 말하지 않았다. "스승님의 여러 가르침을 들을 수 있었지만 성性과 천도天道에 대해 말하는 것은 들을 수 없었다", "공자는 '괴력난신怪力亂神'을 말하지 않았다", "공자는 천명天命은 거의 말하지 않았다" 등 《논어》에 거듭해서 실린 글들이 그것을 말해준다.

여기서도 마찬가지로 공자는 귀신과 죽음을 묻는 자로에게 대답해주지 않는다. 아예 대화의 주제로도 삼지 않으려는 것처럼 단호하다. 하지만 말의 어조를 세심하게 살피면 공자의 진정한 뜻을 짐작할 수 있다. 공자는 자로에게 사람과 삶을 공부하는 것이 먼저라고 말하고 있는 것이다. 주자는 이렇게 설명한다.

"정성과 공경이 사람을 섬기는 데 충분하지 못하면 귀신을 섬기지 못할 것이고, 지금의 삶을 잘 살펴 그 원리를 잘 알지 못하면 죽음의 원리를 알지 못한다. 시작과 근원(원시原始)을 알지 못하면 돌이켜 마지막(반종反終)을 알 수 없다."

주자는 《예기》에 실려 있는 공자의 말, "인한 사람이 어버이를 섬길 때 하늘을 섬기는 것과 같이 경애敬愛하고, 하늘을 섬길 때는 어버이를 섬기는 것과 같이 경애한다"의 의미를 담아 말했다. 공자는 자로에게 귀신과 죽음에 대한 언급을 금했던 것이 아니라, 오히려 깊은 가르침을 준 것이다.

"현실과 죽음은 완전히 단절되어 있는 것은 아니다. 따라서 죽음 이후를 알고 싶다면 먼저 현실을 공부하고, 공경과 배려를 실천해야 한다."

오늘에 얼마나 정성을 다하는가가 내일의 나를 결정한다

마르쿠스 아우렐리우스는《명상록》에서 이렇게 말했다.

"당신이 3천 년이나 3만 년까지 산다 해도 사람이 잃을 수 있는 유일한 생명은 바로 지금 살고 있는 생명이라는 것을 기억하라. (…) 어떤 사람이든 빼앗길 수 있는 유일한 것은 현재이기 때문이다. 이것이 그가 갖고 있는 전부이다. 아무도 자신의 것이 아닌 것은 잃어버릴 수 없다."

과거는 지나가버렸기에 자신의 것이 아니다. 다가올 미래는 역시 아직 가지지 못했기에 자신의 것이라고 할 수 없다. 닥치지 않은 미래를 자신이 맞을 수 있을지는 누구도 장담할 수 없고, 외상처럼 당겨서 쓸 수도 없다. 스티브 잡스가 스탠퍼드대학의 졸업 축하 연설에서 했던 "죽음은 삶이 만든 최고의 발명"이라는 말 역시 오늘날의 천재가 지녔던 인생의 통찰이었을 것이다. 그는 이러한 통찰로 인류의 삶을 바꾼 놀라운 일을 해낼 수 있었다.

사람은 누구나 미래를 알고 싶어 한다. 사람마다 다양한 이유가 있겠으나 가장 큰 이유는 바로 두려움 때문이다. 사람은 누구나 알지 못하는 것에 대해 본능적으로 두려움을 느낀다. 하지만 안타깝게도 미래를 알아도 정해진 운명은 바꿀 수 없다. 사람의 노력으로 하늘의 뜻을 바꿀 수 없기 때문이다. 그래서 옛 현인들은 '진인사대천명盡人事待天命'을 말했다. "사람으로서 할 수 있는 일에 모든 노력을 다하고 하늘의 뜻을 구하라"는 이야기다. 그럴 때 비록 운명은 바꿀 수 없을지 몰라도 당당히 하늘의 뜻을 구할 자격이 생긴다는 말이다.

　　미래를 알기 위해 점집을 전전하는 것은 어리석은 일이다. 조상에게 은혜와 복을 구하는 것도 마찬가지다. 나의 미래는 귀신이나 조상이 아닌 내가 만드는 것이다. 내가 얼마나 오늘에 정성을 다하는가가 바로 내일의 나를 결정한다.

　　미래는 정해진 것이 아니다. 만들어가는 것이다.

사람의 노력으로
하늘의 뜻을 구할 자격이 생긴다.

———————

하나에 집중하면
신의 경지에 이른다

其爲人也 發憤忘食 樂以忘憂 不知老之將至云爾
기위인야 발분망식 락이망우 부지노지장지운이

그의 사람됨은 무언가에 의욕이 생기면 먹는 것도 잊고
도를 즐기느라 근심도 잊어 늙음이 다가오는 것도 알지 못한다.

_〈술이〉

초나라의 대부 섭공이 자로에게 공자에 대해 묻자, 자로가 대답하지 않았다. 그 말을 전해 들은 공자가 "왜 나에 대해 이렇게 말하지 않았느냐?"라고 하며 자신을 소개한 글이다. 요즘으로 치면 공자의 자기소개 글이라고 할 수 있겠다.

섭공은 그 이름이 제량諸梁으로 섭 땅을 다스렸기에 섭공이라고 불렀다. 자기가 다스리는 땅에 공자가 방문했다는 소식을 듣고, 먼저 제자인 자로에게 공자의 사람됨을 물었다. 명성이 자자한 공자를 만나기 전에 공자가 어떤 사람인지 정보를 얻고자 했을 것이다. 하지만 자로는 대답하지 못했다. 가까이서 배우며 항상 접하는 스승이었지만 그 사람됨을

작은 일에도 정성을 다하면 반드시 일이 풀린다

한마디로 표현하기가 어려웠을 것이다. 안타깝기는 하지만 난감했던 자로의 심정을 조금은 짐작할 수 있다. 도저히 가늠하기도 어려운 스승의 차원을 어찌 쉽게 짧은 말로 표현할 수 있을까. 섭공 앞에서 식은땀을 흘렸을지도 모른다. 자로가 아무 말도 하지 않았다는 사실을 전해 들은 공자는 자로를 꾸짖었다. 오랫동안 함께하며 많은 가르침을 주었는데, 스승이 어떤 사람인지 설명하지 못하는 자로가 안타까웠을 것이다.

훌륭한 스승을 만나도
집중하여 배우지 않으면 소용없다

공자가 자신을 표현했던 핵심은 배움을 좋아하고, 도를 즐긴다는 것이다. 《논어》에도 공자가 배움을 좋아한다는 사실이 몇 번에 걸쳐 실려 있다. 〈공야장〉에서 공자는 "작은 마을에서도 반드시 진실함과 미더움이 나만 한 사람은 있겠지만, 나처럼 배우기를 좋아하는 사람은 없을 것이다"라고 자부심을 담아서 말하기도 했다. 〈리인〉에서 공자는 "아침에 도를 들어서 알게 된다면 저녁에 죽어도 좋다"라고까지 말했다. 공자는 배움과 도에 있어서는 단순히 좋아하는 차원을 넘어섰다는 것을 알 수 있다.

예문에서도 마찬가지다. 배움과 도를 즐기느라 세월 가는 것조차 잊었다고 공자는 말했다. 오늘날의 관점에서 보면 바로 '몰입'의 차원이다.

심리학자 미하이 칙센트미하이는 "우리가 느끼는 시간의 흐름은 시

겟바늘이 가지는 객관적인 시간과는 무관하다. 몰입의 경지에 빠져 있을 때는 긴 시간도 아주 짧게 느껴지지만 불안하거나 따분할 때의 시간 감각은 상대적으로 길게 느껴진다"라고 몰입에 대해 설명한다. 하지만 이미 오래전부터 고전에서는, 정립된 개념은 아니지만 몰입을 말하고 있다. 《맹자》에서도 '전심치지專心致志(온 마음을 다해 뜻을 이룸)'라는 말로 바둑의 예를 들어 몰입을 설명한다.

전국시대, 바둑으로 유명한 혁추奕秋라는 사람이 있었다. 그는 바둑의 최고 고수로 나라 안에는 그를 능가할 사람이 없었으며, 많은 사람들이 그를 스승으로 모시고 싶어 했다. 혁추는 그들 중 두 사람만을 골라 바둑을 가르쳤다.

두 명의 제자 중 하나는 온 마음을 다하여 바둑을 배웠다. 그는 항상 정신을 집중하여 스승의 말을 듣고 마음에 새긴 덕분에, 훌륭한 바둑의 고수가 될 수 있었다. 다른 한 명은 바둑을 배우면서 진지하지 않았으며, 겉으로만 스승의 말을 듣는 척하면서 항상 다른 생각을 했다. 새가 날아가면 마음속으로 "저놈들을 어떻게 활을 쏘아 잡지?" 하며 새 잡을 궁리만을 하고 있었다. 그는 똑같이 혁추 밑에서 공부했지만 아무것도 이룰 수 없었다. 맹자는 이렇게 말했다.

"바둑은 하잘것없는 수이지만 마음을 다하지 않으면 잘 둘 수가 없다. 최고의 고수인 혁추에게 배워도 마음과 뜻을 다한 사람과 마음속에 새 잡을 궁리만 한 사람은 다르다. 같이 배웠다고 해도 차이가 있는 것이다. 이것은 두 사람의 지혜가 달라서인가? 그렇지 않다."

작은 일에도 정성을 다하면 반드시 일이 풀린다

맹자는 아무리 훌륭한 스승을 만나도 정신을 하나로 모아 배우지 않으면 소용이 없다고 한다. 맹자는 혁추의 이야기를 비유해 정신을 집중하는 경지를 이야기했지만, 공자는 직접 달인을 만났다. 《장자》에 실린 이야기다.

공자가 초나라를 향해 길을 가다가 웬 꼽추 노인이 매미를 잡고 있는 것을 보았다. 마치 길에 떨어진 물건을 줍듯이 매미를 거둬들이는 모습을 보고 공자가 감탄해 물었다. "당신 재주가 참 놀랍구려! 거기에도 혹시 무슨 도 같은 게 있소?"

노인이 대답했다. "물론 있습니다. 처음 대여섯 달 동안은 매미채 꼭대기에다 알을 두 개 포개어 올려놓고 떨어뜨리지 않는 연습을 해두면 매미를 잡을 때 실패하는 확률이 많이 줄어듭니다. 그다음 알을 세 개 포개어 올려놓고도 떨어뜨리지 않는 정도면 실패할 확률이 열에 한 번 정도입니다. 만약 알을 다섯 개 정도 올려놓고도 떨어뜨리지 않을 정도가 되면 땅에 있는 물건을 줍듯이 매미를 잡을 수 있습니다." 그리고 노인은 말을 잇는다.

"매미를 잡을 때 내 몸은 마치 잘린 나뭇등걸처럼 움직이지 않고 팔은 마른 나뭇가지를 든 것처럼 가볍습니다. 천지의 광대함도 만물의 다양함도 아랑곳하지 않고 오직 매미의 날갯짓에만 집중합니다. 내 머리와 신체는 정지해 조금도 움직이지 않으며 매미의 날개 이외에는 마음을 팔지 않습니다. 그러니 어찌 실패하겠습니까?"

그 말을 듣고 공자가 제자들을 돌아보며 말했다.

"마음을 하나에 집중한다면 그 기술이 신의 경지에 이를 수 있는데 이 노인은 이미 그 경지에 이르렀다."

배움은 물론 어떤 일에서도 몰입은 일을 이루는 비결이다. 역사적으로 위대한 일을 이룬 사람들의 공통점은 몰입을 했다는 것이다. 우리나라에서도 '불광불급不狂不及' 즉, "미쳐야 미친다"라는 몰입의 개념을 잘 알고 실천했다. 허균, 박지원, 이덕무, 박제가, 정약용, 김득신 등 조선시대 한 획을 그었던 지식인들은 모두 자신의 삶과 학문에 미쳤다고 할 정도의 몰입을 해서 일가를 이룰 수 있었다.

평범한 우리 역시 이미 몰입을 경험해 알고 있다. 어린 시절 친구들과 놀이를 하느라 밥 먹는 것도 잊고, 장난감을 조립하거나 게임에 빠져 밤이 새는 것조차 모르는 것이 바로 몰입의 경지다. 어린 시절 가졌던 몰입의 경험을 되살릴 수만 있다면 어떤 일을 하든 이룰 수 있다. 온 마음을 다해 한 가지 일에 집중하는 것, 바로 몰입이며 성공의 비결이다.

이미 우리는 그 비결을 알고 있다. 단지 하지 않을 뿐이다.

어릴 적 몰입했던 기억을 되살릴 수 있다면
어떤 일이든 이룰 수 있다.

음악은 조화로운 삶을
완성하는 도구다

子與人歌而善 必使反之 而後和之
자여인가이선 필사반지 이후화지

공자는 사람들과 노래를 부르는 자리에 있을 때,
노래 잘하는 사람이 있으면 반드시 다시 부르게 하고 뒤이어 화답했다.
_〈술이〉

옛 선비들은 중中과 화和, 즉 중용을 얻기 위해 공부와 수양을 그치지 않았다. 그 중요한 수단이 된 것이 음악이다. 음악을 다룬 고전《예기》〈악기樂記〉에서는 "예와 악은 잠시라도 몸에서 떠날 수 없다"고 하며, 반드시 몸을 다스리는 예와 함께 마음을 다스리는 악을 공부하라고 했다. 공자역시 선비라면 반드시 예와 함께 시와 음악을 공부하지 않으면 안 된다고 하며 그 이유를 한마디로 정리했다.

"시를 통해 감흥을 일으키고, 예를 통해 바르게 서고, 음악을 통해 완성한다
(흥어시 입어례 성어락興於詩 立於禮 成於樂)."

조화를 얻기 위해
음악에 힘쓴다

우리의 관점으로는 다소 의외인데, 선비들의 가장 중요한 덕목으로 알려진 예와 시와 음악을 동격으로 강조하고 있다. 심지어 음악으로 배움이 완성된다고 하니 음악을 가장 높이 평가하고 있는 것처럼 보인다. 물론 옛 선비들의 공부에서 시와 예, 그리고 음악은 서로 우열을 가릴 수 없다. 시로는 사사롭지 않은 분명한 뜻을 세우고, 예로는 배려와 예의로 몸가짐을 바르게 하고, 음악으로는 조화로운 품성을 덧입혀 인격적인 완성을 추구한다. 공자는 특히 중용의 중요한 덕목인 '조화'를 얻기 위해 음악에 많은 노력을 기울였는데, 스스로 음악을 공부하고 연구하는 것에서부터 이론적으로 완성해나가는 과정이 《논어》에 실려 있다.

"음악은 배워둘 만한 것 같습니다. 처음 시작할 때는 여러 소리가 합하여지고, 이어서 소리가 풀려나오면서 조화를 이루며 음이 또렷해지면서 끊임없이 이어서 한 곡이 완성됩니다." 〈팔일〉에서 공자가 노나라의 태사太師에게 했던 말로, 왜 음악을 공부해야 하는지 그 이유를 말해준다.

"사람이 인하지 못하다면 예를 지켜서 무슨 소용인가? 사람이 인하지 못하다면 음악을 한들 무슨 소용인가?"라고 말했던 것은 예와 음악이 공자가 추구했던 최고의 덕목인 인을 이루는 데 반드시 필요하다는 것을 말해주고 있다.

"소韶(순임금의 음악)는 소리의 아름다움이 지극할 뿐만 아니라 그 내용의 선함도 지극하다. 무武(주나라 무왕의 음악)는 소리의 아름다움은 지극

작은 일에도 정성을 다하면 반드시 일이 풀린다

하지만, 그 내용의 선함은 지극하지 못하다"라고 했던 것은, 그 당시 유행했던 노래를 전문적으로 평가하고 있다.

〈자한〉에서는 공자가 말년에 흐트러진 음악을 바르게 정리했다는 것을 알 수 있다. "내가 위나라에서 노나라로 돌아온 뒤에야 음악이 바르게 되어 아雅와 송頌이 제자리를 찾았다."

14년간의 천하 주유를 끝내고 돌아온 후 공자는 학문과 교육에 전념하며 유교의 핵심적인 경전을 정리하고, 편찬하기 시작했다. 음악 역시 다른 학문과 마찬가지로 왜곡되고 훼손된 것을 바르게 정립했던 것이다. 그중에서 아雅는 《시경》에 실린 〈소아〉와 〈대아〉를 가리키고, 송頌은 〈주송〉, 〈노송〉, 〈상송〉으로 모두 명곡에 속하는 음악이다.

음악은 싸우지 않고 이기는 도구다

이외에도 공자는 삶의 순간순간 노래와 악기를 통해 마음을 위로하고, 심경을 토로하고, 자기의 뜻을 품격 있게 표현한 것을 알 수 있다. 위기의 순간에는 거문고를 연주했고, 답답할 때는 경쇠를 두드리며 마음을 풀었다. 좋은 음악을 듣고는 고기 맛을 잃을 정도로 심취하기도 했다. 그중에서도 가장 우리의 마음에 닿는 것은 바로 예문의 글이다.

"공자는 사람들과 노래를 부르는 자리에 있을 때, 노래 잘하는 사람이 있으면 반드시 다시 부르게 하고 뒤이어 화답했다."

지성감천

공자에게 음악은 생활이었다. 그리고 교제 도구이기도 했다. 음악 역시 모든 배움은 삶을 통해 발현되어야 한다는 공자의 철학에서 예외일수 없었다. 노래를 잘하는 사람에게 다시 노래를 청했던 것은 오늘날로 치면 바로 '앵콜' 신청이라고 할 수 있다. 그의 실력을 인정하고, 진심으로 좋아하는 모습을 보여주는 것은 인간관계의 기본이라고 할 수 있다.

그리고 자신의 노래로 화답하는 것은 노래를 통해 함께 즐기자는 마음의 표현이다. 맹자의 '여민동락與民同樂', "즐거움은 백성과 함께 나눈다"는 지도자의 의무를 말했던 것이다. 이를 통해 노래 역시 인문학으로서 '삶의 무기'가 된다는 것을 잘 알 수 있다.

《서경》〈순전舜典〉에는 순임금이 교육 담당 관직인 기夔에게 명했던 것이 실려 있다.

너를 전악典樂으로 임명하니 고관대작의 맏아들을 가르쳐라. 그들의 성격을 곧으면서도 온화하고, 너그러우면서도 엄정하고, 강하면서도 포학함이 없으며, 대범하면서도 거만함이 없도록 하라. 시는 사람의 뜻을 말로 표현한 것이고, 노래는 가락을 붙여 길게 말하는 것이며, 소리는 길게 읊는 소리를 조화시키는 것이다. 여덟 음이 서로 조화를 이뤄 질서를 잊지 말아야 신과 사람이 화합할 수 있다.

옛 선비들에게 음악이란 단순히 풍류를 즐기는 취미가 아니었다. 백성을 다스리는 통치의 수단이면서 개인에게는 치열한 수양의 도구였다. 부조리한 현실에서 겪는 고통을 이기는 진정제였고, 치열한 삶에서 피

작은 일에도 정성을 다하면 반드시 일이 풀린다

폐된 마음을 다스리는 소중한 수단이었다. 또한 창의적 사고를 키워주고 어려움을 이겨내는 감성을 풍부하게 하는 삶의 도구였다는 것을 우리는 잘 알 수 있다.

"철학은 삶의 무기다"라고 어느 철학자가 말했다. 철학과 함께하는 삶이 큰 도움이 된다는 말이다. 내 삶의 의미를 분명히 하고, 어렵고 힘들 때 헤쳐나가는 힘을 얻고, 삶의 목적은 행복이라는 사실을 알고 실천하며, 언제나 죽음을 생각해 겸손한 마음을 지니도록 철학은 도움을 준다.

음악 역시 삶의 소중한 무기가 된다. 싸움에서 이기게 하는 도구가 아니라 싸우지 않고 이기게 하는 도구다. 나 자신에게는 물론 사람과의 관계에서 화평을 주는 무기가 되기 때문이다. 물론 오늘날에는 옛 선비들처럼 수양하듯이 음악을 할 수는 없다. 하지만 치열하고 힘든 삶에서 음악은 조화롭고 균형 있게 마음을 다스리는 좋은 도구다. 교양 있고 품격 있는 삶을 살아가는 데에도 도움이 된다. 또한 부모라면 우리 아이들에게 음악을 가르치는 것은 중요한 의무다.

성공만을 인생의 목표로 삼아 매달리는 삶에서 음악은 잠깐 멈추게 한다. 휴식과 안정을 통해 품격 있는 삶, 더불어 사는 삶, 행복한 삶을 살게 하는 데 큰 역할을 한다.

치열하고 힘든 삶에서
음악은 조화롭고 균형 있게
마음을 다스리게 한다.

백날의 수고 후
하루의 즐거움을 얻는다

唯酒無量 不及亂
유주무량 불급난

오직 술에는 한정을 두지 않았으나
정신을 어지럽힐 정도까지 이르지는 않았다.
_〈향당鄕黨〉

〈향당〉에는 공자의 식성을 소상히 밝힌 내용이 실려 있다. 특별한 것은
아니지만, 위대한 학자는 어떻게 먹었을까 관심이 간다.

"밥은 고운 쌀이라야 싫어하지 않으셨고, 회는 가늘게 썬 것이라야 싫
어하지 않았다. 밥이 쉬어 맛이 변한 것과 생선이나 고기가 상한 것은 먹
지 않았다. 빛깔이 나쁜 것, 냄새가 나쁜 것도 먹지 않았다. 잘못 익힌 것,
제철이 아닌 음식도 먹지 않았다. 썬 것이 반듯하지 않으면 안 먹었고,
간이 적절하지 않은 것도 안 먹었다. 고기가 아무리 많아도 밥 생각을 잃
을 정도로 먹지 않았다."

좀 까다롭다고 느낄 수도 있지만, 평범한 사람들과 특별히 다른 것은

없는 것 같다. 그다음은 음주 습관이다.

"오직 술에는 한정을 두지 않았으나 정신을 어지럽힐 정도까지 이르지는 않았다."

술을 마시는 중에도
품격을 지킨다

공자는 술을 즐겼던 것 같다. 하지만 평생 학문과 수양을 했던 학자로서의 품격은 술을 마시는 중에도 반드시 지켰다는 것을 알 수 있다. 술에서도 중용의 도리를 지켰던 것이다. 고대의 영웅들 중 술을 즐겼던 사람은 많았다. 그들의 술버릇을 구체적으로 알 수는 없으나 많은 주량을 자랑했던 것이 고사에 많이 실려 있다.

'두주불사斗酒不辭', "말술을 사양하지 않는다"는 뜻으로 홍문의 연회(홍문연鴻門宴)에서 유방을 구하기 위해 뛰어 들어갔던 번쾌와 항우와의 대화에서 나온다. 항우가 거듭 술을 권하며 "더 마실 수 있겠느냐?"라고 묻자, 번쾌는 "신은 죽음도 사양하지 않는데, 어찌 술 한잔을 사양하겠습니까?"라고 호기롭게 대답했다. 그리고 자기 생각을 밝혔다. "왕께서는 소인배들의 말을 듣고 패공(유방)을 의심하니 천하 사람들이 왕의 그릇을 의심할까 염려됩니다." 이 말에 항우는 말문을 잃게 된다. 결국 번쾌는 항우의 위협으로부터 유방을 구해낼 수 있었다. 《초한지》에서 가장 긴박했던 순간으로 전쟁의 결과를 좌우했던 중요한 장면 중의 하나다.

이처럼 오래전부터 술을 좋아하고 잘 마시는 모습은 영웅호걸의 상징이었다.

풍류를 즐기는 시인들도 칼 찬 호걸들에 못지않았다. 〈장진주將進酒〉는 시선詩仙으로 불리는 이백이 술로 시름을 잊자며 친구들에게 술을 권하는 시다. "모름지기 한번 마시면 3백 잔은 마셔야 하리(회수일음삼백배會須一飮三百杯)", "부디 오래 취해 깨지 않기를(단원장취불원성但願長醉不愿醒)" 등의 구절에서부터 애주가로서의 진면목이 드러난다.

하지만 이백은 단순히 풍류가로서 술을 좋아했던 것은 아니었다. 술을 마시면 시상이 샘물처럼 솟아 위대한 시를 남기기도 했지만, 술이 빚어낸 인생의 깊이와 철학적 통찰 또한 시에 담았다. 〈장진주〉에도 "사물이 극에 달하면 반드시 반전한다"는 '물극필반物極必反'의 이치가 담겨 있다. "하늘이 준 나의 재주 반드시 쓰일 날이 있으리라(천생아재필유용天生我材必有用)." 인생에는 부침이 있으니 어렵다고 절망하지 말고, 잠잠히 때를 기다리면 언젠가는 꿈을 펼칠 날이 온다는 것이다. 이백은 술을 매개로 시를 지었고, 이렇게 지은 시 속에 자신의 인생 철학을 담았다.

힘들어서 찾는 술은
잘못된 길이다

예문에서 보듯이 공자도 애주가였음을 잘 알 수 있다. 공자는 제자 자공과의 대화에서 술에 대한 생각을 밝힌 적이 있었다. 자공이 술에 취한 세

작은 일에도 정성을 다하면 반드시 일이 풀린다

태를 개탄하며 "온 나라 사람이 모두 미친 것 같다"라고 하자 공자는 이렇게 대답했다.

> "백날을 수고하고 하루를 즐기는 것이다. 긴장만 하고 풀어지지 않는 일은 문왕과 무왕이 하지 않았으며, 풀어지기만 하고 긴장하지 않는 일도 문왕과 무왕이 하지 않았다. 한 번 풀고 한 번 긴장하는 것이 바로 문무의 도다."

공자는 수고 끝에 즐기는 술의 효용을 인정했다. 언제나 긴장한 채 일만 해서는 견디지 못하니 반드시 휴식이 있어야 한다는 것이다. 그때 필요한 것이 바로 술이다. 애주가들에게 반가운 말일 텐데, 새겨야 할 지점이 있다. 반드시 백날의 수고가 바탕이 돼야 한다. 아무런 수고도 없이 백 날을 술과 유희로 즐긴다면 낭만이 아닌 쓸모없는 삶이 될 수도 있다.

물론 오늘날 사회생활을 하기 위해 술이 필요한 경우도 많다. 술이 좋은 교제에 양념 역할을 하기도 한다. 하지만 이러한 효능보다는 오히려 술 자체를 목적으로 마시는 사람도 많다. "비즈니스에 술이 빠지면 되나?" 하며 변명하지만 정작 목적은 비즈니스가 아니라 술인 것이다. 술로 인한 폐해는 자기 스스로에게만이 아니라 사회적으로 큰 영향을 끼친다. 음주운전이나 폭력 등의 범죄는 오늘날 사회적으로 많은 부담이 된다. 이미 고전에서는 이러한 현상을 통렬하게 지적하고 있다. 《예기》에는 "돼지를 기르고 술을 빚는 것은 재앙을 일으키기 위한 것이 아니지만, 범죄와 소송의 증가는 바로 술이 재앙을 만들어낸 것이다"라고 실려 있다.

우리는 괴로워서 힘들어서 술을 마신다. 하지만 괴로워서 힘들어서 술을 찾는 것은 잘못된 길을 찾는 것이다. "괴로움을 잊는다"는 핑계로 술에 빠져 사는 것은 나약함에 대한 변명이다. 이것이 심해지면 술이 목적이 되는 인생, 술을 마시기 위해 인생을 살아가는 신세가 될 수도 있다. 술이 사람을 취하게 하는 것이 아니라 사람이 스스로 술에 취해 자신을 잃는 것이다. 한번 잃어버린 자신은 다시 찾기 어렵다. 술은 괴로움의 해결책은 될 수 없다. 단지 즐거운 시간을 나눌 때 좋은 매개가 되어야 한다.

백날을 일하고 하루를 마음껏 즐길 때 함께하는 술, 그때 술은 인생의 좋은 동반자가 된다.

술은 괴로움이 아닌
즐거움을 푸는 도구이다.

교육은 출세가 아닌
사람을 목적으로 삼는다

有教無類
유교무류

가르침에는 차등이 없다.
_〈위령공〉

공자의 삶을 한마디로 정의하면 배움의 삶이라고 할 수 있다. 15세에 학문에 뜻을 두었고, 서른에는 세상에 나가 제자들을 가르쳤다. 공자는 뛰어난 제자들을 가르치면서 자신도 역시 배움을 그치지 않았다. 《서경》에 실려 있는 '교학상장敎學相長(배움과 가르침은 함께 성장한다)', '효학반斅學半(가르침은 배움의 반이다)'의 삶을 살았다고 할 수 있다. 공자는 평생을 공부하며 성장을 멈추지 않았고, 칠십의 나이에는 "마음이 가는 대로 해도 법도를 지나치지 않는(종심소욕불유구從心所欲不踰矩)" 경지에 이를 수 있었다.

차별 없는 가르침으로
모두가 동등해진다

예문의 글은 공자의 교육철학의 핵심이라고 할 수 있다. 공자는 그 당시 관 주도의 엘리트 교육에서 벗어나 약 3천 명에 달하는 제자를 둔 사학을 직접 운영함으로써 자신의 말을 실천했다. 제자들은 다양한 출신 성분을 가지고 있었지만, 공자는 가르침에 차등을 두지 않았다. 농촌 출신의 촌부이든 부잣집의 귀한 자제이든 모두 동등한 교육을 받도록 한 것이다. 그리고 그 제자들은 춘추전국시대의 혼탁한 시절 많은 나라의 통치에서 가장 중요한 역할을 맡아 할 수 있었다.

공자는 임금에게는 통치의 지혜를, 관리들에게는 공직자로서의 도리와 자세를 가르쳤지만, 백성에게는 생존의 길을 가르쳤다. 지식이 부족해 깊이 이해하지는 못하더라도 안전하게 삶을 살아가는 방법을 제시했다. 무엇보다도 치열한 전쟁의 시대에 백성들이 자기 목숨을 지키고, 국가의 구성원으로서 존재를 인식하는 데 교육이라는 방법을 사용했던 것이다.

> 백성들을 정치로 이끌고 형벌로 다스리면 백성은 형벌을 면하고도 부끄러움이 없다. 그러나 덕으로 이끌고 예로써 다스리면, 백성들은 부끄러워할 줄도 알고 잘못을 바로잡게 된다.

〈위정〉에 실려 있는 이 구절은 백성들이 배움을 통해 올바른 사람의

작은 일에도 정성을 다하면 반드시 일이 풀린다

도리를 인식하고 바른 행동을 할 수 있다는 것을 의미한다.

"지도자 자신이 올바르면 백성은 명령을 내리지 않아도 자발적으로 행하고, 자신이 올바르지 않으면 백성은 명령을 내려도 따르지 않는다." 〈자로〉에 실려 있는 이 구절은 지도자의 솔선수범을 말하고 있지만, 백성들 역시 분명한 변별력을 가지고 살아간다는 뜻을 내포하고 있다. 그때 필요한 것이 옳고 그름을 변별할 수 있는 능력을 얻을 수 있는 지식이다.

〈자로〉에 실려 있는 "선한 사람이 백성을 7년 동안 가르치면 전쟁에 나가게 할 수 있다", "백성을 가르치지 않고 전쟁에 내보내는 것은 바로 그들을 버리는 것과 같다"도 역시 백성에 대한 교육의 필요성을 말하는 구절들이다. 백성들을 교육하면 그들은 국가를 위해 헌신할 수 있는 참여 의식을 갖게 되고, 그 의무를 잘 수행할 수 있는 능력을 얻을 수 있다. 군대에 나가는 것은 국가의 일원으로서 역할을 다하는 것이고, 전쟁에서 목숨을 잃지 않고 자신을 지키는 것은 지식을 통해 얻을 수 있는 능력이다.

이로써 보면 '유교무류^{有敎無類}'의 또 다른 의미를 잘 알 수 있다. 유교무류는 신분이나 계급의 구분 없이 교육은 주어져야 한다는 의미와 함께 교육을 통하면 모든 사람이 동등해질 수 있다는 의미가 있다. 시정잡배에 불과했던 자로가 큰 나라의 재상을 할 수 있었던 것이 그것을 잘 말해준다.

바르게 이끌면
크게 성장한다

하지만 오늘날 오히려 교육이 불평등의 도구가 되고 있는 점은 극히 우려스럽다. 부와 권력을 가진 자들이 오직 자기 자식의 성공만을 위해 온갖 부도덕하고 불의한 수단을 다 쓰는 현실이다. 특히 말로는 정의를 외치는 사람이 정작 자기 자신, 나아가 자기 자녀 앞에서는 온갖 부정과 불의한 방법을 쓰는 것은 위선이다.

아무리 뛰어난 인재라고 해도 배움이 없으면 큰일을 할 수 없고, 세상에 유익한 보배가 될 수 없다. '군자삼락君子三樂'을 통해 "천하의 영재를 얻어서 가르치는 것"의 즐거움을 강조했던 맹자는 다음과 같이 말했다.

> 길러주는 것을 얻게 되면 자라지 않을 것이 없고, 길러줌을 얻지 못한다면 소멸되지 않을 것이 없다(구득기양 무물부장 구실기양 무물불소苟得基養 無物不長 苟失基養 無物不消).

세상의 모든 것은 정성을 다해 키우고 보살피면 성장할 수 있다. 심지어 식물들까지도 날마다 아름다운 음악을 들려주고, 칭찬의 말, 격려의 말을 해주면 더 크고 아름답게 성장한다는 실험도 있다. 사람은 더욱 그렇다. 바르게 이끌고, 칭찬과 격려로 응원하고, 적절하게 훈육한다면 반드시 크게 성장할 수 있다. 하지만 그 반대의 경우도 있다는 것을 반드시 유념해야 한다고 맹자는 경고한다. 바로 '발묘조장拔錨助長'의 고사이다.

작은 일에도 정성을 다하면 반드시 일이 풀린다

중국 송*나라에 어리석은 농부가 있었다. 그는 모내기를 한 후 벼가 어느 정도 자랐는지 궁금해서 매일 논에 나가 살펴보았다. 하지만 아무리 살펴봐도 벼가 자라는 것 같지 않고 다른 사람의 벼보다도 오히려 덜 자란 것 같았다. 농부는 궁리 끝에 벼가 잘 자라도록 도와주기로 마음먹었다. 그는 논으로 달려가 모 하나를 살짝 뽑아서 키를 늘려보았다. 그러자 벼는 잠깐 사이에 불쑥 자란 것같이 보여서 마음이 흡족하게 되었다. 그는 온종일 온 힘을 다해 논에 있는 모들을 조금씩 뽑아서 키를 늘렸고 저녁이 되어서야 그 일이 끝났다. 저녁에 집에 돌아온 그는 식구들에게 자신이 한 일을 자랑했다. 그 말을 들은 아들이 황급히 논에 가보니 벼들은 이미 하얗게 말라 죽어 있었다.

옛날 어리석은 농부의 이야기라고 비웃기 전에 오늘날 우리 현실 역시 크게 다르지 않다는 것을 직시해야 한다. 빠른 성공과 출세만을 목표로 하는 교육 세태이다. 남보다 빠른 성공, 높은 자리만을 원한다면 목표는 있으나 목적이 없는 배움이 되고 만다. 목표를 이루기 위해 열심히 노력하는 것은 좋다. 하지만 나의 진정한 가치는 어떤 자리에 올랐느냐가 아니라, 그 자리에서 얼마나 의미 있는 일을 하는가에 달려 있다. '돈' 역시 마찬가지다. 내가 얼마나 많은 돈을 가졌느냐가 아니라, 내가 어떻게 돈을 벌었는지, 그리고 가진 돈을 어떻게 쓰느냐에 따라 그 가치가 결정된다. 이런 올바른 목적의식이 없다면 성공과 출세를 위해 수단과 방법을 가리지 않게 되고, 불법과 불의한 방법을 쓰는 데도 거리낌이 없게 된다. 이들은 빠르게 성공할지는 모르나 그 인생은 허망해진다.

또 한 가지 교육에 있어서 반드시 새겨야 할 고전의 구절이 있다. "나라가 흥할 때는 반드시 사람들이 스승을 귀중하게 여긴다(국장흥 필귀사 이중부國將興 必貴師而重傅)."《순자》에 실려 있는 구절로, 특히 오늘날 가장 절실하게 여겨진다. 교육이 무너지면 나라의 미래는 없다.

스승이 존중받지 못하는 나라에
미래는 없다.

습관은 천성 때문에
바꿀 수 없는 것을 바꾼다

性相近也 習相遠也
성상근야 습상원야

본성은 비슷하지만 습관이 차이를 만든다.
_〈양화〉

통치학의 교과서라고 할 수 있는 《정관정요》를 보면 다음의 고사가 나온다.

태종이 중서령 잠문본岑文本에게 말했다. "무릇 사람은 비록 하늘로부터 좋은 품성을 타고 태어났다고 해도 반드시 넓게 학문을 닦아 도덕을 완성해야 하오. 이는 대합조개가 물을 머금고 태어나지만 보름달이 뜰 때를 기다렸다가 물을 뿜어내고, 나무가 불을 머금고 태어나지만 불에 의지해 연소하는 것과 같소. 사람 역시 영성을 가지고 태어나지만 학문이 완성된 뒤에야 비로소 아름다움을 드러내게 되어 있소. 전국시대 당시 종횡가 소진이 허벅지를 찔러가며 열심히 공부한 것이 그렇소. 한 무제 때 동중서 역시 책을 읽을 때 휘장을 내리고 3년 동안 정원에 나가지 않았소. 도덕과 기예를 연마하지 않으면 공명을 세울 길이 없소."

잠문본이 대답했다. "사람의 천성은 본래 서로 비슷합니다. 하지만 후천적인 성정은 바뀔 수 있습니다. 반드시 학식으로 성정을 통제해야만 천성을 온전히 유지할 수 있습니다. 《예기》〈학기學記〉에서 말하기를, '옥은 다듬지 않으면 그릇이 될 수 없고, 사람이 학문을 닦지 않으면 인간의 도리를 알지 못한다'고 했습니다. 옛사람들이 부지런히 공부한 이유입니다. 이를 일컬어 아름다운 덕행인 의덕懿德이라고 합니다."

당 태종이 "아무리 좋은 품성을 타고났다고 하더라도 학문을 통해 뒷받침해야 한다"며 공부의 필요성을 강조하자, 잠문본은 그에 덧붙여 《예기》에 실려 있는 구절 '옥불탁 불성기 인불학 부지도玉不琢 不成器 人不學 不知道'를 인용하며 맞장구를 치고 있다. 잠문본이 이처럼 적재적소에 적합한 말들로 황제와의 대화를 이어갈 수 있었던 것은 바로 공부를 통해 자신을 연마해왔기 때문에 가능했다. 아마 당 태종 역시 잠문본의 학식과 능력을 인정하며 흐뭇하게 생각했을 것이다.

내가 남보다 부족한 것은
천성이 아닌 노력의 문제다

여기서 우리는 '도덕을 완성하는 것'이라는 공부의 목적 외에 또 다른 공부의 이점을 알 수 있다. 평상시 공부를 통해 자신을 갈고닦으면 다른 사

작은 일에도 정성을 다하면 반드시 일이 풀린다

람과의 대화, 특히 윗사람과의 대화도 품격 있게 이끌어갈 수 있는 지적 기반을 얻게 된다. 단지 화려한 말솜씨를 뽐내는 '넓고 얕은 지식'이 아니라 진정으로 깊이 있는 대화를 할 수 있는 지식인 것이다.

잠문본이 자신이 했던 말의 근거로 들고 있는 말이 바로 예문이다. 우리는 흔히 뛰어난 사람들은 태어날 때부터 남다를 거라고 생각한다. 그리고 그들과 자신을 비교하며 "나는 천성이 부족하게 태어나서…"라고 자책하기도 한다. 하지만 예문은 이런 생각이 변명에 불과하다고 꾸짖고 있다. 천성이 문제가 아니라 노력의 문제이며, 그리고 그 동력이 되는 것은 자기가 선택한 습관이라는 것이다. 스스로를 바꾸려는 노력도 하지 않고, 성장하기 위해 공부도 하지 않으면서 천성 탓만 하는 것은 다른 사람은 물론 자신마저 기만하는 것이다.

잘못된 행동을 계속하면 본성이 된다

하지만 습관에는 부정적인 의미도 있다. 《서경》 〈태갑 상太甲 上〉에는 '습여성성習與性成', "습관이 오래되면 천성이 된다"는 말이 실려 있다. 새롭게 왕이 된 탕왕의 손자 태갑이 제대로 나라를 다스리지 않고 방탕한 생활을 계속하자 고대 중국의 명재상 이윤이 했던 말이다. 몇 번에 걸친 훈계와 간언에도 말을 듣지 않고 불의한 행동을 계속하자, "왕의 불의한 행동 습관이 마치 천성이 된 것과 같다"고 강하게 질책했다. 이 고사에서 말하는 것은 습관의 부정적인 측면으로, 잘못된 행동을 계속하면 마치 본성인 것처럼 되어 벗어나기 어렵다는 것이다.

《논어》에 실려 있는 예문의 바로 뒤에는 "오직 최상급의 지혜와 최하급의 바보는 바뀌지 않는다(유상지여하우불이唯上知與下愚不移)"라고 실려 있다. 원래《논어집주》에는 두 장이 따로 되어 있으나 둘을 합쳐서 하나가 되어야 한다고 주장하는 학자들도 많이 있다. 주자가 그랬고, 조선의 실학자 다산 정약용도《논어고금주》에서 그렇게 주장했다.

둘이 한 장이 되어야 한다는 것은 두 문장이 밀접한 관계가 있기 때문이다. 지혜로운 인물이나 어리석은 사람은 그 본성에서는 차이가 없다. 하지만 지혜로운 사람은 자신이 택한 선함에서 불의로 옮겨가지 않는다. 어리석은 사람도 역시 옮겨가지 않지만, 그 반대의 경우다. 자신이 택한 불의함에서 선함으로 옮겨가지 않는 것이다. 따라서 그 선택을 바꾸지 않으면 두 사람의 차이는 점차 멀어지게 된다. 선한 사람은 더욱 선해지고, 나쁜 사람은 점점 더 나빠져서 비슷했던 둘의 차이는 까마득히 멀어지게 된다.

좋은 습관을 반복하면
경지에 이른다

습관의 중요성에 대해서는 서양의 철학자들 역시 많이 강조하고 있는데, 아리스토텔레스의《니코마코스 윤리학》에도 습관에 관한 이야기가

작은 일에도 정성을 다하면 반드시 일이 풀린다

실려 있다. 자제력에 관해 이야기하면서 습관의 중요성을 강조한다.

"습관으로 인해 자제력이 없는 사람들이 본성적으로 자제력이 없는 사람들보다 고치기가 더 쉽다. 본성을 바꾸는 것보다는 습관을 바꾸기가 더 쉽기 때문이다. 실제로는 습관도 바꾸기가 어려운데, 에우에노스의 말처럼 습관은 제2의 본성이기 때문이다."

에우에노스는 기원전 5세기의 수사학자이자 소피스테스인데, 아리스토텔레스는 그의 말을 인용하면서 습관에 대한 생각을 밝히고 있다. 습관은 본성과도 같지만 그래도 본성보다는 바꾸기 쉽다는 것이다. 이어서 한 말이 아리스토텔레스의 생각을 잘 전해준다.

"친구여, 내 이르노니, 오랜 기간 수련하다 보면, 그것이 결국 사람의 본성이 된다네."

아마 아리스토텔레스는 이 말을 하고 싶었던 듯하다. 결국 습관이란 의식적인 노력으로 마치 본성처럼 몸에 익힐 수 있다는 결론이다.

이처럼 고대 동서양의 학자들이 강조했던 습관의 중요성에 대해 오늘날의 과학자들도 많은 연구를 하고 있다. 다양한 실험을 하여 어떻게 습관을 몸에 익힐 수 있는지, 왜 습관이 인생을 바꿀 수 있는지를 증거하고 있다. 하지만 동양 고전 《중용》에 실려 있는 구절이 가장 정확하게 습관을 말해주고 있다.

남들이 한 번에 능하거든 나는 백 번을 하고 남이 열 번에 능하거든 나는 천 번을 한다.

배움에 대한 열망을 말해주는 것이지만 이 구절에 습관의 비밀이 담겨 있다. 단숨에 깨닫는 것도 좋지만, 타고난 천성이 그에 미치지 못한다면 반복을 통한 습관화로 얼마든지 경지에 이를 수 있다. 남들보다 힘들고 조금 더 노력해야 할지 몰라도 그 가치는 변함이 없다. 아니, 천성을 지닌 이보다 더 의미 있고 소중할 것이다. 천성이란 목적지에 조금 더 일찍, 쉽게 도달하는 방법일 뿐이다. 자칫 방심하면 샛길로 빠질 수 있다. 하지만 습관을 통해 이룩한 가치는 결코 변하지 않는다.

끊임없는 반복과 숙련이
한 번의 깨달음보다 의미 있고 소중하다.

무엇보다 자신을
속이지 않도록 조심하라

鄕原德之賊也

향원덕지적야

향원은 덕을 해치는 사람이다.

_〈양화〉

공자는 향원에 대해 "덕을 해치는 사람이다"라고 잘라 말했다. 덕을 해치는 사람이라고 단정한 것은 덕이 부족한 사람, 혹은 덕이 없는 사람보다 훨씬 더 폄하한 것이다. 단순히 덕이 부족한 것이 아니라 다른 사람이 덕을 쌓는 데 나쁜 영향을 미치고, 덕의 근간을 흔드는 것이기 때문이다. 공자는 짧고 간단하게 말했지만, 맹자는 그 이유를 자신의 책《맹자》〈진심하盡心 下〉에서 상세하게 밝혀준다. 제자 만장과의 대화에서다.

제자 만장이 "왜 공자가 진나라에 있을 때 노나라의 뜻이 큰 선비를 그리워했는지"를 묻자, 맹자는 이렇게 공자의 생각을 말해준다.

"공자께서는 '중도를 실천할 수 있는 사람과 함께할 수 없다면, 반드시 뜻이 큰 사람(광자狂者)이나 주저하는 사람(견자獧者)과 함께할 것이다. 뜻이 큰 사람은 진취적이고, 주저하는 사람은 하지 말아야 할 것을 반드시 지킨다'라고 하셨다. 공자께서 중도를 행하는 사람을 어찌 얻고자 하지 않았겠느냐? 반드시 얻는다고 할 수 없기에 그다음 차원의 사람을 생각한 것이다."

중용의 사람은 지나치지도 모자라지도 않는다

공자가 가장 바람직하게 생각했던 사람은 중용의 사람이다. 지나치지도 모자라지도 않고, 일상에서 지켜야 할 도리를 지키면서, 그를 기반으로 높은 이치에까지 도달한 사람이다. 공자도 역시 중용의 도리를 지켜나가기 위해 노력했는데, 〈술이〉에 실린 공자의 모습이 잘 말해주고 있다.

> 공자는 온화하면서도 엄숙하고, 위엄이 있으면서도 사납지 않고, 공손하면서
> 도 평안했다(자온이려 위이불맹 공이안子溫而厲 威而不猛 恭而安).

온화함과 위엄, 그리고 공손함은 사람이 취해야 할 좋은 덕목이다. 이러한 덕목을 갖추면 사람들로부터 존경을 받을 수 있다. 하지만 지나쳐서는 안 된다. 온화한 사람은 지나치면 줏대가 없어 보일 수 있기에 엄숙한 겉모습을 통해 보완해야 한다. 마찬가지로 지나친 위엄으로 사람

작은 일에도 정성을 다하면 반드시 일이 풀린다

들에게 위압감을 주어서는 곤란하다. 위엄을 보이면서도 그 태도는 부드러워야 한다. 공손함도 마찬가지다. 공손함은 상대에 대한 예의와 존중의 모습이지만 지나치면 비굴하거나 경직되게 보인다. 이러한 공자의 모습을 제자 자하가 잘 표현했다.

"군자에게는 세 가지 변화가 있다. 멀리서 바라보면 위엄이 있고, 가까이에서 보면 온화하며, 그의 말은 엄정하다."

공자가 강조하던 군자의 모습이다. 오늘날 필요한 진정한 어른의 모습이라고 할 수 있지만 안타깝게도 찾아보기 힘들다. 평범한 우리가 그런 모습을 보이기에는 더더욱 어렵다고 여겨진다. 하지만 공자 역시 그랬다. 단지 날마다 자신의 부족함을 돌아보며 스스로 가다듬어나갔기에 높은 경지에 이를 수 있었다. 우리 역시 날마다 자신을 성찰하고 가다듬어 나간다면, 날마다 조금씩 나아지는 자신을 만날 수 있을 것이다.

겉과 속이 완전히 다른 사이비를 분별해야 한다

공자는 이어서 자신이 가장 싫어하는 사람의 유형에 대해서 말해준다. 예문에 있는 향원이라는 인물인데, 한 고을에서 오래 살아온 토착 유지鄕忠를 말한다. 이들은 마을에서 오래 살아왔고, 마을의 중요한 일에 영향력이 있고, 동네의 어른으로서 사람들의 존경을 받는 인물이다. 하지만 의외로 공자는 이들에 대해 크게 비난을 한다. 앞서 언급한 대로 덕을 해치는 사람이라는 것이다. 역시 맹자가 그 이유를 말해준다.

"이들은 뜻이 큰 사람에게는 '어찌 그렇게 말만 그럴듯한가? 말은 행동을 따르지 못하고, 행동은 말을 따르지 못하면서 옛사람의 도가 이렇고 저렇고 타령하고 있으니 말이다'라고 한다. 또 주저하는 사람들에게는 '행동이 어찌 저리 쌀쌀맞고 독선적인가? 이 세상에 태어났으니 사람들과 어우러져 좋으면 좋은 것 아닌가'라고 한다. 본심을 속인 체 세상에 영합하고 사람들에게 아부하는 자들이 바로 향원이다."

맹자는 앞서 말했던 광자나 견자와 비교하여 이들을 말해준다. 광자나 견자의 행동은 따르지 못하면서 말로만 이들을 비난하고 폄하하는 모습을 맹자는 질타했다. 바로 공자가 이들을 미워했던 첫 번째 이유다. 자신은 바르게 살지 못하면서, 바르게 살고자 하는 사람들을 비난하며 듣는 사람들을 현혹하는 것이 이들의 가장 큰 잘못이라는 것이다. 이어서 또 하나의 이유를 말해준다.

그런 사람은 비판하려 해도 딱히 잘못을 거론할 점이 없고, 공격하려 해도 공격할 만한 점이 없다. 세상이 흘러가는 대로 흘러가며 더러운 세상과 영합하므로, 평소 생활은 충직하고 신용이 있는 것 같고 행동은 청렴결백할 것 같아 많은 사람이 다 좋아하고 스스로도 옳다고 여기지만, 그런 사람과는 올바른 도리에 함께 들어갈 수 없어 '덕을 해치는 자다'라고 말했다.

향원은 자신을 포장하는 데는 일가견이 있는 사람들이다. 훌륭한 사람으로 남들의 존경을 받는 것은 물론이지만, 스스로도 자신이 훌륭하다고 여긴다. 남들은 물론 자신도 속이는 진정한 사기꾼의 모습이다. 공자는 이렇게 결론을 내린다.

"나는 사이비似而非(겉은 비슷하나 속은 완전히 다른 것)를 싫어한다. 가라지를 싫어하는 것은 그것이 싹과 혼돈될까 함이고, 바르지 않은 재능을 싫어하는 것은 그것이 의를 어지럽힐까 함이고, 말재주가 뛰어난 것을 싫어하는 것은 신의를 어지럽히기 때문이고, 정나라 음악을 싫어하는 것은 아악을 어지럽힐까 함이고, 자주색을 싫어하는 것은 붉은색과 혼동될까 함이고, 향원을 싫어하는 것은 덕을 어지럽힐까 함이다."

우리가 잘 아는 사이비가 등장하는 결론이다. 공자는 가짜이면서 진짜인 척하는 사이비를 가장 싫어했다. 밭에서 싹을 몰아내는 가라지처럼 올바른 사람을 몰아내기 때문이다. 바르지 않은 재주와 교언영색의 말재주로 사람들을 현혹시키고 자신을 거짓으로 포장한다. 겉보기에 그럴듯한 모습, 세상을 위하고 사람들을 위하는 공의로운 사람으로 자신을 포장하지만 실상은 자기 이익만을 도모하는 속이 시커먼 사람이다.

중도의 사람이 되기 위해 날마다 노력하는 것만큼, 이런 사이비를 분별하고 그들이 치는 그물에 걸리지 않도록 조심해야 한다. 오늘날은 사이비가 너무 많다.

자신을 바로 볼 줄 아는 '사람 공부'는
흔들리지 않는 태산 위에 오르는 것과 같다.

논어에서 찾은 인간관계의 처음과 끝

사람 공부

1판 1쇄 발행 2023년 12월 6일
1판 6쇄 발행 2024년 4월 25일

지은이 조윤제
펴낸이 고병욱

펴낸곳 청림출판(주)
등록 제2023-000081호

본사 04799 서울시 성동구 아차산로17길 49 1009, 1010호 청림출판(주)
제2사옥 10881 경기도 파주시 회동길 173 청림아트스페이스
전화 02-546-4341 **팩스** 02-546-8053

홈페이지 www.chungrim.com **이메일** cr2@chungrim.com
인스타그램 @chungrimbooks **블로그** blog.naver.com/chungrimpub
페이스북 www.facebook.com/chungrimpub

ⓒ 조윤제, 2023

ISBN 978-89-352-1446-4 03100

※ 이 책은 저작권법에 따라 보호를 받는 저작물이므로 무단 전재와 무단 복제를 금합니다.
※ 책값은 뒤표지에 있습니다. 잘못된 책은 구입하신 서점에서 바꾸어 드립니다.
※ 청림출판은 청림출판(주)의 경제경영 브랜드입니다.